Art

「美」在其中

——小学美术学科基于《教学基本要求》三类活动设计的实践研究

曹晏平 主编

上海教育音像出版社
上海科学技术文献出版社

图书在版编目（CIP）数据

“美”在其中：小学美术学科基于《教学基本要求》三类活动设计的实践研究 / 曹晏平主编．—上海：上海科学技术文献出版社，2021
ISBN 978-7-5439-8345-8

Ⅰ．①美… Ⅱ．①曹… Ⅲ．①美术课—教学研究—小学 Ⅳ．① G633.955.2

中国版本图书馆 CIP 数据核字 (2021) 第 116256 号

责任编辑：王　珺
封面设计：方　明

“美”在其中：小学美术学科基于《教学基本要求》三类活动设计的实践研究
MEI ZAI QIZHONG: XIAOXUE MEISHU XUEKE JIYU JIAOXUE JIBEN YAOQIU SANLEI HUODONG SHEJI DE SHIJIAN YANJIU
曹晏平　主编
出版发行：上海科学技术文献出版社
地　　址：上海市长乐路 746 号
邮政编码：200040
经　　销：全国新华书店
印　　刷：常熟市文化印刷有限公司
开　　本：890mm×1240mm　1/32
印　　张：13
字　　数：356 000
版　　次：2021 年 7 月第 1 版　2021 年 7 月第 1 次印刷
书　　号：ISBN 978-7-5439-8345-8
定　　价：88.00 元
http://www.sstlp.com

顾　问：徐　敏
主　编：曹晏平
编　委：张芸语　宋玉燕　方文晶

前言

上海市“双名工程”已经有10个年头了，目前已进入第四期。在“双名工程”培训中涌现出了一大批目前活跃在上海教育教学改革一线的特级教师、骨干教师。他们为上海的课程改革贡献了智慧，倾注了心血，取得了成就。第四期“双名工程”与前三期最大的不同点在于要在“成事”中“成人”。要求每个高峰计划基地和攻关计划基地研究一个具有推动教育教学改革发展意义的课题，引领每一位学员在参与研究中不断增长学识，在实践探索中积累学科深度钻研的经验与智慧，从而促进个人的专业成长。

本人所主持的第四期“双名工程”小学艺术攻关计划基地有5位小学音乐教师、2位美术教师、2位强校工程校负责教师组成。其中高级职称6人，中级职称3人。由于基地学员涉及音乐、美术两门学科，这就为基地课题研究的选题带来了一定的困难。如何让所有学员都能参与研究？如何让研究课题具有时效性？如何让研究成果能够成为推进上海音乐、美术学科课程改革的基础性经验？这些问题引起了基地主持人和学员们的共同思考。

随着课程改革的不断深入推进，围绕着“教学”与“评价”所展开的课题与项目研究层出不穷。上海市美术学科最近几年研制并出版了《中小学美术单元教学设计指南》《上海市小学美术学科教学基本要求（试验本）》《上海市美术学科基于课程标准评价指南》等指导教学的学科工具性成果。市教研室又全面启动了“单元教学设计”的研究，从课程、教学的视角聚焦结构化的教学设计与实施，取得了一定的成效。但如何在课堂教学中有效落实学科基本要求，目前似乎还没有开展专项研究。作为上海市第四期“双名工程”小学艺术攻关计划基地，我们就应该去攻克学科教学中的难关问题，去研究目前没有涉足，却有较高应用价值的学科难题。因此我们基地确定了《小学音乐、美术学科基于〈教学基本要求〉三类活动设计的实践探索》这一课题。

由于对标两门学科的教学基本要求比较多，本课题开展的研究又是基于教学实践层面的音乐、美术学习活动案例研究，主要以案例文本配教学实录的方式呈现。如果逐条完全对标基本要求的话，仅靠基地 9 位学员很难完成研究。因此，本研究请基地学员分别负责相关版块，结合其他学校的优质师资共同开展研究。主要采用以点带面的方式，分散研究与集中研讨相结合，文本和教学实践同步推进，课例研究与拍摄同步实施的方式有序开展并推进。

经过历时两年半的研究，课题进展顺利。共形成了 2 本学科专著和 90 节教学示范课例。在此由衷感谢学科专家王月萍、张荫尧、徐敏、张家素、程明太、方文晶等老师的指导，感谢所有学员的全情投入。

第四期上海市“双名工程”小学艺术攻关计划基地主持人

上海市音乐特级教师、正高级教师

曹晏平

基地主持人介绍

曹晏平

1975年生，上海市音乐特级教师，正高级教师，上海市第四期“双名工程”小学艺术攻关计划基地主持人，上海市“音乐教育研究”劳模创新工作室主持人，上海师范大学音乐学院艺术硕士（音乐教育方向）兼职导师，静安区小学音乐实训室主持人，上海市教育学会中小学音乐教学专业委员会副主任，上海市打击乐协会理事，现任静安区蕃瓜弄小学党支部书记兼副校长。

曾荣获上海市劳动模范、上海市学校艺术教育先进个人、闸北区教师金穗奖、静安区学科带头人等荣誉称号。

先后被聘为上海市普教系统评审专家；上海市科技艺术教育中心评审专家；上海师范大学“音乐名师讲堂”特聘专家；上海市中青年教师教学评比音乐学科评委；《上海市中小学音乐课程标准》修订专家；上海市小学音

乐成套教材审查组专家；2004 版《上海市中小学音乐课程标准》审读与磨稿专家；《上海市音乐学科装备标准》编写专家等。

参与市级重大项目研究及成果出版：《上海市音乐学科民族精神与生命教育指导纲要》《上海市小学音乐学科教学基本要求（实验本）》《上海市音乐学科德育教学指导意见》；学科育人价值丛书之《知音识曲　向善尚美——中小学音乐学科育人价值研究》《栉风沐雨　砥砺歌行——上海市中小学音乐学科课程改革 30 年》《中小学德育课程的课程标准与教材衔接研究》、小学音乐学科三至五年级《教学参考资料》等。

个人累计七次获全国音乐学科教学评比、论文评比、教学设计与案例评比一等奖。数十次在亚太地区、中日音乐教育交流、全国、市、区级范围作公开示范课。领衔或参与三个音乐学科“国培计划”课程和三个上海市网络学习课程开发。指导数十位教师获全国、上海市各类教学评比一等奖、全国一师一优课部级优课。

出版成果有：专著《乐海拾贝——课改实践中的启迪》《上课——构建和谐的学习共同体》；合著《打击乐配器》；特色教材《魅力打击乐》。主编出版专著《多彩的音乐课堂——中小学音乐课型的实践与研究》和 37 节示范课例、《寻得蹊径百花开——小学音乐学科学习难点解决策略的探索》和 65 节示范课例；副主编出版《小学音乐学科多媒体学习资源》《打击乐天地》等；在各类刊物发表文章数十篇。

张芸语

1971 年生，中共党员，中学高级教师。上海市名师后备，浦东新区学科带头人，曾担任浦东新区美术兼职教研员。先后进入上海市第二期张家素名师基地、第四期小学艺术攻关计划基地学习。上海市美术教育学会会员，浦东新区美术专业委员会理事。全国教师资格证考试考官，市三项评选活动、市学科德育专家库成员，区专技职务评审专家库成员。上海远程教育、美国哈佛大学教育研究生院“为理解的教学”网络课程资深教练，区“十三五”教师培训课程讲师。

工作 30 年，曾先后就职浦东新区观澜小学、上海市川沙中学南校、上海市实验学校东校，目前就职于浦东新区尚博实验小学。一心致力于儿童美术教育与实践研究，曾在全国、市、区级中青年教师教学评比中 5 次荣获一、二等奖，撰写课例入选中国教师研修网，参与 2020 年上海市空中课堂的执教。参与上教版小学《美术》教材、教参的编撰。在全国、市、区级获奖并发表课题研究、论文 30 余篇。带教多名徒弟在市、区各类教学比赛中获奖，荣获浦东新区见习基地优秀导师、浦东新区三八红旗手等称号。

宋玉燕

1980年生，上海市崇明区教育学院小学美术教研员，崇明区中小学美术名师班导师，上海市第四期“双名工程”小学艺术攻关计划基地学员。

长期致力于小学美术教育教学研究，尤其对乡土美术课程资源的开发与应用等方面展开了有益的探索与实践。先后被授予“崇明县园丁”、上海市首届网络教研优秀个人、崇明县教育局记功奖励、“国培计划”优秀学员；论文、教学案例、教学设计先后在全国、市、区级评比中获一、二等奖，经验文章多次在上海市中小学美术学科教研展示活动中作交流和报告，多篇文章在市级以上刊物上发表；研究课题先后立项“上海市普教系统名校长名教师培养工程”教育科研专项课题、崇明区“主动·有效”课堂研究项目。美术专业方面长期在油画、中国画、水印版画上展开了积极的探索。

特邀专家

方文晶

中学高级教师，上海市浦东新区美术教研员，上海市教委教研室小学美术学科中心组成员，浦东新区教育学会美术教育委员会秘书长，浦东新区书画研究会理事，浦东新区美术家协会会员，指导历届比赛课获“上海市中青年教师教学评比”一等奖。

CONTENTS

目录

CHAPTER 1

课题研究报告

CHAPTER 2

活动设计案例

CHAPTER 1
课题研究报告

小学美术学科基于《教学基本要求》三类活动设计的实践研究报告

一、研究背景

（一）基于“标准”的教学需要

为了贯彻落实上海市基础教育工作会议提出的“让每个孩子健康快乐地成长”的要求，深化本市中小学课程与教学改革，切实减轻小学生尤其是低年级小学生的学业负担，经研究，决定自2013学年起，在全市重点推进小学一、二年级“基于课程标准的教学与评价”工作，并逐步扩大至小学中高年级。

1. 从基于《课程标准》向基于“标准”转变

上海市教委教研室在2010年就启动了全学科对于2004版《课程标准》的修订工作，历时五年，修订工作基本完成。但由于某些政策方面原因，修订后的《课程标准》未能正式出版，因此将修订成果转换成了各学科的《教学基本要求》《单元教学设计指南》《基于课程标准评价指南》等具有标准性指导价值的学科丛书。

2. 从多个“标准”中寻求最关键的

以上这些标准性指导丛书几乎是在一段时间内集中出版，打破了原来明确基于一本学科《课程标准》进行教学与评价的基本格局。就音乐学科而言，由于出版后具有针对性的相关辅导应用跟进不及时，且具有普适性的引导成效欠佳。

因此如何从原来的基于一本《课程标准》到目前基于多本“标准”丛书进

行教学与评价的转变与适应，从中寻求最关键的“标准”丛书作为教学的参照意义重大。一方面可以聚焦“标准”内容，吃透、理解内涵；二则可以在教学中凸显“标准”的实践指导作用。经过对这些丛书比较研究之后，决定将《上海市小学美术学科教学基本要求（试验本）》作为本课题研究过程中美术课堂教学基于的“标准”。

（二）探索美术课程改革时效性问题的需要

1. 美术课堂教学模式日趋格式化和固化有待研究改进

当前美术课堂“五环节”（导入、新授、范画、练习、展评）式的教学模式有日趋格式化、固化且泛化的趋势，尤其是在从教1—5年的年轻教师群体内更为明显。虽然这种教学模式是当前被广泛采用的基于课程标准和新课改理念的相对规范化的教学模式，但“教学有法，而无定法”，无视教学内容的差别，无视学生学习行为的偏好，无差别地使用单一的教学模式，显然是不符合美术教学的客观规律，更不符合当前“五育并举”的时代要求。

2. 促进美术核心素养达成的课堂评价策略有待研究完善

在近几年广泛开展的教学评价研究中，老师们较多的是对评价形式、评价内容以及评价量标展开研究。这其中更多的是围绕着中、微观层面的单元、课时教学目标的达成而设计的。这些评价研究确实能促进教学有效性的提升，但也有一定的片面性。在发挥评价的“促学”作用方面，还有评价活动的最终指向性方面，还需进一步的研究。站在美术教育的宏观层面，评价是教育的手段之一，评价策略的设计要符合教育的最终目的。跳出“重知识技能，轻素养形成”的习惯误区，着眼“美术核心素养”达成的评价策略，是当前值得探索的问题。

3. 建立欣赏与审美之间的路径亟待研究拓展

美术学习离不开欣赏活动，欣赏教学是美术教学中非常重要的一环，恰恰也是当前美术教学中最容易被忽视的一环。美术欣赏活动能够促进学生在习美过程中建立健康向上的审美情趣，能够启发学生的审美判断和思考。因此探索行之有效的课堂欣赏活动形式和方法，探索从欣赏到审美建立之间的路径是十分必要的。

（三）研究价值

1. 推广三类活动教学实施，促进教学基本要求达成，推进美术核心能力落实

在倡导核心素养培育的时代教育总体目标导向下，针对以上美术学科存在的现实困惑，本课题组在美术学科积极推广体验性活动、表现性活动、欣赏性活动的课堂实践研究，在聚焦教学基本要求有效达成的基础上，设计融合情感态度与价值观、过程与方法、知识与技能三个维度的活动目标。基于学生实际年段和学情基础，推进“创造”“表达交流”“审美判断”和“文化理解”四个核心能力在教学中的有效落实。最终用具体的三类活动教学范例提供给一线美术教师参考借鉴，为切实推动上海美术课程改革提供来自一线的实践经验。

2. 形成微格教学有效实施的技术路径，实现“活动——单课——单元”教学的有序衔接

单元是组成课程的重要部分，具有相互联系的单课又是组成单元的一个个教学单位。在当前的研究视角下，每一节单课既可以是由条理明确的教学环节所组成，亦可以是由一个个相对独立又指向明确的活动所组成。本课题研究是以活动作为构成课时教学的主要组织形式，又是一种以学生为中心，以师生互动为核心，以自主学习、落实素养为重心的教学路径。本课题研究不仅关注教师教学手段和方法的研究，更加关注学生学习方法、学习路径、学习形式的研究。力求最终实践从课时到单元再到课程的有序衔接和有效落实。

二、研究方法

本课题历经确定研究方向、梳理现实问题、制定开题报告、比较相关文献、探索案例实践、提炼归纳经验等相关步骤，最后形成研究报告。最主要的研究方法如下：

（一）行动研究

本研究参考了课程改革的相关优秀经验和成果，结合目前上海美术学科实际存在的困惑，提出研究的课题，并初步构成了课题研究的基本行动思路。采用学员负责制，区域分主题、多途径实践研究制，通过多形式、多层次的教学行动实践研究，主要在浦东和崇明两区开展三类活动的专题教学研讨活动共计 10 余次，形成了覆盖小学一至五年级的活动设计实践案例，撰写了多篇与三类活动设计与实施有关的论文，积累了三类活动行动研究的多方面经验与资料。

（二）案例研究

本课题对小学美术学科数十个三类活动课堂教学案例的基本要求落实思路、活动设计思路、学法提炼路径、教学方法策略进行了归纳、提炼，并形成了三类活动的概念界定、三类活动设计基本路径，归纳了三类活动的基本特点和操作要领等一系列来自实践之后的技术规格。由于采用了分领域、分主题自下而上和自上而下的实践研究方式，确保了技术路径的可行性和实效性。

三、研究内容

（一）界定美术学科三类活动

为了使课题研究成果能够尽量与市教研室音乐学科的各类研究相一致，使研究成果能够为学科发展提供基础性参考价值。这一次课题研究中所提出的三类核心活动经市教研员徐敏老师指导后确定。

1. 三类活动的由来

本次研究所述的“三类活动”是由美术学科课程标准中所划分的“四大学习领域”衍生而来。美术学科依据美术学习内容、媒材、形式等特点，根据学生学习规律，将美术课程划分为“造型 · 表现”“设计 · 应用”“欣赏 · 评述”“综合 · 探索”。“三类活动”在内涵上从属于美术课程标准中的“四大学习领域”，依据美术课程的视觉性、审美性、创造性、实践性的特征，以学生学习行为、学习过程、学习方法为主要依据进行划分，又是教与学互动行为的提炼和归纳。本次研究根据教学实践和学生课堂上的学习活动规律和习惯，侧重学生课堂美术活动行为，将“媒材体验”“知识初学”“技能初探”等相关美术知识技能，以及学习兴趣的起始阶段的活动归纳为“体验性活动”。将具备一定能力基础之后能够尝试进行自主的美术造型活动归纳为“表现性活动”。“欣赏性活动”是对学生运用视觉感官进行图像识读、审美判断、审美感悟以及审美表达的活动类型的归纳。

2. 三类活动概念界定

（1）体验性活动

美术学习中的体验性活动是指学生在形成初步认知之前，在教师引导或同伴合作下看一看、想一想、画一画、做一做、玩一玩，亲身经历美术学习过程，感知视觉形象、形式原理、美术情境和美术文化。主要侧重在激起兴趣、激发情感。活动特征体现在认知初期，以感知和了解为目的。

（2）表现性活动

美术学习中的表现性活动是指运用点线面、形状、色彩、肌理、空间等造型基本元素以及对称、均衡、变化、统一等形式原理，尝试采用不同的美术工具和材料，通过描绘、拓印、拼贴、捏塑等手段和方法创作视觉形象，表达自己的感受和想象。活动特征体现在认知后期，以理解、构思创作、表达呈现为目的。

（3）欣赏性活动

美术学习中的欣赏性活动是指运用感知，立足儿童经验和儿童生活经历，从内容、形式、手法等角度对绘画、雕塑、工艺、设计作品以及自然与环境、社会与生活中的美术现象进行描述、分析、解释与评价。传承与弘扬我国优秀民间美术，尊重并理解世界美术的多样性，提高审美能力。活动特征体现在学习表达对美术作品的感受，以学会欣赏评述作品，表达个人观点为目的。

（二）探索美术学科三类活动特点

课题组在三类活动的课堂实践研究过程中，主要针对教学有效性进行探索、实践、改进，从而提炼三类活动在美术学科教与学过程中的主要特点。

1. 体现落实教学基本要求达成的特点

《上海市小学美术学科教学基本要求（试验本）》是当前美术学科课堂教学的基本指导性纲要，有效落实教学基本要求是学生美术核心素养有效培育的前提条件。美术学科按四大学习领域设定了学习内容与学习要求，并设定了不同学段相应的学习水平。教学基本要求是作为上海市美术学科教材编制、课堂教学、等第制评价的主要依据。因此落实小学美术学科教学基本要求是课堂教学的关键。

（1）根据学习内容与要求设计美术核心活动

《上海市小学美术学科教学基本要求（试验本）》整体架构由 3 个学习模块、5 个学习主题和 7 大类学习内容组成，每一大类学习内容下再细分为若干个具体小内容。例如：

▲造型表现（学习领域）——雕塑（学习主题）——雕塑造型（学习内容）——雕塑技法（浮雕、纸浮雕）。

▲设计应用（学习领域）——设计（学习主题）——平面设计（学习内容）——图形设计（单独纹样、连续纹样、四方连续纹样等）。

思考 1：可以针对某一个具体内容单独设计一个活动，如针对“雕塑艺术欣赏”单独设计一个活动。也可以针对几个具体内容综合设计一个活动，如针对“图形设计、文字设计、图文版式”三个具体内容设计一个综合的活动。

思考 2：根据年段学情有针对性地落实相应的教学要求。如初步学会色彩表现：①知道常用的色彩名称，初步学会色彩工具材料；②能通过比较辨别色彩的深浅变化；③能感受色彩的冷暖，能对色彩进行联想；④能够调配间色与复色。根据低年段和高年段的特点，认知等级是逐级递进的。

思考3：根据学习领域和学习内容的关键特征设计活动，“造型表现”和“设计应用”两个领域以体验性活动和表现性活动为主；“欣赏评述”领域是以视觉欣赏和审美为主。

（2）根据学习水平界定设计美术核心活动

在《上海市小学美术学科教学基本要求（试验本）》中将每一个学习内容都用学习水平进行了明确界定，主要分为A（知道）、B（理解）、C（运用）三类。

思考4：根据学习水平界定，在与年段认知水平相对应的教学设计中，设计一些相对有针对性又兼顾综合的美术学习活动。如在色彩学习中，在初始阶段可以以实践性活动为主，兼顾设计欣赏性活动。既要根据具体美术学习内容的特征进行考虑，同时又要参考学生的年段认知规律，再结合教学内容与要求进行综合思考。

思考5：美术教学实践中的三类活动，不是以孤立的形式存在，而是突出学习特征和学习内容的适应性，兼顾美术学习过程的视觉性特征。以某一活动为主，兼顾设计，综合实施。现提供课题组设计的“小学美术学习核心活动设计内容框架”（见下表）。

<table>
<tr><th rowspan="2">模块</th><th rowspan="2">主题</th><th rowspan="2" colspan="2">学习内容</th><th colspan="2">学习水平</th><th rowspan="2">活动设计提示</th></tr>
<tr><th>1–2年级</th><th>3–5年级</th></tr>
<tr><td rowspan="8">模块一：造型表现</td><td rowspan="6">主题一 绘画</td><td rowspan="6">1.1 绘画基础</td><td>1.1.1 线条造型</td><td>A</td><td>B</td><td rowspan="6">体验性活动：4
表现性活动：3
欣赏性活动：2</td></tr>
<tr><td>1.1.2 色彩表现</td><td>A</td><td>A</td></tr>
<tr><td>1.1.3 水墨表现</td><td>A</td><td>A</td></tr>
<tr><td>1.1.4 纸材拼贴</td><td>A</td><td>B</td></tr>
<tr><td>1.1.5 制版印刷</td><td>A</td><td>A</td></tr>
<tr><td>1.1.6 构思创作</td><td>A</td><td>A</td></tr>
<tr><td rowspan="2">主题二 雕塑</td><td rowspan="2">2.1 雕塑造型</td><td>2.1.1 雕塑技法</td><td>A</td><td>B</td><td rowspan="2">体验性活动：1
欣赏性活动：2</td></tr>
<tr><td>2.1.2 构思表现</td><td>A</td><td>A</td></tr>
</table>

续表

模块	主题	学习内容		学习水平		活动设计提示
				1–2年级	3–5年级	
模块二：设计应用	主题三 工艺	3.1 民间工艺	3.1.1 材料应用	A	A	体验性活动：2 表现性活动：3 欣赏性活动：2
			3.1.2 工艺表现	B	B	
	主题四 设计	4.1 平面设计	4.1.1 图形设计	A	A	体验性活动：2 表现性活动：4 欣赏性活动：2
			4.1.2 文字设计	A	A	
			4.1.3 版式设计	A	A	
		4.2 立体设计	4.2.1 根据结构设计立体物造型	A	A	
			4.2.2 根据功能选择材料设计立体物	A	A	
模块三：欣赏评述	主题五 欣赏的内容与方法	5.1 欣赏的内容	5.1.1 中国美术作品	A	A	体验性活动：1 表现性活动：2 欣赏性活动：4
			5.1.2 外国美术作品	A	A	
			5.1.3 自然、生活中的景和物	A	A	
		5.2 欣赏的方法	5.2.1 描述的方法	A	B	体验性活动：2 欣赏性活动：4
			5.2.2 分析的方法	A	A	
			5.2.3 解释的方法	A	A	
			5.2.4 评价的方法	A	A	

2. 凸显学生学习主体，激发课堂自主思维的特点

美术课程改革发展至今，已经极大地改变了以往偏技能轻素养，只顾言传身教，忽视学生创意表达的情况。在“基于标准的教学与评价”与“教学基本要求”实践的背景下，凸显学生自主思维、创造性思维，在美术课堂上显得尤为重要。三类活动的设计就是以学生为活动主体，从学法指导出发，设计构成师生有效互动的美术课堂。

（1）关注学法指导，凸显学生主体地位，发挥学生创造性思维

美术三类活动的设计，改变以往单纯从教法设计出发实施课程教学的思

维定式。以学生为教学主体，从学生的视角去考虑课堂学习方式、活动形式、活动内容以及预期达成的学习效果。注重学生学习过程中思维的作用，变知识单向教授传递为在情境中主动探索、思考并理解知识；变技能的模仿训练为在教师陪伴指导下的尝试和掌握。

因此本课题在研究中强调，在美术课堂活动的过程中鼓励学生“多看、多想、多尝试、多表现”，力图促进学法指导的提升。

（2）关注学习过程的设计，提升课堂活力

思考 6：美术学习方法包括欣赏、观察、对比、游戏、小组合作、自主探究、交流展示等等。以往教学中，对单一学法的设计和实施研究较多，放在单元化教学背景下，是否需要重新审视学习过程，是否应当是在某一主题下综合运用多种学法，设置学习路径，促进学生学习过程的思维和体验。

案例 1：

学法指导意图：

把握迷人的细节写生，学会观察发现最重要！此环节，蒲公英微距照片再次呈现，学生欣赏的同时发现茎、花、种子、绒毛更多的细节。乘胜追击，再让学生去发现迷人的细节中藏着各种变化的线条，观察理解，为写生表现打好了扎实的基础。

学法提炼：观察理解　对比发现

案例 2：

学法指导意图：

通过观看视频和教师介绍，学生从直观上对版画的表现形式有了初步的认识。同时，学生大胆尝试在吹塑纸上戳、点、刻表现，感受吹塑纸制作版画的便捷，开始为学习吹塑版画制版技法做好铺垫。

学法提炼：主动体验　尝试表现

以上是美术体验性活动中的两个“学法提炼”案例，学法指导意图突出了教师在活动设计时对学生学习过程的设计。学法提炼凸显美术学科特质，符合教学基本要求的描述。

3. 体现美术学习方式特质，凸显学科核心能力的形成

小学美术课堂应当是快乐的、生动的、有趣的是学生感知艺术、体验艺术、初步建立自主审美的愉悦时空。美术活动也是美术学习的一种呈现形式，美术活动是视觉化、形象化的，也是具有体验性和实践性的。把这些特质通过美术活动加以运用，融入教学的设计、指导、教学、评价等方面，能够凸显学生美术学科核心能力的形成。

（1）运用综合性美术实践方式，凸显活动的视觉性特征

美术的主要特征即是视觉性，美术教与学的活动离不开可视觉化的形象和视觉化的表现。无论是作品欣赏还是体验尝试，又或是技能训练、创作表现，视觉是凸显美术学科特征的关键。

思考 7：在美术三类活动中，积极调动视觉资源，综合设计和实施图像识读的活动，运用至少 2 种以上的形式手段，充分调动学生的视觉感知，激发学生在课堂学习中的形象思维。

（2）运用综合性美术学习方式，凸显活动的实践性特征

美术学习不能脱离美术技能、技法的实践。作品是美术活动的结果，也是美术技能、技法的综合体现，更是美术认知和思维的体现。

思考 8：尝试在有限的课堂教学中，以实践性活动作为美术媒材、技能、技法的综合学习载体。设计多样化的形式和手段，在活动过程中激励学生大胆体验、大胆实践、大胆表现，以求达到促进对美术技能、技法的直接体验，促进领悟美术表现技巧。

（3）运用综合性美术表现方式，凸显活动的创造性特征

美术活动具有创造性特征，不仅体现在美术作品形成之时，更体现在美术作品的思考、设计、创作的过程当中。美术活动对培养学生创造性思维能够起到独特的作用。

思考 9： 在美术活动中尊重学生的创新思维，通过创新的教学组织形式带动学生进行创造性的美术表现活动。在核心活动的设计中考虑到不同学生的独特性和作品呈现的多样性，综合运用提问、启发、激励等手段，促进学生美术创意表现和创造。

4. 践行“五育融合”的特点

美术具有极强的综合性特征，不同的美术门类具有不同的专门知识和技能，在不同的美术门类之间又有着共性的美术形式语言规律。从局部来看，每一个门类的美术表现活动，是运用特定的技能、技法和特定媒材的创造行为。而从整体来看，一项完整的美术创作活动则是从构思到实践再到审视和反思的思维和行动过程。这其中既有各学科知识的综合运用，也有动手动脑的实践行动。

思考 10： 在三类活动的设计中立足美术本体表现，鼓励学生综合运用多学科知识和方法，在活动中体会美的存在和表现。从而提升学生美术欣赏能力和审美判断能力，促进学生对美好事物、美好生活的感知力。最终形成积极向上的思想品质和道德情操。

（三）梳理活动设计主要步骤

步骤一

参考《上海市小学美术学科教学基本要求（试验本）》，根据不同学习领域、学习主题、学习内容以及学习水平界定确定活动种类。

步骤二

根据具体年段教学基本要求，分析教材内容特征，制订体现核心能力与教学基本要求相融合的活动目标。

步骤三

分析学情基础和教师专业基础，设计主要活动环节，在充分体现学科特质的同时，探索活动设计的“新意”。

步骤四 开展活动教学，根据实际教学效果，提炼以学生主体参与为特征的学法指导策略。

四、研究结论

（一）结论

1. 建构了“基于标准”实施教学的新路径，提供参考范式

本课题的研究明确以《上海市小学美术学科教学基本要求（试验本）》为教学实施需要基于的“标准”，用上海和其他地区正在使用的小学美术教材，共设计了 12 个不同年级的三类活动教学案例，并选择最具代表性的范例拍摄成课堂教学视频出版发行。同步为各活动视频配套出版活动设计专著一本。为一线教师如何基于美术教学基本要求为“新标准”，实施以三类活动为载体的美术教学，提供了学习、参考的范式，为教师有效优化教学设计，激活活动设计灵感，激发学生持续学习动力提供了新的路径。

2. 形成以“学法指导为突破”的活动设计策略，促进素养落地

本课题研究特别对于三类活动在美术学习中的功能、作用、特征、形式、要求、设计要领等方面着重探索。站在学生的视角思考设计有利于学生主动参与美术实践与体验的学习方法，选用适合的教学策略指导，促进学习方法的有效实施，从而促进美术核心能力培养在一个个活动中有效落实。

通过实践研究总结出了三类活动的四个主要特点，并呈现出活动设计的原则、路径、方法、步骤。在 12 个活动课例中可以明显体现出美术核心能力和美术核心素养通过三类活动实施有效达成的良好成效，为学科建设积累了基础性的经验。

（二）思考

1. 如何进一步将微观层面的活动与中观层面的单课教学、单元教学建立密切关联还需进一步展开研究

在本课题研究的同时也给大家提出了很多新的命题，在目前市教研室全面推进单元整体教学研究项目的背景下，如何处理好年段、单元、单课、单个活动之间的内在关联？如何从教学内容、教学目标、教学方法策略、教学评价、教学资源等诸多要素建立起内在的学科性关联？这些问题的解决或许能为单元整体设计研究提供经验参考。

2. 如何将三类活动与美术学科特质以及学生终身发展建立密切关联还需进一步展开研究

美术核心素养培育的关键在于学生的美术终身发展与可持续学习。当学生长大成人后是否会在闲暇时拿起画笔，是否会走进展览厅看一场画展。这些都是美术学科教育、美术核心素养培育需要检测的重要隐性指标。本课题研究使我们更进一步认识到三类活动对于学生美术学习兴趣、能力、习惯、态度的培养意义重大。

（执笔：基地主持人　曹晏平；浦东新区小学美术教研员　方文晶）

CHAPTER 2
活动设计案例

体验性活动

造型表现　点线的变化

【活动设计者】

上海市浦东新区第二中心小学　季静

【所对标的教学基本要求】

1. 学习内容：1.1 绘画基础——1.1.1 线条造型

2. 具体要求：

1.1.1 ① 知道点的大小、线的粗细曲直、形状的变化，初步学会用排列、组合等方法表现画面。

【活动种类】

以体现下列哪类活动为主：

体验性活动（ ✓ ） 表现性活动（　 ） 欣赏性活动（　 ）

【设计意图】

《上海市小学美术学科教学基本要求（试验本）》将绘画基础中的线条造型的一年级学习水平都界定为 A，知道和初步学会。针对刚入学不久的一年级儿童，教学基本要求和教材内容仅让儿童认知点有大小，线有粗细、弯曲，并初步学会排列、组合来感受并表现点线的变化，因此将此学习活动定位为以体验性活动为主。

【活动目标】

活动设计主要引导学生结合生活经验，通过摸一摸、看一看、想一想、画一画，感受体验点线的各种变化，尝试大胆画出点的大小不同，线的变化组合。同时情境激趣，对比分析，让学生尽情感知点线，体验点线，快乐尝试。

【教学内容】

1. 教材版本：上海教育出版社九年义务教育课本《美术》教材

2. 年级、单元：一年级第一学期第二单元“大自然中的点线”

3. 教学内容：《点线的变化》

【活动流程】

一、感受与导入（体验性活动 1）

1. 联系学校活动，美术馆参展“环保小怪物”

（1）PPT 出示图片：情景模拟再次参加艺术展，感受点线美。

（2）打开桌上的星空盒，找找生活中的点线。

（3）想象并说说：大自然中的点和线。

2. 揭示课题：点线的变化

学法指导意图：

点线的变化，对一年级学生而言是陌生的，点线在生活中却是无处不在。课堂里有意引导学生发现星空盒中的秘密，去找一找、看一看、摸一摸、想一想去感受和体验生活中点线的变化，并启发学生们用形象化语言描述。发现点除了有形的还有无形的，线也有很多形态，如像水波一样的线条，像锯齿一样的线条，像电话线一样的线条等，增加学生的感性认识，激发他们的学习兴趣。

学法提炼：有意观赏专注发现　寻找感知

二、尝试与发现（体验性活动 2）

1. 体验活动一：认识不同的点和线

师生互动，尝试画一画不同的点和线。

2. 体验活动二：画画点线的组合变化

（1）出示图片对比，感受点的大小变化：一大一小。

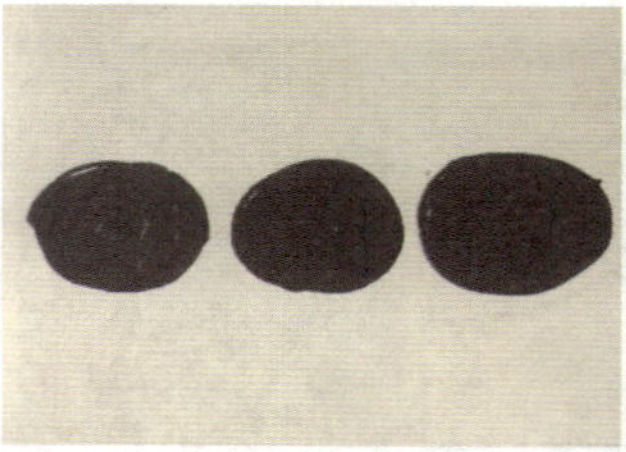

（2）出示图片对比，感受线的粗细、曲直变化：一粗一细、一曲一直。

（3）出示胶片，互动演示，感受点和线的组合变化：有点有线、画面生动。

2. 观看教师示范视频：了解绘画步骤

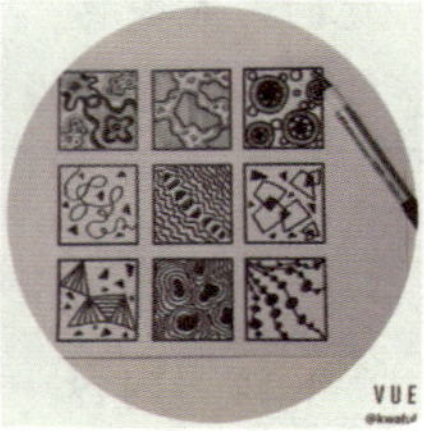

3. 学生体验，点明构思创作步骤和要点

儿歌小口诀：

大大小小不同点，左点右点变化多；

粗细长短不同线，画了直线画曲线；

点不同，线不同，变化组合更生动。

4. 欣赏同龄学生作品，再次感受学生作品中点线的变化

学法指导意图：

点和线的组合练习，引导学生发现不同组合方法产生不同效果。如同一种点或线排列起来显得很单一，不同点和不同线组合比较有变化，通过图片对比法、胶片互动变化、录像快进法，让学生体验感受点线变化的形式美感，形成认知美、理解美、体验美的乐趣。

学法提炼：掌握方法　对比学习　积极互动

三、体验与指导（体验性活动 3）

1. 练习内容

利用正方形纸片，选用粗细记号笔，画出点线的变化。

2. 练习要求

（1）能画出大小不同的点；

（2）能画出曲直、粗细的线；

（3）能用点和线组合的方法画出点线的变化。

3. 教师巡视，个性指导

指导关注：

（1）点有大小变化；线有曲直、粗细变化；

（2）注意画面构图，点线有对比等节奏美感；

（3）记号笔线条表现，肯定流畅、不涂改的画法试着将错就错。

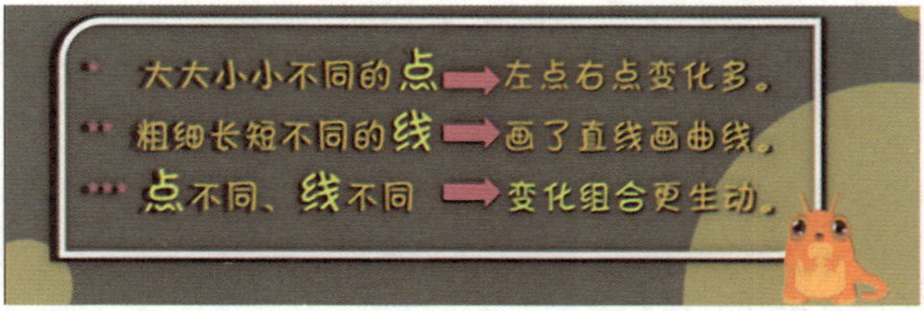

学法指导意图：

让学生自主选择一种方法进行绘画，可以用不同大小的点进行创作；可以用不同曲直、粗细的线进行创作；还可以用点和线组合的方法进行创作。

关注学生体验尝试的同时，鼓励学生大胆表现自己的想法。

学法提炼：体验尝试　大胆表达　投入表现

四、活动展示与评价

1. 作品展示（将方形线条作品装饰美化方形小怪物）

2. 互动点评自己或同伴的作品

3. 欣赏大师的点线作品

五、活动拓展与总结下课

我们学习了点线的变化，从观察大自然到发现生活中有很多漂亮的点和线，通过欣赏艺术作品，从而体验点与线的魅力，并向大师一样进行创作。生活中不缺少美，希望小朋友未来都能拥有一双会发现美的眼睛，来美化我们的生活。

色彩表现　花儿朵朵

【活动设计者】

上海市浦东新区东方小学　康志文

【所对标的教学基本要求】

1. 学习内容：1.1 绘画基础——1.1.2 色彩表现

2. 具体要求：

1.1.2 ① 能够用原色调配出间色。

【活动种类】

以体现下列哪类活动为主：

体验性活动（ ✓ ）　表现性活动（　　）　欣赏性活动（　　）

【设计意图】

《上海市小学美术学科教学基本要求（试验本）》将色彩表现的学习要求和学习水平都界定为 A，知道和初步学会。小学三年级才刚刚接触水粉画，《花儿朵朵》是水粉画单元的第二课，仅让学生能用原色调出间色，玩玩水粉画花。因此，我们将此学习活动定位为以体验性活动为主。

【活动目标】

活动设计主要引导学生知道原色与间色的色彩知识和调配方法；运用原色和间色表现花儿朵朵；体验色彩表现的乐趣，增强色彩学习的兴趣。

【教学内容】

1. 教材版本：上海教育出版社九年级义务教育课本《美术》教材

2. 年级、单元：三年级第二学期第三单元“我的水粉画”

3. 教学内容：《花儿朵朵》

【活动流程】

一、复习回顾，巩固原色间色的知识

1. 回顾单元前一课学习，复习三原色

2. 色轮展示，复习三间色

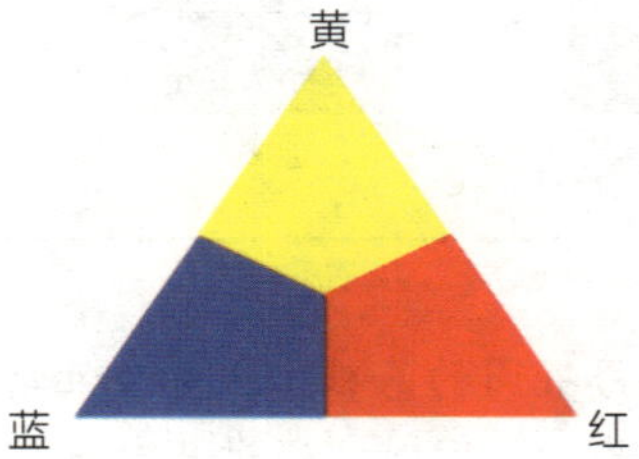

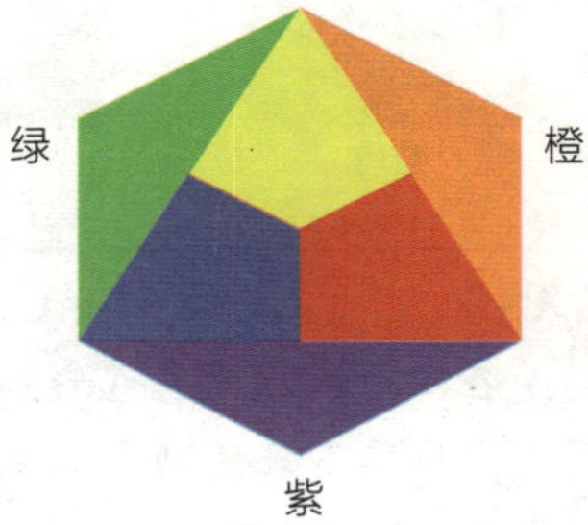

3. 再次复习间色的调配

红 + 黄→橙；红 + 蓝→紫；黄 + 蓝→绿。

二、尝试体验，认识间色的丰富变化（体验性活动 1）

1. 一起玩个调色小游戏：请用红、黄两种原色调出间色

（1）教师示范：调出间色橙色。

回顾调色要点：选择大笔，尽量蘸多；调色控制在一块区域；水粉适量。

（2）学生试笔也调出橙色。

（3）教师将学生试调出的橙色展示，反馈对比。

提问：同样的红色加黄色，为什么每人调出的橙色效果不一样呢？

（4）师生互动归纳：原色调配份量不同，间色的效果就会不一样。

2. 教师再次示范：调出偏黄、偏红的橙色

3. PPT 出示间色变化的图片，感受三间色的不同色彩效果

间色变化

学法指导意图：

本活动是在对原色、间色色彩知识复习巩固的基础上，师生互动用原色调出间色，为接下来的动手尝试打下基础。同时，通过互动反馈一次次体验，学生有意识地感知间色的调配方法。

学法提炼：有意观赏　体验尝试　不断认知

三、尝试练习，水粉表现花儿朵朵（体验性活动 2）

1. 了解水粉画题材的丰富：水粉可以表现人物、风景、静物

2. 欣赏画家花卉作品，引出课题：花儿朵朵

明确练习内容：用原色和间色画出花儿朵朵。

3. 实物欣赏花朵造型，了解花朵的组成：花蕊、花瓣

4. 师生合作，尝试练习

步骤 1 原色间色点花蕊

步骤 2 间色画花瓣

步骤 3：添枝叶变瓶花

步骤 1：原色调出间色，画出大小、高低、分合的圆形花蕊；

步骤 2：调出不同色彩效果的间色，沿花蕊画出不同造型的花瓣；同一朵花尽量用一种间色；花瓣的形状可以是长条形、圆形、放射形；

步骤 3：点、线添加花蕊和枝叶，粘贴花瓶变瓶花。

5. PPT 出示两幅学生作品，对比分析

（1）提问：一幅作品花儿鲜艳，一幅作品花儿显脏，说说是什么原因？

（2）师生归纳小结，颜色显脏的原因：

颜色添加混合过多；笔尖洗得不够干净。要避免这样的情况。

6. 提出练习要求

（1）能用原色调出不同效果的间色；

（2）能同时使用原色、间色画花，色彩丰富；

（3）能表现出花不同形态和大小、高低、分合的变化；

（4）能把握水分，调色清晰，洗笔干净。

7. 学生练习，教师巡视指导

学法指导意图：

这个环节的体验性活动是师生共同合作，教师先手把手提示引导，学生自主尝试体验，按照步骤，试着用原色、间色先点出大小、高低、分合的花蕊；再利用间色丰富变化的效果引导学生尽量不洗笔表现一朵间色的花，以此往复；最后粘贴剪出的花瓶添画表现瓶花。在实践与体验中发现问题，体会色彩的表现方法，激发学生的学习乐趣。提高学生色彩的感觉和运用色彩表现事物的能力。

学法提炼：积极参与教师示范　主动尝试体验

四、学生作品展示，互动评价

1. 作品展示

2. 学生自评并分享作画感受

3. 教师点评

五、归纳与总结

本节课，我们复习了原色与间色的色彩知识，用原色与间色的调色方法，玩了花儿朵朵，大家兴趣盎然。继续在生活中感受色彩，愿我们用色彩表现更多生活中的美好。

水墨表现　墨线的变化

【活动设计者】

上海市浦东新区东方小学　张蔚

【所对标的教学基本要求】

1. 学习内容：1.1 绘画基础——1.1.3 水墨表现

2. 具体要求：

1.1.3 水墨表现

① 知道中国画的工具与材料，以及用笔、用墨的技法；

② 初步学会使用中国画工具和材料进行绘画表现；

③ 能感受中国画中干、湿、浓、淡的笔墨韵味。

【活动种类】

以体现下列哪类活动为主：

体验性活动（ ✓ ）　表现性活动（　　）　欣赏性活动（　　）

【设计意图】

《上海市小学美术学科教学基本要求（试验本）》将水墨表现的学习要求和学习水平都界定为 A，知道和初步学会。本节课为自拟自创，针对本单元是儿童小学阶段初期接触水墨画课程，借助大师作品的欣赏，浅尝体验，帮助学生逐步丰富对水墨画的认识和感受，提高学生体验水墨形式美感的能力和水墨造型表现的能力。因此，我们将此学习活动定位为以体验性活动为主。

【活动目标】

活动设计主要通过引导学生对吴冠中与波洛克作品的对比，将水墨的基本语言与抽象表现主义形式相结合，尝试运用粗细、浓淡、干湿变化的水墨线条和顿挫交缠的笔触，根据形式美的法则抽象地表现藤本植物；能比较中外美术作品中的不同传统和习俗，学会尊重并理解世界美术文化的多样性。

【教学内容】

1. 教材版本：上海教育出版社九年义务教育课本《美术》教材

2. 年级、单元：三年级第一学期第三单元“走近名作”

3. 教学内容：自拟自创《墨线的变化——吴冠中相遇波洛克》

【活动流程】

一、比较导入，激发兴趣（体验活动 1）

1. 出示两幅作品

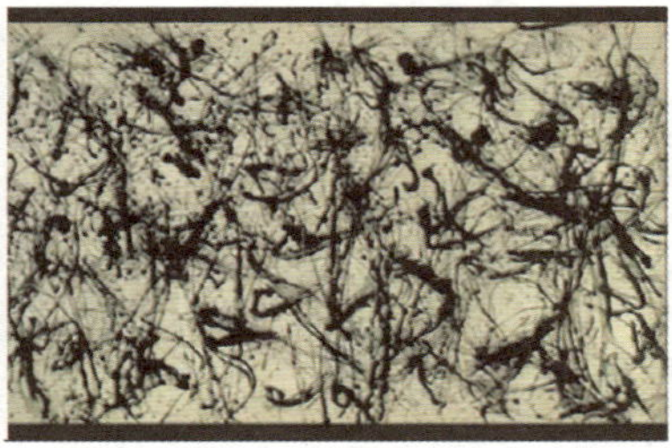

2. 猜猜这两幅作品是不是同一个画家画的？为什么？

3. 简单介绍吴冠中与波洛克（生平及作画方式）

4. 出示课题：吴冠中相遇波洛克

> **学法指导意图：**
>
> 学生在对两幅相似的抽象作品的观察、对比和老师的介绍中了解画家的生平及作画方式的不同，感受不同文化间的相似之处。
>
> **学法提炼：**文化比较体验

二、分析比较，深入体验（体验性活动2）

1. 出示图例，分析比较吴冠中与波洛克作品的异同

吴冠中：线条有变化，画面有意境；

波洛克：线条有动感，画面有激情。

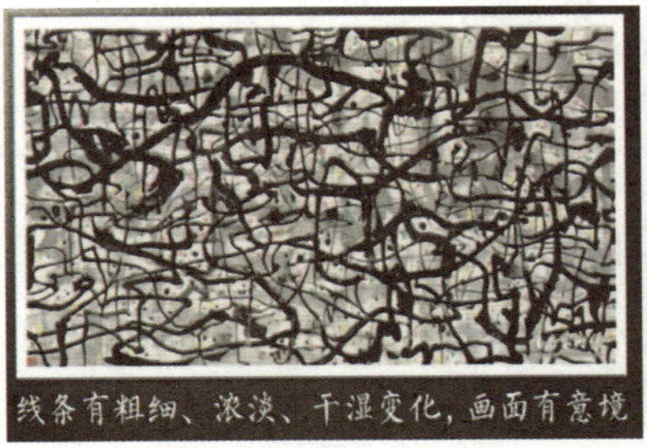
线条有粗细、浓淡、干湿变化，画面有意境

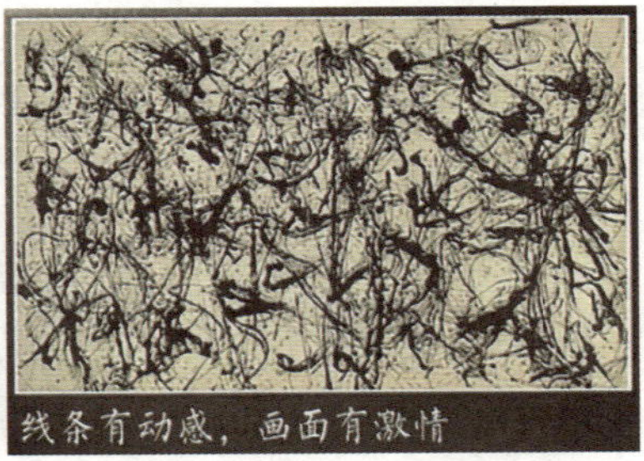
线条有动感，画面有激情

2. 学生尝试画出粗细、浓淡、干湿变化的墨线，并介绍经验

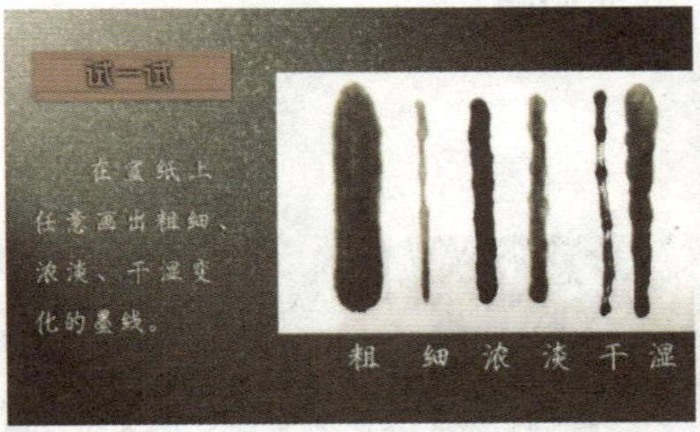

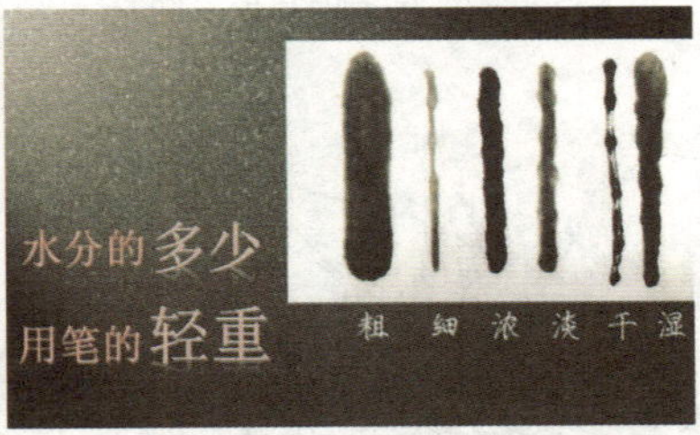

3. 出示波洛克作品，学生说说像什么？

引出本节课要表现的内容：藤本植物。

波洛克作品

藤本植物

学法指导意图：

通过对两位画家作品的深入比较，感受水墨线条变化的丰富性以及特有的形式美感。对比波洛克的作品与本节课所要表现的藤本植物，寻找它们之间形式美感的共通性，例如对比、平衡、节奏、韵律等。

学法提炼：文化比较体验　水墨材料体验

三、综合体验，明确练习要求（体验活动 3）

1. 分析、模仿藤本植物的线条特点：顿挫交缠（停顿、节奏、缠绕）

（1）学生看一看、摸一摸桌上的葫芦藤，说一说什么是顿挫？

（2）学生试画顿挫的线条，教师示范表现。

（3）用身体来感受、模仿爬藤植物茎交缠向上的特点。

2. 分割藤本植物图片，选择自己喜欢的构图

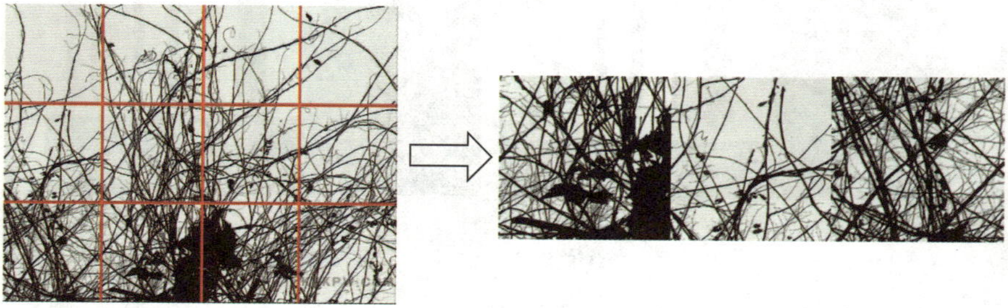

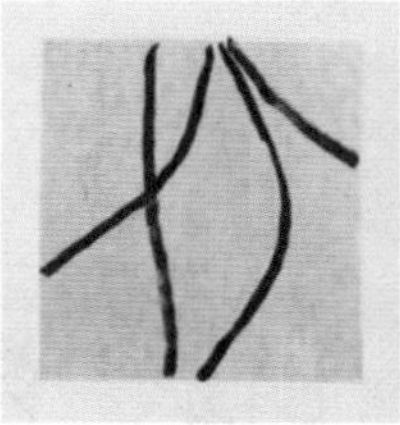
步骤 1

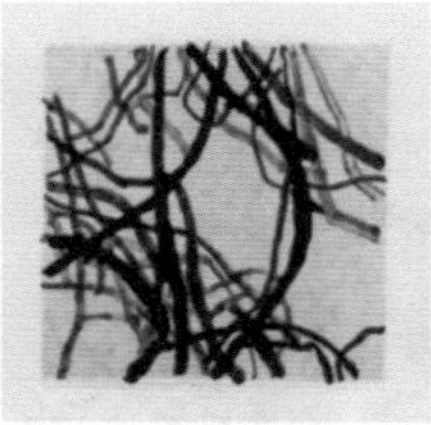
步骤 2

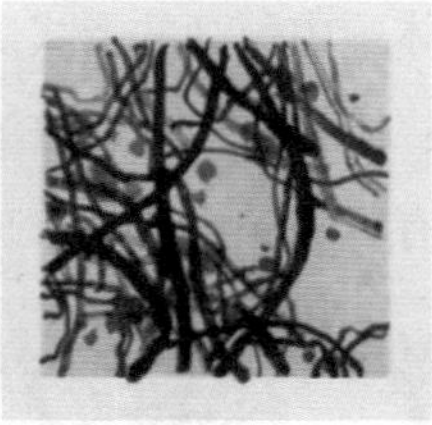
步骤 3

3. 观看教师作画小视频，体验水墨画的创作过程

步骤 1：画出最主要的线条。建议用粗线浓墨表现主要线条；

步骤 2：添画次要的线条。建议用疏密变化的线条以及墨色韵味来表现次要线条；

步骤 3: 添画装饰的点。建议用大小有变化的点装饰加强密的部分。

4. 练习内容：用有变化的水墨线条抽象地表现一张水墨藤本植物作品

5. 练习要求

（1）线条有粗细、浓淡、干湿的变化；

（2）线条有顿挫交缠的表现；

（3）画面有疏密的变化。

6. 学生绘画，教师巡视指导

学法指导意图：

学生通过视觉（看一看）、触觉（摸一摸）以及运用肢体的模仿感知线条的顿挫交缠。通过对整张爬藤植物照片的分割所形成的线条疏密变化体验抽象作品的形式美感。教师示范视频帮助学生了解作画的步骤、过程以及注意要点，学生体验了方法增强了信心。

学法提炼：综合表达体验　形式法则体验

四、展示评价，形式体验（体验活动 4）

1. 学生完成练习后展示在“吴冠中相遇波洛克——学生水墨作品展”中

2. 学生根据练习要求一句话点评作品，教师补充点评，给五星以上的作

品盖上印章，体验中国画的形式美

点评要点：线条有粗细、浓淡、干湿有变化★★

线条顿挫有力★★　构图有疏密变化★★

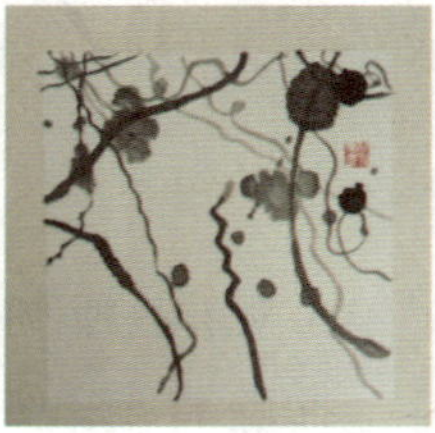

学法指导意图：

评价环节巩固学生所学知识，提高了口头表达能力。盖章环节让学生再一次体验中国画的形式美学。

学法提炼：综合表达体验　形式法则体验

五、归纳与总结

今天我们认识了吴冠中与波洛克两位画家，感受到了中国画与西方油画之间的不同之处，体验到了毛笔在宣纸上轻重缓急所留下的不同墨色表现的线条之美，也尝试了用简单的线条完成一幅抽象作品，体验了一次水墨画意境。

水墨表现　我用墨线画梯田

【活动设计者】

上海市浦东新区建平实验小学　施璐

【所对标的教学基本要求】

1. 学习内容：1.1 绘画基础——1.1.3 水墨表现

2. 具体要求：

1.1.3 水墨表现：

① 知道中国画的工具与材料，以及用笔、用墨的技法；

② 初步学会使用中国画工具和材料进行绘画表现；

③ 能感受中国画中干、湿、浓、淡的笔墨韵味。

【活动种类】

以体现下列哪类活动为主：

体验性活动（ ✓ ） 表现性活动（　　） 欣赏性活动（　　）

【设计意图】

《上海市小学美术学科教学基本要求（试验本）》将水墨表现的学习要求和学习水平都界定为A，知道和初步学会。水墨表现小学三年级才刚刚起步，《我用墨线画梯田》参照教材中"走近名作"单元第二课《墨线的变化》，属于对水墨画中墨点、墨线最初期的体验。因此，我们将此学习活动定位为以体验性活动为主。

【活动目标】

本课通过走近大师吴冠中的水墨作品《梯田》，感受大师作品中墨线粗细、墨色浓淡、深浅的变化；尝试用水墨知识与技法进行墨线的体验；感受画家浓浓的爱国心，体验中国画的水墨韵味，引导学生关注绿色和生态。

【教学内容】

1. 教材版本：上海教育出版社九年义务教育课本《美术》教材

2. 年级、单元：三年级第一学期第三单元"走近名作"

3. 教学内容：《我用墨线画梯田》

【活动流程】

一、观察欣赏，导入课题

1. 欣赏图片与现代诗

2. 引出国画——《梯田》

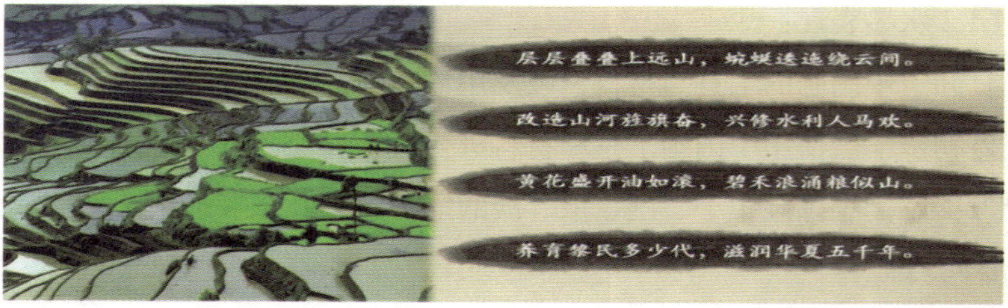

3. 揭示课题：我用墨线画梯田

> **学法指导意图：**
>
> 通过大量梯田的实景以及国画图片，让学生感受到梯田的壮美以及国画的笔墨韵味，提高学生对本课的学习兴趣。通过老师对梯田背景故事的讲解，进一步知道梯田不仅仅有观赏价值，它更是山区人民因地制宜，用智慧、勤劳、合作、追梦的精神奋斗而来的，这是值得学习与讴歌的民族精神。
>
> **学法提炼：**有意观赏　直观感受

二、走近大师，感受名作《梯田》（体验性活动 1）

1. 介绍大师吴冠中

吴冠中先生出生于江南鱼米之乡，是当代著名画家、美术教育家。他非常爱国，学贯中西，在晚年时力图运用中国传统绘画材料工具表现现代精神，并探求中国画的革新。

2. 欣赏、感受大师作品《梯田》

提示细看：作品中的线条粗细变化以及墨色的变化。

3. 教师小结：这幅作品画出了层层叠叠的梯田，画中粗细、疏密、浓淡的墨线表现了自然形态的节奏美感

学法指导意图：

本环节学生通过了解大师吴冠中爱国情怀与艺术表现形式，再结合梯田的背景故事，能更用心用情去感受作品《梯田》。通过观察作品，初步体会中国画中线条与墨色变化所蕴含的独特韵味，提升学生对中国画学习的热情以及培养学生对国粹的认同感，树立良好的文化自信。

学法提炼：有意欣赏　直观感受

三、观察对比，体验运笔用墨（体验性活动 2）

1. 出示图片，感受墨线用笔

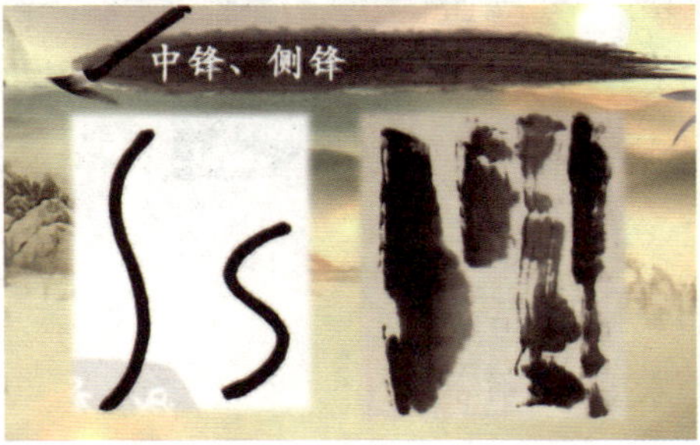

教师提问：两组线条有什么不同？采用了怎样的运笔方式？

2. 大胆猜测，感受中锋、侧锋运笔

3. 教师边演示边讲解

中锋：执笔端正，笔锋垂直于纸面，笔锋在墨线的中间，用笔力量均匀。

侧锋：运笔将笔倾斜，使笔锋在墨线的边缘，笔锋与纸面有一定的角度，用力不均匀，时快，时慢，时轻，时重，墨迹毛、涩，变化丰富。

4. 教师讲解要领并示范，学生跟画

（1）墨线的粗细取决于手腕下按的力度，运笔要有轻重，有快慢；

（2）中锋、侧锋运笔交替，中锋转侧锋，侧锋可以表现梯田的厚度；

（3）毛笔蘸墨、蘸水的多少影响墨线的干、湿、浓、淡；

（4）层层墨线，要注意疏密、层次，适当留白。

5. 欣赏并分析同龄人作品

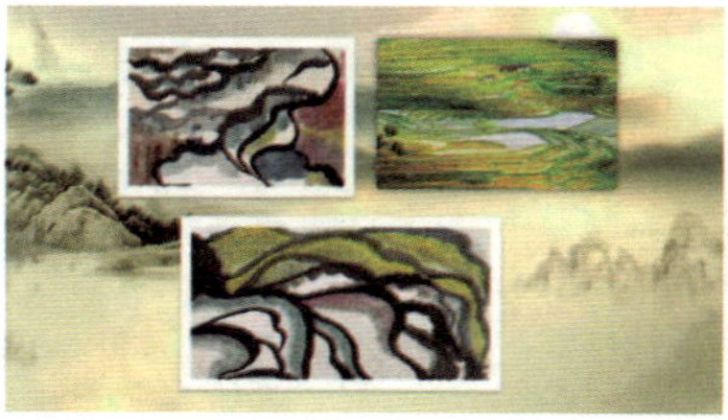

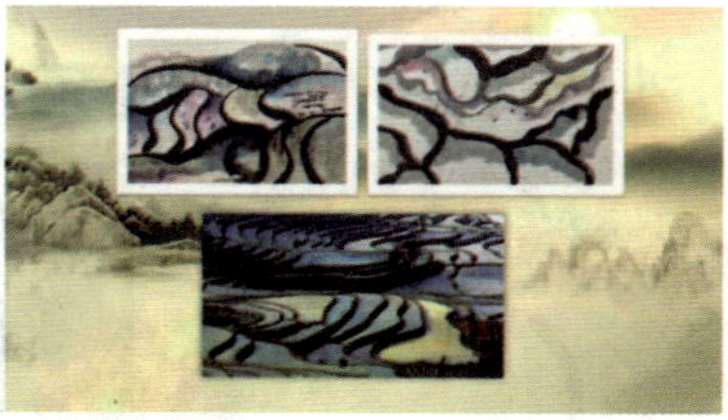

四、学生练习，完成水墨梯田（体验性活动 3）

1. 练习内容：用笔墨完成一幅水墨梯田作品

2. 练习要求：

（1）中锋、侧锋运笔表现墨线；

（2）墨线粗细、浓淡、干湿有韵味。

学法指导意图：

学生进一步观察、感受运笔所带来的线条以及墨色浓淡变化，结合对梯田结构的理解，分析梯田的形态特点。通过教师示范、讲解以及同龄人的作品与梯田实景对比、赏析，进一步巩固知识，在赏析中加深对表现梯田特点的笔墨技法的认知。

学法提炼：有意观赏　直观感受　尝试表现

五、展示评价，拓展总结

1. 学生作品展示

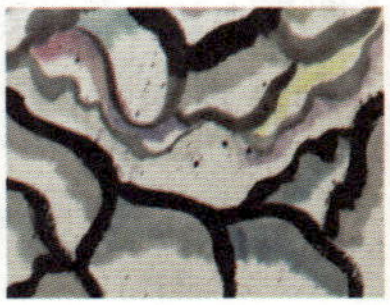

2. 师生互动点评

3. 归纳与总结

我们通过学习，认识了吴冠中大师，欣赏了他的作品《梯田》，初步学会用水墨韵味表现梯田，让我们一次又一次感受到国粹的魅力，更深地体会到保护生态的重要性。

水墨表现　汉字变成画

【活动设计者】

上海市浦东新区香山小学　施燕华

【所对标的教学基本要求】

1. 学习内容：1.1 绘画基础——1.1.3 水墨表现

2. 具体要求：

1.1.3 水墨表现

① 知道中国画的工具与材料，以及用笔、用墨的技法；

② 初步学会使用中国画工具和材料进行绘画表现；

③ 能感受中国画中干、湿、浓、淡的笔墨韵味。

【活动种类】

以体现下列哪类活动为主：

体验性活动（ ✓ ）　表现性活动（　 ）　欣赏性活动（　 ）

【设计意图】

《上海市小学美术学科教学基本要求（试验本）》将水墨表现的学习要求和水平都界定为A，知道和初步学会。三年级学生曾通过水墨游戏较粗浅地体验笔墨的基本技法，本课将运用水墨技法来表现将汉字变成画，引导学生感受水墨表现的形式美感，对四年级学生而言又是一种全新的体验，故将此学习活动定位为以体验性活动为主。

【活动目标】

活动设计主要通过识读视频和图片，有意赏析字形和作品，感悟并理解汉字字形结构上的形态之美以及画面结构上的构成之美；体验运用“重叠法”或“分割法”来表现具有一定形式美感的有韵味的水墨画；体会祖先造字的智慧和审美，激发水墨表现及画面构成表达的兴趣。

【教学内容】

1. 教材版本：上海教育出版社九年义务教育课本《美术》教材

2. 年级、单元：四年级第一学期第三单元“有韵味的水墨画”

3. 教学内容：《汉字变成画》

【活动流程】

一、回顾与欣赏

1. 观看水墨动画《十二生肖》视频（节选）

2. 找到本课的创作主角——十二生肖的篆书文字

（为后续创作保留素材，做好铺垫）

3. 教师小结：我们的祖先把生活中事物按形象特征画下来，形成了早期文字，它们具有绘画性和形象性的特点。

学法指导意图：

带着“寻找创作主角”的任务，学生观看《十二生肖》的视频，并集集体之力找到12位创作主角，激发好奇心和关注点。学生从源头上进行感知、理解甲骨文与篆书字体结构之间的关联，了解汉字具有绘画性和象形性的特点，做好后续铺垫。

学法提炼：有意观赏　图像识读　有意识记

二、观察与交流（体验性活动1）

1. 欣赏并比较篆书“鸡”和“虎”在字形结构形态上的艺术特点

（1）找一找，这两个汉字在左右、上下结构形态上有什么不同？

（2）看一看，这两个汉字在字形结构形态中有什么对比关系？

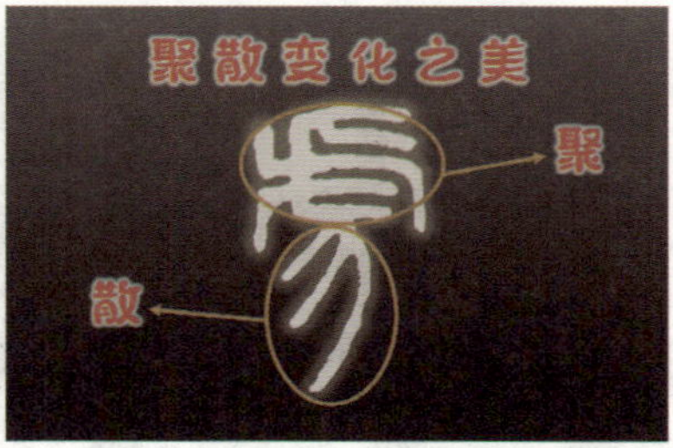

2. 教师小结：篆书“鸡”是左右结构上呈现大小对比；篆书“虎”是上下结构上呈现聚散对比。大小、聚散的形态之美，使汉字的字形结构有了一定的

节奏感，我们认为大小、聚散和节奏就是汉字形态之美的三个要素。

3. 揭示课题：汉字变成画

学法指导意图：

在观察与比较中，学生不断深入了解篆书的字形结构；在对现代汉字结构的认识与借鉴中，慢慢发现并总结出篆书字形结构上的特点及审美表现，得到大小、聚散、节奏来表现汉字字形形态之美的三要素。

学法提炼：比较观察　图像识读　表达交流

三、观察发现与互动体验（体验性活动 2）

1. 感受并发现“分割法”在画面背景构成上体现的艺术特点

提问：你们发现在这幅作品中，背景是用怎样的方式进行创作的？

2. 教师小结：作品《蛇》，背景运用了“分割法”，通过长长短短、浓淡变化的经纬墨线将画面分割成大小不同的方形，分割出了大小、节奏的构成之美，还体现了浓淡、节奏的墨色韵味。

3. 观看示范视频，体验墨线分割，将汉字变成画

步骤 1
中锋、浓墨书写篆书字体

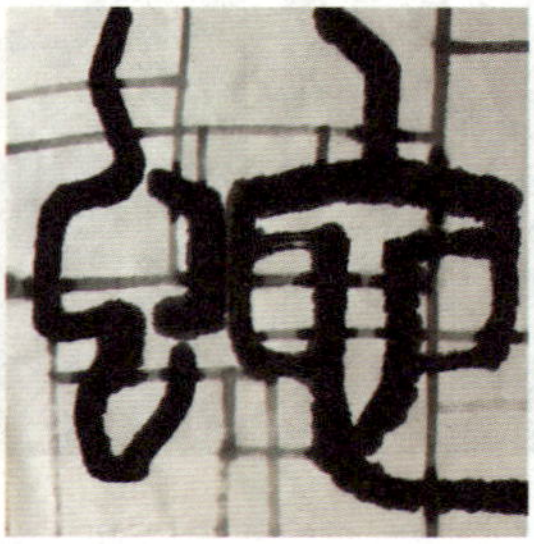

步骤 2
中锋、淡墨画分割线

步骤 3
侧锋、蘸色填色块

4. 感受并发现“重叠法”在画面构成上体现的艺术特点

提问：在这幅作品中，你们发现画面上又运用了一种怎样的创作方式？

5. 教师小结：作品《羊》，运用了“重叠法”，将同一个篆书“羊”大大小小地分布在画面上，形成聚散、节奏的构成之美，还体现了干湿、浓淡、节奏的墨色韵味。

6. “重叠法”互动体验，感受聚散、节奏的画面构成

互动小任务：（1）浓淡水墨写篆书；（2）大小“牛”字重叠放。

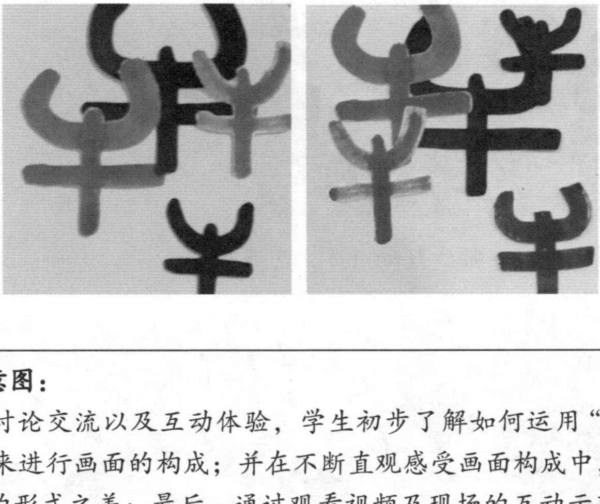

学法指导意图：

通过讨论交流以及互动体验，学生初步了解如何运用“分割法”和“重叠法”来进行画面的构成；并在不断直观感受画面构成中，体验理解画面构成的形式之美；最后，通过观看视频及现场的互动示范，学生进一步加深对画面构成的理解与体验。

学法提炼：观察赏析　互动体验

四、尝试与表现（体验性活动 3）

1. 练习内容

自选一个十二生肖的篆书字体，使汉字变成画。

运用“分割法”或“重叠法”使画面体现大小、聚散、节奏的形式美。

2. 练习要求

（1）画面构成具有大小、聚散、节奏的变化；

（2）笔墨干湿、浓淡，有生动、韵味的变化。

五、展示与评价（体验性活动 4）

1. 范例点评

这两幅学生作品，都选择了篆书“羊”字，分别运用“分割法”和“重叠法”，左边作品的画面构成体现出了大小、节奏的形式之美，右边作品的画面构成则体现出了聚散、节奏的形式之美；同时，两幅作品都表现出了干湿、浓淡的墨色变化。

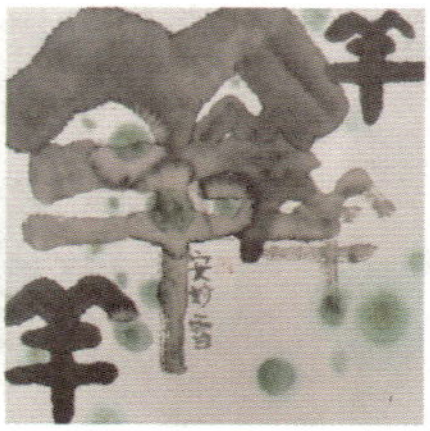

2. 展示学生作品，师生互动点评，交流分享

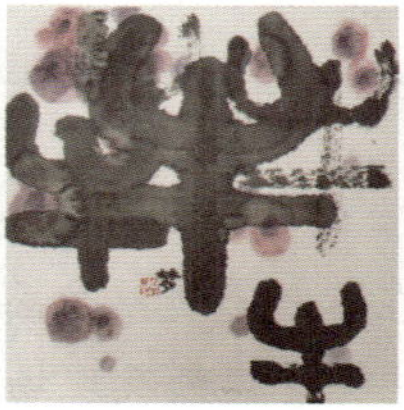

学法指导意图：

通过教师范例点评，学生进一步明白运用干湿、浓淡的水墨技法，运用“分割法”和“重叠法”体现了大小、节奏的形式之美；其次，学生积极主动参与作品评价，表达自己的想法和审美判断，对画面美感构成有了真正的感悟。

学法提炼：表达交流　体验认知

六、欣赏与拓展

认识吴冠中和袁运甫两位艺术家，赏析其作品中运用“分割法”和“重叠法”体现画面形式美感的实例。

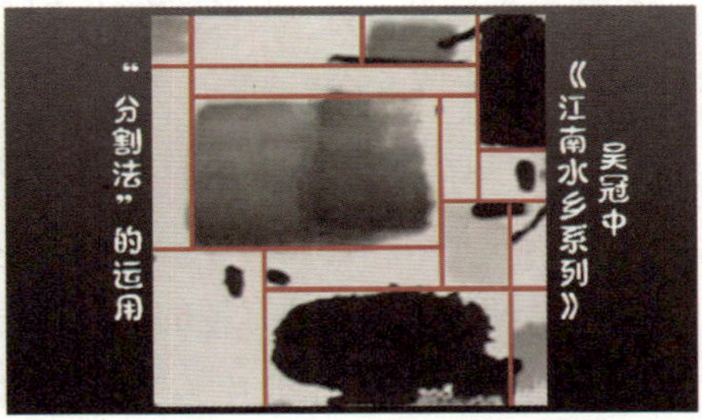

七、归纳与总结

我们也可以和艺术家一样进行创作！老师希望你们能将“分割法”和“重叠法”运用到更多的作品创作中，使画面构成大小、聚散、节奏的形式美感。

纸材拼贴　巧用碎纸片

【活动设计者】

上海外高桥保税区实验小学　严丽婷

【所对标的教学基本要求】

1. 学习内容：1.1 绘画基础——1.1.4 纸材拼贴

2. 具体要求：

1.1.4 纸材拼贴

① 初步学会运用纸材工具和材料，有意识地撕、剪出不同的形状；

② 能根据形状进行联想，通过摆放、调整形状、拼贴组合出形象；

③ 初步学会正确地使用固体胶进行粘贴；

④ 能用画与贴组合的方法表现画面。

【活动种类】

以体现下列哪类活动为主：

体验性活动（ ✓ ） 表现性活动（ ） 欣赏性活动（ ）

【设计意图】

《上海市小学美术学科教学基本要求（试验本）》将一、二年级纸材拼贴的学习要求和水平一、二年级界定为 A，知道和初步学会。学生上完一年级第一学期第四单元“有趣的形体”——《漂亮的纸筒》后产生了许多的碎纸片，不妨巧用这些碎纸片，于是自拟自创了这节课。旨在让学生更好地体验有趣的形体，发挥想象，创意新形象。针对一年级儿童，我们将此学习活动定位为以体验性活动为主。

【活动目标】

活动设计主要引导学生观察碎纸片的不规则形状，发现纸片的独特造型，学会联想与添画；同时引导学生想象与交流，启发学生学习根据碎纸片的形状特点进行想象、添画；让学生感受巧用纸材创意的乐趣，培养良好的环保意识。

【教学内容】

1. 教材版本：上海教育出版社九年义务教育课本《美术》教材

2. 年级、单元：一年级第一学期第四单元“有趣的形体”

3. 教学内容：自拟自创《巧用碎纸片》

【活动流程】

一、导入与发现，揭示课题（体验性活动 1）

1. 创设情境，激发兴趣

（1）每组摆放“美术百宝箱”，看看里面是什么？

提问：本单元上一课《漂亮的纸筒》留下了很多碎纸片，这么多碎纸片扔了可惜，大家觉得还有用吗？

（2）教师随机取出百宝箱内纸片，引导观察。

提问：这些形状像什么？我们能不能把它们变成什么？

2. 纸片变变变，交流感受

（1）碎纸片变出了新形象，它们是通过什么方法变出来的？

（2）师生互动归纳：小小的碎纸片通过观察、联想、添加变出了很多有趣的形象。今天我们就巧用碎纸片也来玩一回。

3. 引出课题：巧用碎纸片

> **学法指导意图：**
>
> 通过观察碎纸片的形状，联想像什么，激发学生的学习兴趣。在主动欣赏与交流的过程中，感受纸片变出新形象的乐趣。
>
> **学法提炼：**有意观察　引发联想

二、观察与联想，指导巧用（体验性活动 2）

1. 学生从百宝箱中随机抽取碎纸片，观察联想

（1）说一说：这张纸片的造型你联想出了什么形象？

（2）学生七嘴八舌来分享。

（3）想一想：在哪里添加细节可以使物体的形象更明显？

（4）教师小结：抓住物体的特征表现形象最重要。

2. 鼓励学生将同一张碎纸片转动角度，进行联想

（1）提问：你还有什么方法可以联想出其他的形象吗？

（2）小组游戏互动：鼓励学生翻转碎纸片，改变方向去观察。

（3）教师 PPT 演示：一纸多变

3. 教师完整示范：巧用碎纸片

步骤 1 观察纸片造型

步骤 2 想象，抓住特征添画细节

步骤 3 添加背景和色彩，丰富画面

学法指导意图：

此环节老师鼓励学生根据一张碎纸片，寻找新方法，巧用转动、翻转，通过观察与联想，创意更多的新形象。同时强调通过抓住特征进行添画。教师示范详细步骤，激发学生蠢蠢欲动。

学法提炼： 多角度观察 寻找方法 联想创意

三、尝试与体验，学生练习（体验性活动 3）

1. 学生练习内容：

巧用碎纸片，想象并添画出有趣的新形象。

2. 学生练习要求：

（1）能多角度观察，进行联想；

（2）能抓住特征，表现形象；

（3）能添加细节，装饰美化。

3. 播放同龄伙伴作品短视频

学法指导意图：

学生通过体验与尝试，感受碎纸片变出新形象的乐趣。学生明确练习步骤与要求，通过欣赏同龄人的作品，激发学生的想象力，鼓励学生大胆表现自己的创意。

学法提炼： 总结步骤 明确要求 激发创意

四、展示与评论

1. 教师进行范例点评

这幅学生作品《火箭》，小作者将碎纸片联想出火箭的造型，想象力十分丰富。抓住了火箭的特征添加了细节和简洁的背景，整幅作品主题突出，特征强烈，构图饱满，是一幅优秀的作品。

2. 学生自评、互评

3. 教师总结

五、欣赏与拓展

生活中还有很多物品都可以通过想象变废为宝。

六、归纳与总结

《巧用碎纸片》这一课，我们学会了运用多角度观察碎纸片的方法，抓住物体的重要特征变出新形象，老师为你们的创造力和想象力感到骄傲。希望大家在平时生活中也能变废为宝，创作出有趣的艺术作品。

构思创作　象形文字

【活动设计者】

上海市浦东新区尚博实验小学　张芸语

【所对标的教学基本要求】

1. 学习内容：1.1 绘画基础——1.1.6 构思创作

2. 具体要求：

1.1.6 构思创作

① 能收集与主题有关、感兴趣的素材；

② 能根据主题结合生活经验进行联想和想象，大胆表现形象和画面内容；

⑤ 能探索绘画工具和材料的特性，有想法地表现画面。

【活动种类】

以体现下列哪类活动为主：

体验性活动（ ✓ ） 表现性活动（　 ） 欣赏性活动（　 ）

【设计意图】

《上海市小学美术学科教学基本要求（试验本）》将绘画基础中构思创作的学习要求和水平都界定为A，知道和初步学会。《象形文字》这一课是一年级第二学期第一单元“奇思妙想”中的第三课，本课拟利用象形文字的素材，引导学生根据生活经验进行联想，感受新的绘画材料，体验尝试想想字意并构思创作。针对一年级儿童，我们将此学习活动定位为以体验性活动为主。

【活动目标】

活动设计主要引导学生在观赏视频、有意识读、直观感受的基础上初步了解象形文字的特点；通过书写，启发根据字意巧妙地运用砂画纸、炫彩棒材料联想添加，画出相应背景，进行大胆的构思表现；感受象形文字独特的美，体会其简单内涵，激发对祖国文字的学习兴趣和对传统文化的了解。

【教学内容】

1. 教材版本：上海教育出版社九年义务教育课本《美术》教材

2. 年级、单元：一年级第二学期第三单元“奇思妙想”

3. 教学内容：《象形的文字》

【活动流程】

一、观赏了解体验（体验性活动 1）

1. 播放视频：《三十六个字》节选

2. 按视频出现先后，教师板示，呈现象形文字

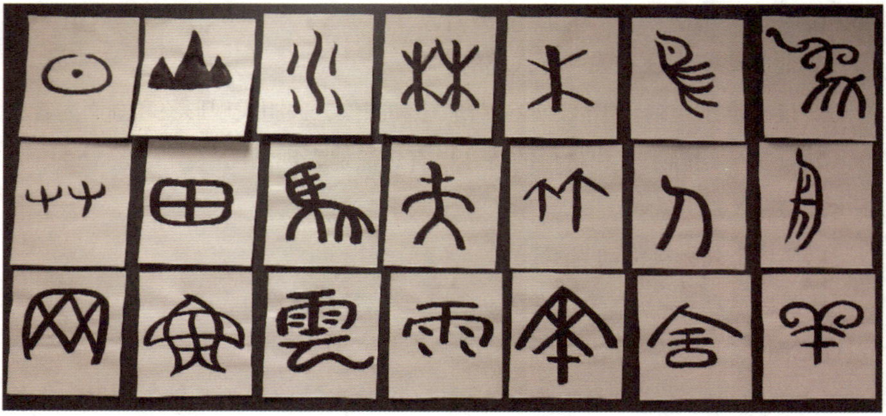

3.PPT 出示图片：借“鱼”字的演变介绍象形文字的演化过程

4. 揭示课题：象形文字

学法指导意图：

锁定《三十六个字》水墨象形字老视频，通过具有意境美感的动画故事出现一个个象形文字吸引学生，旨在用精湛、高质量的视觉冲击引起学生的好奇和兴趣。考虑一年级儿童毕竟还小，他们的视觉记忆还远没有达到过目不忘的程度。这些高古时期文字稍纵即逝的话，孩子们后续的创作将会受阻，于是将这三十六个象形文字用毛笔一一写好，随视频出现的同时一一张贴在黑板上，课堂上始终保留，为后续学生的构思创作做好素材铺垫。

学法提炼：观赏视频　有意识读

二、互动交流感知（体验性活动 2）

1. 鼓励学生七嘴八舌说一说：对我们中国古老文字有哪些认识？

2. 小结介绍：甲骨文中国最古老的文字，是我们的祖先运用聪明的才智，利用物体的形象来造字并在龟背、兽骨上刻下来记录。几千年过去，因为有甲骨文，因为有象形文字，我们可以从这些流传的文字中知晓远古时期人类的生活。

3. 再来猜一猜：老师手中还有一些象形文字，你认识吗？怎么猜到的？

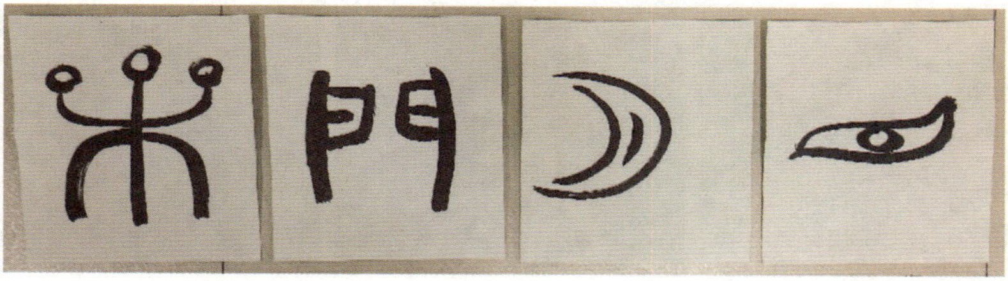

4. 感受象形文字的造字原理：字形如画，字意可以通过图像来识记

学法指导意图：

这个环节旨在激发学生分享对古老文字的点滴认识，进一步了解象形文字字形可以通过图像来记的特点。同时激发学生为祖国文化而骄傲的感情。

学法提炼：主动分享　参与感受

三、构思表现指导（体验性活动3）

1. PPT演示：以象形文字为素材的学生创作画，感受画面构思

（1）一起读图，找一找，你在这幅创作画中找到了哪些象形文字？

（2）谁来分享一下小作者的画面构思？

2. 鼓励选择象形文字构思创作

提示创作要求：使用砂画纸、炫彩棒材料，选择象形文字联想添加。

3. 教师示范构思创作的步骤：

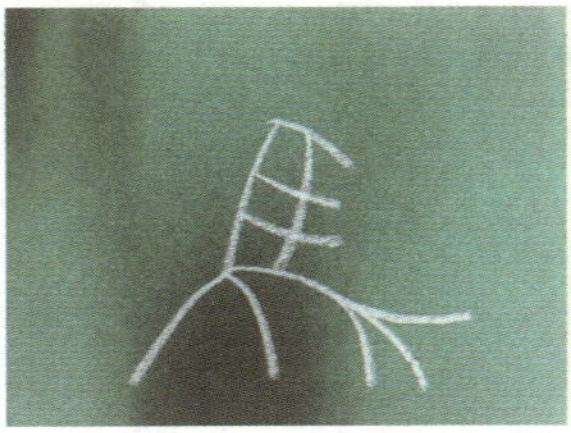
步骤 1：构思
选择一个象形文字并书写

步骤 2：表现
加粗象形文字，突出主题

步骤 3：添加
添加其他象形文字构思创作

4. 鼓励学生七嘴八舌分享自己的构思创意

5. 观摩同龄伙伴的创意作品

篝火晚会

大象吸水

一盘鱼

四、学生构思创作（体验性活动 4）

1. 练习内容

选择象形文字联想构思，在砂画纸上使用炫彩棒创作表现。

2. 练习要求

（1）能选择象形文字书写加粗，构图饱满；

（2）能根据字意联想添加，巧妙、生动、有创意；

（3）能依据提供材料，颜色叠加涂色有方法。

3. 学生构思创作，教师巡视指导

学法指导意图：

再次引领学生读图感受象形文字的独特，同时通过观摩老师当堂在砂画纸上的快速示范，学生大胆跃跃欲试，主动发布想象和创意。其次，本节课设计摒弃常用的水彩笔和油画棒，让学生大胆使用炫彩棒直接在有色砂画纸上表现，学生主动创意表现的激情被点燃。

学法提炼：体验教师示范　主动创意创想　灵活运用材料

五、展示互动评价

1. 学生作品展示

2. 师生互动点评

六、归纳与总结

古文字，字形奇，字意表现图像记；想字意，添背景，象形文字真有趣；砂画纸，炫彩棒，构思创作真精彩。

雕塑技法　夸张的面具

【活动设计者】

上海市浦东新区张江高科实验小学　庄婷

【所对标的教学基本要求】

1. 学习内容：2.1 雕塑造型——2.1.1 雕塑技法

2. 具体要求：

2.1.1 雕塑技法

① 知道彩泥可以随意捏塑、粘接等特性，初步学会团、搓、捏、压、接、窝等基本技能制作泥点、泥团、泥条、泥片等；

② 能正确使用工具并探索利用工具特性进行制作和装饰。

【活动种类】

以体现下列哪类活动为主：

体验性活动（ ✓ ） 表现性活动（ ） 欣赏性活动（ ）

【设计意图】

《上海市小学美术学科教学基本要求（试验本）》将雕塑造型学习要求和水平都界定为 A，知道和初步学会。这节彩泥课，主要让学生感受读图，发挥想象，巧用团、压、搓、捏、叠、窝等泥工技法制作造型奇特、五官夸张的面具，针对二年级儿童，我们将此学习活动定位为体验性活动为主。

【活动目标】

活动引导学生欣赏实物面具，配合视觉媒介、有意欣赏了解面具文化；通过观察比较知道面具五官夸张的艺术特点，在欣赏与解读艺术家作品的过程中，学习五官变形夸张的方法；在体验尝试中感受泥工造型的乐趣。

【教学内容】

1. 教材版本：上海教育出版社九年义务教育课本《美术》教材

2. 年级、单元：二年级第一学期　第五单元“彩泥变变变”

3. 教学内容：《夸张的面具》

【活动流程】

一、感受与了解（体验性活动 1）

1. 情境导入：戴上实物面具，感受面具的视觉冲击

2. 欣赏视频：介绍面具历史和渊源，了解面具文化

（1）古时候人们戴面具表演、祭祀，用以驱赶妖魔鬼怪，祈求富足康泰的生活。

（2）欣赏各民族面具，感受其造型独特、风格迥异。

3. 揭示部分课题：面具

学法指导意图：

戴上傩戏面具直观感受面具的视觉冲击，体验面具的文化和艺术魅力，激发学生学习兴趣。在看视频与听教师讲解的过程中知道不同国家、不同民族的审美习惯，感受面具背后承载的中国民间传统祈福文化。

学法提炼：有意观赏　感受文化

二、比较与发现（体验性活动2）

1. 比较真实人脸和傩戏面具

（1）提问：人脸和面具有什么区别？说说面具给你的感受。

（2）老师小结归纳：五官夸张、色彩鲜艳，我们称面具为狰狞之美。

2. 揭示完整课题：夸张的面具

3. 师生互动，体验面具夸张的方法

出示一面具：

（1）师生游戏互动 1：提问，比一比哪一个面具更夸张？

（2）师生游戏互动 2：动动手，有什么好方法可以让五官夸张起来？

标准面具　放大眼睛、嘴巴　缩小五官　拉长五官　综合运用拉长、变大、缩小多种夸张手法

（3）师生互动归纳：放大、缩小、拉长、缩短可以使面具五官夸张；综合运用多种夸张手法在一个面具上可以使面具更夸张。

4. 欣赏艺术家作品，体验艺术大师的夸张表现

（1）出示艺术家的面具作品。

（2）提问：大家发现这位艺术家是如何让面具夸张的？

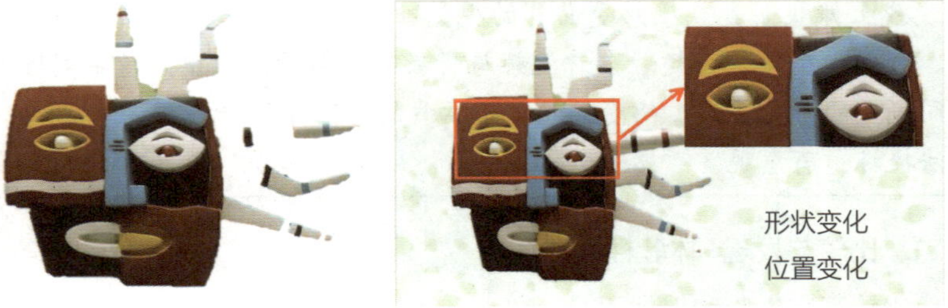

（3）师生共同归纳：变传统面具五官对称为不对称；五官形状变形，五官位置错位，都可以使面具整体造型更夸张。

5. 出示同龄伙伴作品，体验创意思路

（1）一起找找小创意。

（2）互动交流。

> **学法指导意图：**
>
> 通过直观对比、游戏互动、艺术家作品阅读，体验感受五官夸张，创意面具的方法：综合运用放大、缩小、拉长、变形改变五官的形状、颜色和位置都会使面具更夸张。
>
> **学法提炼：**对比欣赏　有意观察　发现方法　体验归纳

三、体验与尝试（体验性活动 3）

1. 游戏互动，尝试面具制作

活动 1

选择老师提供的自己喜欢的五官造型尝试摆放在面具模具上

活动 2

试着调整并更换五官的造型与位置，使面具变得更夸张

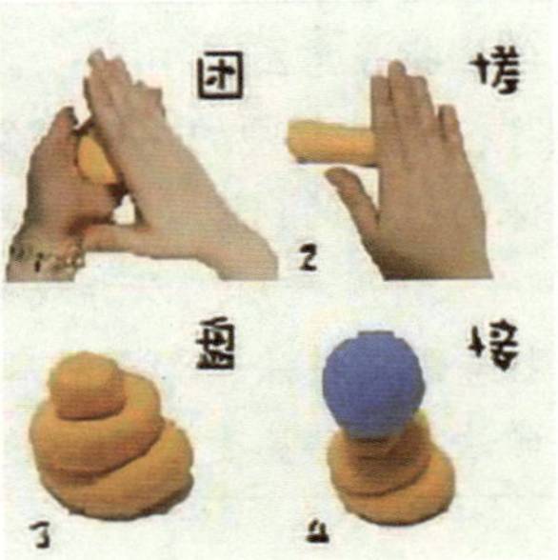

活动 3

教师运用泥工技法示范制作一个有造型的长鼻子，激发学生也联想创意更夸张的五官

2. 视频演绎，回顾复习泥工技法

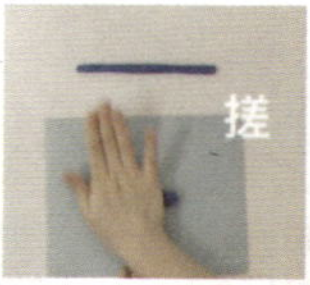

搓

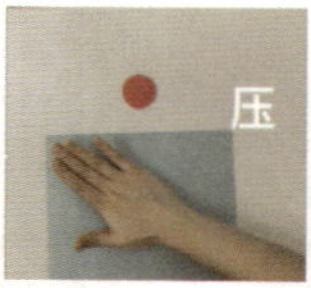

压

切

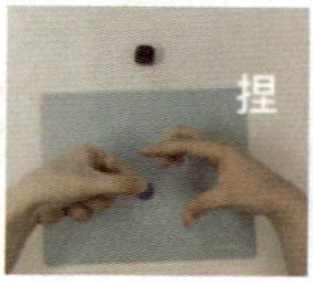

捏

印

四、实践与练习（体验性活动 4）

1. 练习内容

利用模具，运用夸张的方法，彩泥变变变，制作一个夸张的面具。

2. 练习要求

（1）面具五官造型生动，色彩搭配美观；

（2）综合放大、缩小、变形、拉伸、错位的方法使五官夸张；

（3）综合运用叠加、压印、排列、组合的泥工技巧装饰面具。

学法指导意图：

通过教师的示范结合师生合作的形式启发创造性思维并学会运用本课的所学的内容。

利用视频，以游戏的形式添加趣味性，回顾彩泥团、压、印、搓、捏等泥工技法，加深对本课使用材料的认识，为之后的制作铺垫。

学法提炼：感受示范　灵活运用泥工技法

五、展示与评价

1. 学生戴上面具随音乐舞蹈，展示交流作品

2. 音乐停，说说你旁边的面具哪个五官最夸张，为什么？

3. 教师点评作品，肯定大家的大胆创意和夸张表现

六、归纳与总结

今天我们穿越时空体验祖先的面具文化，学到了许多让面具夸张的方法。同时，我们运用了许多学到的泥工技巧来表现面具，彩泥变变变，创意棒棒棒！

雕塑技法 学摩尔来玩泥

【活动设计者】

上海市浦东新区临港外国语小学　朱沁

【所对标的教学基本要求】

1. 学习内容：2.1 雕塑造型——2.1.1 雕塑技法

2. 具体要求：

2.1.1. 雕塑技法

① 知道彩泥可以随意捏塑等特性，初步学会用团、搓、捏、压等基本技能制作泥塑作品。

【活动种类】

以体现下列哪类活动为主：

体验性活动（ ✓ ） 表现性活动（　） 欣赏性活动（　）

【设计意图】

《上海市小学美术学科教学基本要求(试验本)》将一、二年级雕塑造型的学习水平界定为A，知道和初步学会。本节课学摩尔来玩泥，其一是感受，学习整体捏塑技法；其二是模仿，学摩尔来玩泥，塑动态人物造型。基于此，我们将此学习活动定位为以体验性活动为主。

【活动目标】

活动设计主要通过实物欣赏、图片观察引导学生了解摩尔雕塑人物简洁、夸张的造型特点，同时利用视频学习体验整体捏塑造型的方法；通过师生小探究、模仿玩泥，塑造人物生动、夸张的动态；感受泥塑技法和玩泥的乐趣。

【教学内容】

1. 教材版本：上海教育出版社九年义务教育课本《美术》教材

2. 年级、单元：二年级第一学期第五单元"彩泥变变变"

3. 教学内容：《学摩尔来玩泥》

【活动流程】

一、认识摩尔，导入新课(体验性活动1)

1. 出示实物装置，观赏"摩尔式"泥塑人物

2. 摆出一个传统泥塑人物，观摩对比

(1)提问：装置上的泥塑人物与传统泥塑人物有哪些不同?

(2)师生互动归纳：

没有五官；没穿衣服；
只有动态造型，无细节

五官精致；服装漂亮；
造型生动，有细节刻画

3. 告诉学生：实物装置上的泥塑作品模仿了一位雕塑大师

4. 走近摩尔，认识摩尔和他的雕塑作品

（1）阅读课本 29 页，PPT 出示照片，认识雕塑家摩尔。

（2）媒体展示，欣赏摩尔代表作品。

（3）教师介绍：亨利·摩尔，英国著名雕塑家，作品以人物为主，大量作品以母爱为主题，都为巨大型雕塑。

（4）师生互动归纳雕塑风格：人物造型简洁概括，动态夸张变形，简化五官，减去细节。

5. 出示课题：学摩尔来玩泥

学法指导意图：

“神秘礼物”——实物装置“摩尔式”人物场景组合的出现，学生感受摩尔雕塑的人物与传统泥塑人物的迥异，提高学习兴趣。其次，学生在图片欣赏、阅读作品的过程中，初步认识摩尔及其雕塑风格。

学法提炼：直观感受　阅读认知

二、体验方法，模仿玩泥（体验性活动 2）

1. 视频演示，感受整体捏塑方法

步骤 1 彩泥搓成椭圆　步骤 2 颈往上捏出头　步骤 3 肩向外捏出长条手臂　步骤 4 下方分两块捏出腿

2. 学生模仿，尝试也用整体捏塑玩出一个人物基本造型

3. 小小探究体验，玩出人物夸张动态

（1）探究体验活动 1：我的泥人动起来。

① 一起玩游戏：我们都是木头人，大家分别摆出一个夸张的动态。

② 再玩泥人：试着动动泥人的各个部位，让整体捏塑小泥人动起来。

③ 师生互动交流：脖子、腰、肘、腿关节、手脚都可以动；可以变成弯腰、跑步、跳舞、抬头等动作。

（2）探究体验活动 2：同桌的泥人互动起来。

① 同桌 1 塑出一个动态姿势，同桌 2 配合互动一个动态造型。

② 同桌之间情境交流：泥人牵手、拥抱、一起游戏、一起运动……

（3）探究体验活动 3：根据人物动态照片，让泥人动得更夸张。

① PPT 出示人物动态照片。

② 再次玩出“摩尔式”夸张人物。

（4）探究体验活动 4：提供场景小道具，玩泥人去匹配。

教师提供各种场景小道具。

启发思考：你想做一个什么样的“摩尔”人物雕塑？

> **学法指导意图：**
>
> 此环节，学生尝试体验用整体捏塑的方法塑造出“摩尔式”人物，再通过一个个小探究体验活动完全玩起来、动起来，主动灵活掌握塑造夸张动态的方法。
>
> **学法提炼：**体验方法　探究动态　主动表现

三、尝试练习，师生互动（体验性活动 3）

1. 练习内容：小组合作，结合提供的场景小道具，用整体捏塑方法塑一组人物动态造型

2. 练习要求

（1）整体捏塑人物造型简洁，概括生动，动态夸张；

（2）小组合作的泥塑人物形象符合场景道具，有创意。

3. 循环演示同龄伙伴作品

放松闲聊

翘个二郎腿

草地小憩

爬行比赛

休闲时光

观望

单杠锻炼

盘腿休息

学法指导意图：

欣赏同龄人作品激发创作欲望。此环节，边创作边思考，在教师的提醒与讲解中运用整体捏塑好好玩一把。

学法提炼：明确要求　思考体验

四、展示作品，互动评议

1. 以小组合作形式在展板上展示作品

2. 教师找一张学生作品，做范例点评

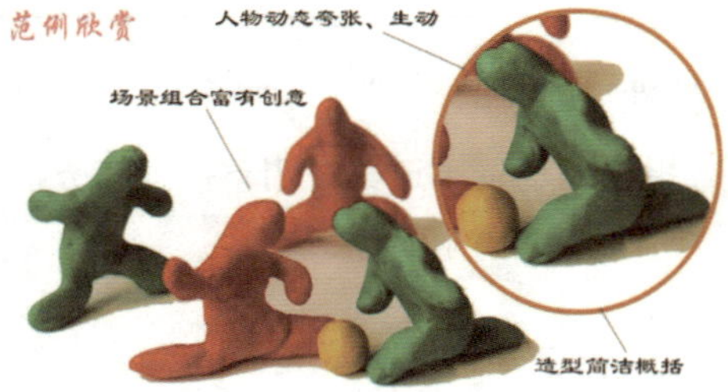

这组作品中人物造型简洁概括，符合摩尔泥塑人物的风格特征，整组人物表现在踢球的情景，动态夸张又生动，内容富有创意。

3. 鼓励学生自评、互评

五、拓展欣赏，总结下课

1. 欣赏生活场景中的雕塑作品，感受摩尔雕塑的魅力

2. 总结：今天我们感受了摩尔雕塑，用彩泥又好好玩了一把。愿大家爱上彩泥，彩泥变变变，创造更多更美的作品。

材料应用 会动的玩具

【活动设计者】

上海市崇明区庙镇学校 张莉莉

【所对标的教学基本要求】

1. 学习内容：3.1 民间工艺——3.1.1 材料运用

2. 具体要求：

3.1.1 材料运用

① 初步学会对生活材料进行改装、添加的加工方法；

② 能借助生活物品的造型及材质进行大胆的想象，完成平面或立体玩具的制作；

③ 初步学会用材料的特性仿制简单的民间玩具。

【活动种类】

以体现下列哪类活动为主：

体验性活动（ ✓ ） 表现性活动（ ） 欣赏性活动（ ）

【设计意图】

《上海市小学美术学科教学基本要求（试验本）》将材料应用学习要求界定为 A，知道和初步学会。《会动的玩具》属于二年级教材中“我的玩具世界”单元，让学生在欣赏民间玩具、摆弄玩具的体验过程中，发现、了解综合材料的妙用，初步体验根据不同材料的特性、不同的技法制作《会动的玩具》。因此，笔者把本课学习活动定位为以体验性活动为主的学习活动。

【活动目标】

活动设计主要引导学生欣赏各种不同的玩具，发现不同玩具中不同材料的不同作用。通过探究与交流各种材料的特性，了解各种材料技法的制作过程中学习材料的合理运用与组合，初步学会运用不同材料、不同技法制作《会动的玩具》。

【教学内容】

1. 教材版本：上海教育出版社九年义务教育课本《美术》教材

2. 年级、单元：二年级第二学期第二单元“我的玩具世界”

3. 教学内容：会动的玩具

【活动流程】

一、复习与导入（体验性活动 1）

1. 看一看：教师引导学生观看不同种类的玩具实物

2. 玩一玩：教师引导各小组去玩一玩自己小组的玩具

3. 说一说：教师引导学生思考这些玩具有什么共同的特点？

4. 揭示课题：《会动的玩具》

> **学法指导意图：**
>
> 教师在引导学生对不同种类的玩具进行看一看、玩一玩、说一说的体验性活动中，激发学生的学习兴趣，思考、发现这些玩具会动的共同点，了解本节课的教学内容。
>
> **学法提炼：** 小组观赏　思考归纳

二、探究与讨论（体验性活动 2）

1. 想一想：教师引导学生思考为什么这些玩具会动？（是玩具的哪一部分会动）

2. 摸一摸：教师出示手工制作的手动玩具（不同材料弹簧、球体站不稳、提拉线），学生对手动玩具进行实物触摸，探究其会动的原因

3. 探一探：（1）材料——玩具用了哪些材料？（2）组合——底座、身体、头部等一些细节部分是怎么组合的？（3）替换——不同部位还可以用哪些材料替换？

学法指导意图：

此体验性学习活动环节，学生通过想一想、摸一摸、探一探等体验性活动方式逐步发现玩具之所以会“动”的原理、不同材料的特性以及不同材料适合运用在玩具的不同部位。

学法提炼：仔细观察　探究讨论

三、创意与制作（体验性活动 3）

1. 学生分组体验材料并讨论交流创意（小组选择材料、介绍创意）

2. 观看教师示范制作纸弹簧后进行自主体验

3. 观看教师示范弹簧玩具的制作过程，确定小组的制作构思

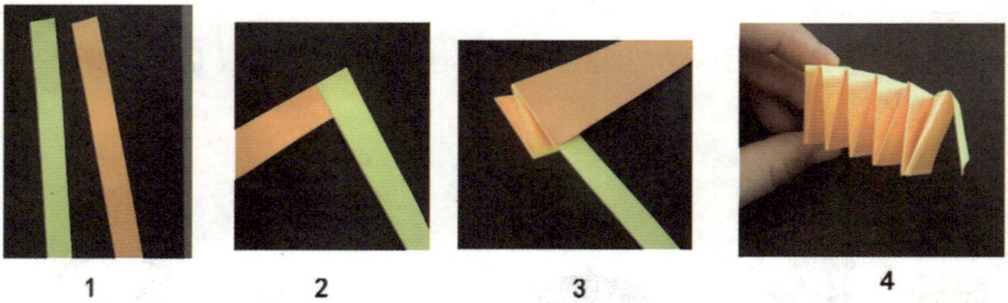

> **学法指导意图：**
>
> 展示学生的作品，让学生互相学习，发现对方的创意之处。
>
> **学法提炼：**欣赏交流　讨论评议

四、尝试与练习

1. 练习内容：制作一个会动的玩具

2. 练习要求

（1）构思有创意；（2）充分利用材料的特性；（3）造型要生动；（4）重心要稳定

五、展示与评价

1. 教师创设“会动的玩具展”练习展示情境，引导各小组进行作品展示并欣赏

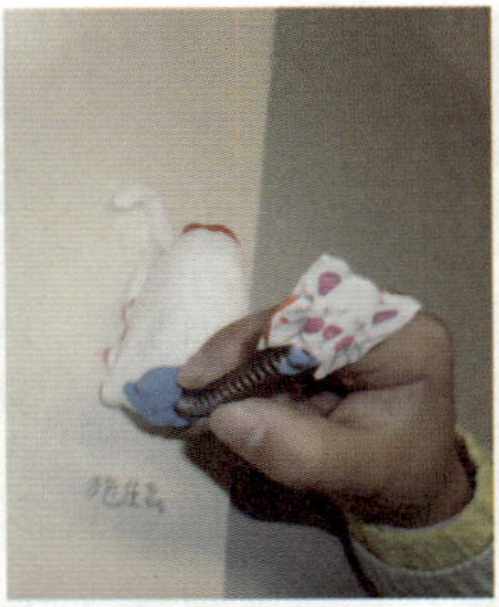

2. 教师呈现评价内容，引导学生展开练习评价

（1）能选择合适的材料和表现手法制作玩具。

（2）玩具的造型别致、生动。

（3）综合运用各种制作技法。

（4）玩具动起来顺畅。

学法指导意图：

引导学生体验各种材料的特性，感受不同材料制作的“会动”的玩具的美感，激发学生创作灵感。

学法提炼： 实物欣赏　自主学习　观察示范

3. 学生小组讨论与交流制作体验和收获后评价其他组同伴的作品。

六、欣赏与拓展

1. 教师呈现木偶剧视频，引导学生欣赏提线木偶造型

2. 教师引导学生了解提线木偶的制作方法

七、归纳与总结

同学们通过这节课的学习都学会了用彩纸、彩泥、弹簧等材料制作出会动的玩具，展现了自己大胆的创意、认真的学习态度，老师为你们点赞。生活中不缺美和快乐，希望同学们能做个有心人，善于观察，勤于思考，发现我们身边更多材料的妙用，创作出更多的属于自己的艺术作品。

工艺表现　素雅的青花瓷

【活动设计者】

上海市崇明区长江学校　顾维维

【所对标的教学基本要求】

1. 学习内容：3.1 民间工艺——3.1.2 工艺表现

2. 具体要求：

3.1.2 学会工艺表现 ① 知道青花瓷的材质与用色特点。

【活动种类】

以体现下列哪类活动为主：

体验性活动（ ✓ ） 表现性活动（　） 欣赏性活动（　）

【设计意图】

《上海市小学美术学科教学基本要求（试验本）》将造型表现学习要求和水平都界定为 A，知道和初步学会。《素雅的青花瓷》在三年级教材中归在“感受民间艺术”单元，让学生通过欣赏具有代表性的青花瓷器皿，在探究青花瓷的历史背景、工艺工序的过程中，了解青花瓷的艺术价值，通过辨析圆形适合纹样，尝试通过不同的排列组合方式，让学生初步学会圆形适合纹样，通过欣赏观察、交流讨论等活动，体验盘边纹样的设计。因此，将此学习活动定位为以体验性活动为主的学习活动。

【活动目标】

活动设计主要引导学生欣赏具有代表性的青花瓷器皿实物，从视觉上感受青花瓷素雅、高洁之外，体会青花瓷背后源远流长的历史背景，体验青花瓷繁复的艺术工序。通过分析、交流青花瓷器皿上的纹样，学习适合纹样与花边纹样的设计与绘制方法。

【教学内容】

1. 教材版本：上海教育出版社九年义务教育课本《美术》教材

2. 年级、单元：三年级第一学期第六单元“感受民间艺术”

3. 教学内容：《素雅的青花瓷》

【活动流程】

一、认识与发现（体验性活动 1）

1. 学生自学《素颜的青花瓷》课本知识。

问题：你们对于青花瓷有哪些了解？还有哪些问题？

2. 对比发现，引导学生初步认识感受青花瓷。

鬼谷子下山图罐

红绿彩花卉葫芦瓶

3.《鬼谷子下山》视频，引导学生了解纹样的价值。

问题：它为什么有这么高的艺术价值？

学法指导意图：

此环节活动，通过“提问”“比较”、激发学生的兴趣，帮助学生初步了解青花瓷带给后人的价值，感受其素净雅致的美感。

学法提炼：有意观赏　认知体会

二、探究与尝试（体验性活动 1）

1. 出示青花鱼纹盘，介绍瓷盘的结构。

问题：盘子的结构是怎样的？

2. 教师引导学生设计鱼纹；了解鱼纹的寓意。

问题：你发现瓷盘中的鱼纹与生活中的真鱼有什么不同？

小结：鱼纹与真鱼对比——简化、变形

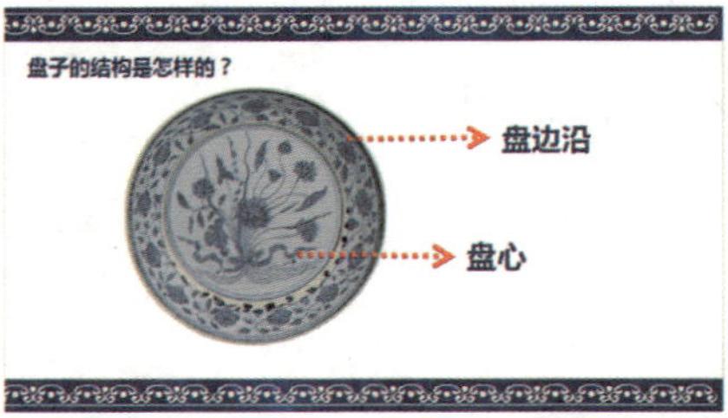

3. 观察盘心纹样，对比发现图案是圆形的特点。

问题：盘心纹样有怎样的特点？

出示适合纹样的概念，教师总结适合纹样的特点：去掉圆形边框，纹样也能呈现出圆形的形状。

4. 出示纹样，辨析圆形适合纹样。

问题：下面老师要考考你们了，这是圆形适合纹样吗?

5. 学生小组讨论修改方法。

问题：通过哪些方法可以修改成圆形适合纹样呢?

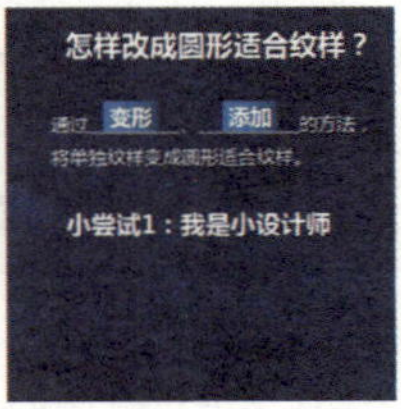

6. 小尝试（我是小小设计师）。

问题：怎样改成圆形适合纹样?

7. 小游戏：适合纹样的拼贴游戏。

小结：有的组摆出了对称式的适合纹样，有的组摆出了回旋式的适合纹样。

8. 欣赏青花瓷图片

9. 教师示范；

10. 体验练习 ① 盘心纹样设计。

要求：●设计盘心的圆形适合纹样鱼形纹样适合圆形外轮廓

●纹样设计有创意

学法指导意图：

圆形适合纹样是本课的重点，通过观察辨析、尝试设计，学习用变形、添加的方法，设计圆形适合纹样，初步理解圆形适合纹样；通过排列组合鱼纹，深入理解圆形适合纹样，学习设计表现不同的美感。

学法提炼：辨析理解　深入体验

三、交流与尝试（体验性活动2）

1. 观察盘边纹样，引导学生探究纹样特点。

问题：这些纹样有怎样的特点？

小结：是的，这些图形都是相同的，排列时重复，连续的，这样的图形，称为二方连续纹样，在二年级时，我们就已经学过。

2. 问题①：盘边沿的二方连续纹样里，你发现了哪些元素？

问题②：这些二方连续纹样中的元素与盘心纹样有关联吗？

小结：老师告诉你们一个小窍门，在设计盘子的边沿纹样的时候，我们可以用一些与盘心纹样有关联的元素，进行设计。

3. 体验练习：边沿纹样设计。

要求：边沿纹样与盘心纹样相协调

学法指导意图：

盘心纹样与盘边沿纹样相协调是本课的难点。通过观察分析，发现二方连续纹样，复习巩固二方连续纹样的特点，体验用二方连续纹样，设计与盘心纹样相协调的盘边沿纹样。

学法提炼：示范观察　复习交流

四、展示与交流

1. 出示评价标准，组织学生展开评价。

（1）评价标准：

●盘心纹样适合圆形外轮廓

●盘边纹样与盘心纹样相协调

●纹样设计有创意

●及时整理与收纳

2. 教师创设“青花瓷盘品鉴师”情境，引导学生评价作品。

“品一品”你喜欢的青花瓷盘，说说它能得几颗星，为什么？

3. 教师总结：请大家思考一下，我们为什么要学习青花瓷的知识，体验青花瓷的制作工艺呢？（了解祖国民间艺术文化、传承民间艺术、开拓发展民间艺术）

学法指导意图：

本环节通过展示情境的创设，引导学生根据评价要求开展欣赏评述，交流青花鱼纹盘的设计，感受青花瓷素净雅致的美感。

学法提炼：展示欣赏　评述交流

五、拓展与延伸

1. 教师出示釉上青花，引导学生欣赏。

今天我们体验了画青花这一道工序。传统的青花瓷制作，是釉下彩的工艺，然而随着时代的进步、人们的创新意识的增强，釉上青花成了一种独特的工艺，被艺术家们广泛运用，下次我们再体验一把“釉上青花”的乐趣吧！

图形设计　连续的图形

【活动设计者】

上海市崇明区堡镇第二小学　沈艳

【所对标的教学基本要求】

1. 学习内容：4.1 平面设计——4.1.1 图形设计

2. 具体要求：

4 .1.1 图形设计

① 能发现自然与生活中的连续图形；

② 了解连续图形的特点,能用连续排列的方法绘制具有重复效果的连续纹样。

【活动种类】

以体现下列哪类活动为主：

体验性活动（ ✓ ） 表现性活动（　 ） 欣赏性活动（　 ）

【设计意图】

《上海市小学美术学科教学基本要求（试验本）》将工艺表现知识、技能的学习水平界定为 A，知道和初步学会。《连续的图形》是二年级第一学期第七单元“感受民间艺术”中的第一课（教材第十七课）。这个单元的教学重点是纸艺的折叠、插接。单元教学目标是通过制作体验，了解二方连续纹样与民间传统节日习俗活动，在剪纸与插接制作过程中美化生活环境，传递节日祝福。针对低年级儿童，我们将此学习活动定位为以体验性活动为主。

【活动目标】

初步了解连续图形的特点，学会运用折、剪的方法制作连续的纹样；在欣赏和比较的过程中发现连续图形独特的装饰效果，学习连续图形的折剪方法；感受连续图形整齐、有序的排列美，体验创意制作的乐趣。

【教学内容】

1. 教材版本：上海教育出版社九年义务教育课本《美术》教材

2. 年级、单元：二年级第一学期第七单元“感受民间艺术”

3. 教学内容：《连续的图形》

【活动流程】

一、观察与交流（体验性活动 1）

1. 教师引导学生欣赏装饰图案小视频，找一找这些装饰图案有什么特别的地方

视频导入：

师：同学们，今天沈老师给大家带来了一个有趣的小视频，想不想看一看？

生：想看！

师：在观看视频的同时想一想这些图片有什么特点？（利用白板播放自己制作的微视频）

师：同学们，你们发现图案有什么特别的地方啊？

生：这些相同的图形一个一个重复、排列，都是连续的。

师：同学们，你们觉得连续的图形美吗？

生：美！

师：既然连续的图形这么美，你们想知道这些连续的图形是怎么制作的吗？

2. 揭示课题：《连续的图形》

学法指导意图：

教师利用白板课件引导学生观看动态连续图案小视频，有利于更直观地发现本课需要学习的连续图案的特殊性，语言情景创设调动了学生学习兴趣。

学法提炼：欣赏观察　分析比较

二、讨论与发现（体验性活动 2）

1. 看一看：小组观看连续图形剪纸作品实物，讨论、交流图形连续的方法

2. 摸一摸、折一折：探究连续图形折、剪的方法

3. 想一想：纸质连续图形的制作步骤

4. 试一试：自己想办法剪制一个连续图形吧！（学生体验尝试，发现连接点太小易断裂、没有连接处、单线图形无法剪制等问题）

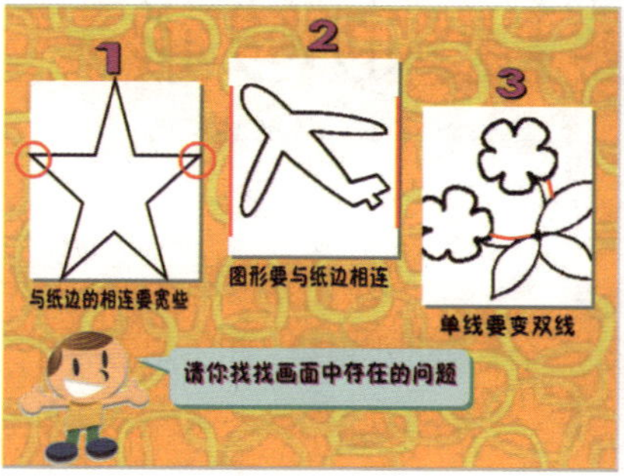

5. 教师根据学生的体验尝试，引导学生思考解决“剪坏的图案”的方法

6. 教师引导学生欣赏图例，教师总结要点：折缝两边不能全部剪断，图案需与纸条两边相连

活动评价：即时点评。

学法指导意图： 通过出示连续图形，引导学生进行小组以及个人体验探究并尝试制作，使学生感知连续图形的组成特点及剪制步骤、要点。 **学法提炼：**学生合作学习与自主学习结合　自主尝试　合作交流　描述演示

三、设计与制作

1. 教师引导学生观看示范小视频

（1）将纸条多次对折；

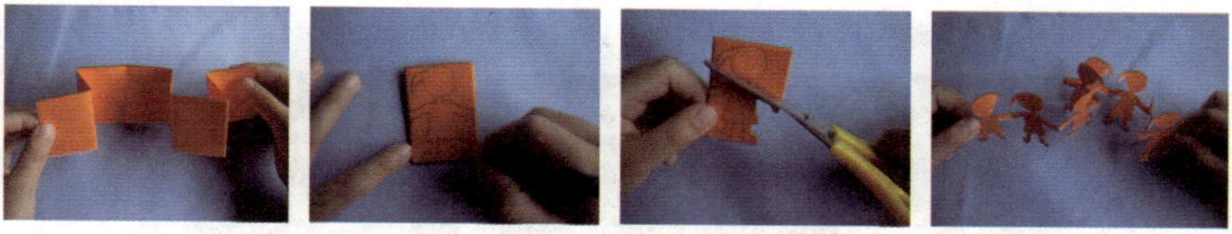

（2）绘制一个基本图案（注意图案需与纸条两边相连）；

（3）剪出图形，流畅光滑；

（4）打开成形。

2. 教师引导学生欣赏民间传统图形纹样（提示：可以作为参考，在此基础上进行简化）

3. 教师布置练习

（1）练习内容：以“夏季新品衣服秀”为主题设计制作连续的图形。

（2）练习要求：① 折剪一个连续的图形。② 图形美观、新颖、有创意。

4. 欣赏学生作品

5. 学生练习，教师巡视，发现学生的学习困难，及时提示并指导

学法指导意图：

通过观看教师示范视频，学生在明确的练习内容与要求下进行情境练习，逐步掌握连续图形剪制的方法。

学法提炼：自主观察　练习表现

四、展示与评述

1. 教师以“夏季新品衣服秀”为情境展示主题，组织学生展示、欣赏作品

2. 教师呈现评价内容

（1）连续的图形设计是否有创意。

（2）设计的连续的图形是否与衣服协调。

3. 学生互评、推荐优秀的作品，说说优点

4. 教师点评

活动评价：即时点评、学生自评、师生互评。

学法指导意图：

本环节学生在“夏季新品衣服秀”主题展示情境中，让学生学会依据评价要求大胆展示、评述自己和同伴的作品，表达自己的制作想法和对他人作品的感受，有助于学生审美判断能力和学习自信的培养。

学法提炼：欣赏交流　分析评述

五、欣赏与拓展

1. 本课内容学习总结，欣赏连续的图形在生活中应用的作品

2. 了解教师布置的“感受民间艺术”单元第二课的预习内容，下节课交流

活动评价：即时点评。

学法指导意图：

本节课是“感受民间艺术”单元教学设计 3 课时的第 1 课时，拓展环节在让学生知道连续的图形在生活中的应用，培养学生乐于观察、发现生活中的形式原理与现象。

学法提炼：学生独立学习为主　倾听欣赏　教材阅读

文字设计　彩色的名字

【活动设计者】

上海市崇明区实验小学　曹晨

【所对标的教学基本要求】

1. 学习内容：4.1 平面设计——4.1.2 文字设计

2. 具体要求：

4.1.2 文字设计

① 知道汉字、字母、数字都能美化；

② 初步学会用画笔加粗、延长、填色的方法美化文字。

【活动种类】

以体现下列哪类活动为主：

体验性活动（ ✓ ）　表现性活动（　 ）　欣赏性活动（　 ）

【设计意图】

《上海市小学美术学科教学基本要求（试验本）》将文字设计的学习水平界定为 A，知道和初步学会。同时具体要求学生在学习活动中要学会用延长线分割画面并加粗设计自己的名字后用色彩进行装饰，因此我们将这一学习活动定位为体验类活动。

【活动目标】

活动设计主要引导学生在欣赏理解和体验的基础上，运用学过的线条知识、涂色的基本知识学会用画笔线条分割画面，尝试文字的变形。通过感受色彩的差异的美，体验绘画自己名字的快乐。

【教学内容】

1. 教材版本：上海教育出版社九年义务教育课本《美术》教材

2. 年级、单元：一年级第一学期第三单元“好看的颜色”

3. 教学内容：《彩色的名字》

【活动流程】

一、游戏与引导（体验性活动 1）

1. 比一比：教师创设虚拟情境，引导学生和虚拟同学挑战，比比谁写的名字更大

2. 学生接受挑战，尝试在纸上写出“顶天立地”的名字，比一比谁写的最大（构图饱满）

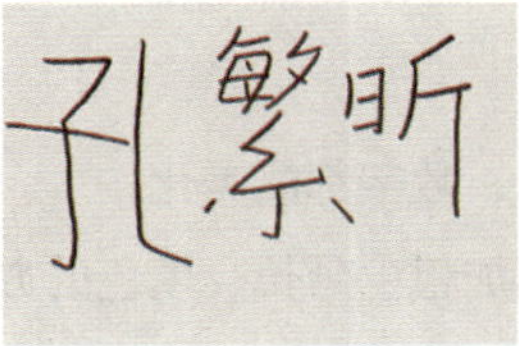

3. 教师揭示课题——彩色的名字

> **学法指导意图：**
> 通过“小比拼”体验性活动，激发学生的学习兴趣，将自己的名字大大地写在已经准备好的纸上，为之后装饰名字做铺垫。
> **学法提炼：** 大胆书写　仔细倾听

二、发现与尝试（体验性活动 2）

1. 教师介绍艺术大师米罗：他常常像儿童一样用线条勾出形象，填上单一的鲜艳色彩

2. 引导学生欣赏米罗的作品，发现大师作品特点

找一找：请找一找艺术家作品的特点，你找到了吗？

（1）色彩搭配：单纯、鲜艳、有深浅变化；

（2）线条有粗细变化；

（3）画面中有点、线条、色块。

3. 试一试：尝试给自己的名字上添加一些简单的元素

（1）在空白处添加一些点的元素。

（2）将自己的名字线条进行描粗。

学法指导意图：

在欣赏名作的学习过程中，用找一找、试一试的方式引导学生思考如何运用点、线、面装饰自己的名字。

学法提炼：学生自主观察　尝试表现

三、对比与归纳（体验性活动 3）

1. 学生观看电脑中虚拟的同学，学习艺术大师米罗的绘画方法，结合自己的想象将名字进行更多的变化。

想一想：通过作品的比较，你发现视频分别运用了哪些方法让名字产生了更多的变化？（小组讨论）

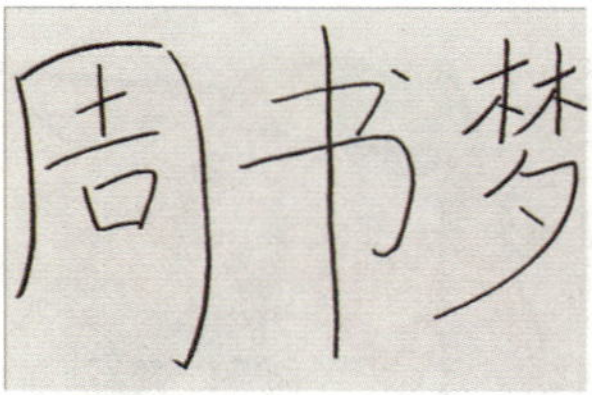

（1）延长名字的线条至纸张边缘；

（2）笔画相连，分割自己的名字；

（3）巧妙装饰，添加点的元素。

活动评价：即时点评。

学法指导意图：

教师引导学生尝试对比观察，发现通过将笔划延伸、分割、添加的方法可将自己的名字产生更多的变化。

学法提炼：对比观察　讨论分析

四、绘画与创作

1. 教师创设“这，就是我的名字！”练习情境，引导学生进行练习

2. 教师布置练习

（1）练习内容：尝试学习米罗的方法来美化自己的名字。

（2）练习要求：

①用自己名字中的笔划进行划分，形成一个个小块面。

②在空白处添加点的元素。

③选择深浅不同的颜色在块面中平涂，使名字变得更漂亮。

3. 学生涂色，教师巡回指导

五、评价与展示

1. 教师引导学生在“这，就是我的名字！”情境板上展示作品

（1）猜猜我是谁：欣赏、感受自己与他人的作品。

（2）学会欣赏他人，表达自己的想法。（你喜欢哪张作品的涂色，为什么？）

2. 交流与改进

（1）有没有值得修改的地方？你的建议是什么？（例如线条更粗一点，名字更清晰）

活动评价：即时点评、学生自评、师生互评。

学法指导意图：

本节课是“好看的颜色”单元教学设计3课时的第2课时，更侧重承上启下的知识联系，拓展环节让学生知道文字的表现还有其他不同的方式方法。

学法提炼：倾听欣赏　教材阅读

六、欣赏与拓展

1. 教师介绍空心字的设计方法，引导学生进行欣赏

2. 教师介绍运用不同的材料进行名字美化的方法与图片

七、总结与归纳

欣赏大师作品，体验大师风格作画。今天我们学会用笔划线条分割画面尝试文字的变形，通过体验色彩的美，绘画了自己彩色的名字，我为你们细致的观察、认真的思考而鼓掌。

版式设计　小邮票大世界

【活动设计者】

上海市崇明区长兴小学　高贤

【所对标的教学基本要求】

1. 学习内容：4.1 平面设计——4.1.3 初步学会版式设计

2. 具体要求：

4.1.3 初步学会版式设计

① 知道版式设计是根据设计主题和需求，将图形、文字、色彩有组织有目的地组合。

② 初步学会根据主题，组合图形、文字、色彩等设计要素来设计邮票，知道邮票设计中主题选择与图案设计的常识。

③ 通过制作体验，初步学会运用绘画、剪贴的方法绘制邮票和首日封。

【活动种类】

以体现下列哪类活动为主：

体验性活动（ ✓ ）　表现性活动（　）　欣赏性活动（　）

【设计意图】

《上海市小学美术学科教学基本要求（试验本）》将三至五年级的版式设计知识、技能学习水平界定为 A，知道和初步学会。《小邮票大世界》是四年级第二学期第五单元“情感的传递”第一课的内容，学生通过学习知道邮票的设计要素与组合方法。通过引导学生了解邮票的用途和种类，以及设计要素和版式组合设计；初步学会用草图进行构思设计，有组织有目的地排列与组合要素；能用绘画、剪贴的形式制作邮票。根据教学基本要求中对学习水平的界定，因此，笔者将此学习活动定位为以体验性活动为主的学习活动。

【活动目标】

活动设计主要引导学生欣赏世界上最早的邮票以及中国早期邮票，了解其发展史，欣赏各种不同风格的邮票。观察实物邮票中的各组成要素，上台互动摆一摆各要素的排版，初步学会根据邮票特定的要素及排版设计一枚与主题切合的邮票。

【教学内容】

1. 教材版本：上海教育出版社九年义务教育课本《美术》教材

2. 年级、单元：四年级第二学期第五单元“情感的传递”

3. 教学内容：《小邮票大世界》

【活动流程】

一、欣赏与交流（欣赏性活动）

1. 教师交谈式导入：关于寄信的话题引导，点出邮票主题（PPT 出示一封没有贴邮票的信）

教师提问：为什么我的这封信没能成功寄出去?

2. 教师播放邮票纪录片视频，引导学生认真观看

教师提问：同学们，你从纪录片中获取到邮票的哪些信息?

教师总结：（1）世界上第一枚邮票；（2）1840 年英国的黑便士邮票；（3）采用维多利亚女王头像为图案，既代表了国家的权威性，又表现出国家发行的有价票券的严肃性。

3. 教师介绍中国最早的邮票——1878 年的大龙邮票。邮票上“大清邮政局”5 个字十分醒目，图案中的“大龙”两目圆睁，腾云驾雾，呼之欲出。

1878 年大龙邮票

4. 教师出示课题：小邮票大世界

学法指导意图：

通过欣赏让学生了解邮票的基本特点，借助媒体激发学生的学习兴趣，引出小邮票大世界的课题。

学法提炼：独立学习为主　欣赏观察

二、探索与归纳（体验性活动）

1. 教师引导学生进行思考

想一想：邮票有什么作用？

① 表明寄信人向邮局缴纳邮资的凭证，可以寄信。

② 可以收藏，陶冶性情。

③ 是国家的名片，起到纪念重大事件、宣传文化知识的作用。

2. 引导学生找一找版面的组成要素，了解邮票的主要组成要素（发行地区、发行时间、面值、主体图案）

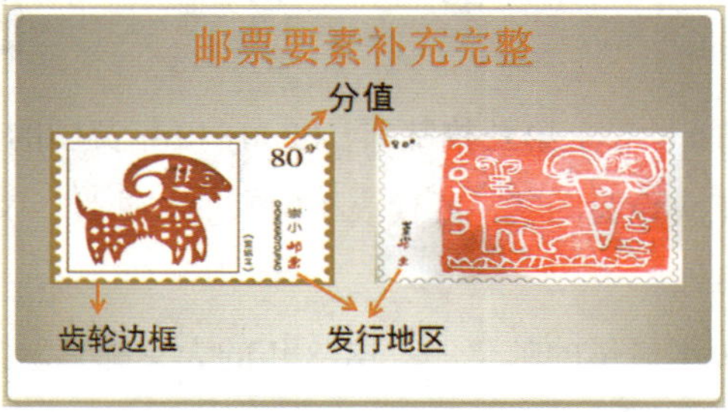

找一找（游戏）：邮票上已有了什么组成要素，还缺什么组成要素？（教师边总结边讲解构图的排版）

3. 教师出示分类邮票图片，引导学生说一说自己看到的邮票的内容主题，师生在交流中归纳邮票图案的不同内容：人物类、花卉类、动物类、生肖类、风景类、重大事件类。

人物邮票

动物邮票

花卉邮票

风景邮票

生肖邮票

重大事件邮票

4. 教师出示绘制的邮票作品，引导学生比较观察：请同学们比一比，哪张作品更具有装饰性，为什么？（总结装饰画特点：① 点、线、面的结合；② 概括、夸张；③ 色彩鲜艳）

活动评价：即时点评。

学法指导意图：

借助媒体用想一想、找一找、说一说、比一比等多种体验性活动，让学生初步了解邮票的特点；各小组学生在教师引导下通过合作学习对邮票的组成要素进行探究，发现、归纳邮票版式的构成要素。

学法提炼：合作学习　自主探究　合作交流

（三）创意与绘制

1. 教师绘制示范，引导学生了解绘画的基本作画步骤

①先确定构图的大小位置。确定一个组成要素的排版，留出写这些要素的位置；

②从主题动物圆圆的头和身子开始将大轮廓定出；

③加上主题造型的五官、腿和尾巴；

④添画身上的花纹，要求点线面相结合，添加细节；

⑤线条流畅，注意画面的疏密关系，绘画主要的，省略次要的。

步骤示范

2. 练习内容：画一张装饰效果生肖猪的邮票

练习要求：

（1）邮票的图案表现装饰效果的猪；

（2）图案设计需构图饱满，形象突出，画面精致；

（3）发行地区、发行时间、面值的要素都要书写正确，排版合理。

猪年邮票

3. 学生练习，教师巡视辅导

鼓励引导创作能力较弱的学生，表扬大胆创新创作的学生。

学法指导意图：

在观察教师示范、互动探究、欣赏作品等学习过程中，明确练习内容和练习要求；通过观察教师的示范，可以直观学习绘画的技巧，有目的地创作，创作更有有效性，并为有效评价做好铺垫。激励不同层次的学生进行创作。

学法提炼：学生合作学习与独立学习结合　自主观察　互动探究　讨论交流　练习表现

四、展示与评述

1. 教师创设“邮票展”练习展示情景，引导学生展示、欣赏作品。

2. 学生在教师引导下完成课堂评价表（附件）。

3. 引导学生根据评价要求相互评价并介绍自己的作品。

学生作品

5. 教师评价小结

通过这节课的学习，我们对邮票有了一定的认识，小小的邮票里蕴含着很多丰富的人文、自然、地理等知识，感兴趣的同学课后可以做更深入的了解。

活动评价：即时点评、学生自评、师生互评、评价表贴五角星。

学法指导意图：

引导学生在练习展示、欣赏、交流和评价过程中体验设计的乐趣和成功的喜悦。

学法提炼：合作学习　讨论交流　欣赏评述

五、欣赏与拓展

1. 教师对本课内容进行学习总结，拓展欣赏国内外各种邮票

2. 教师引导学生了解用剪贴画、刮蜡画、书法等形式设计邮票的设计方法

活动评价：即时点评。

> **学法指导意图：**
> 本拓展环节教师引导学生认识国内外各种邮票，了解邮票的应用的同时，拓展学生的美术创作视野，开拓创作思路，也为下一课时首日封做铺垫。
> **学法提炼：**学生独立学习为主　倾听欣赏　教材阅读

根据结构设计立体物造型　摇啊摇

【活动设计者】

上海市崇明区竞存小学　沈瑜虹

【所对标的教学基本要求】

1. 学习内容：4 .2 立体设计——4.2.1 根据结构设计立体物造型

2. 具体要求：

4.2.1 根据结构设计立体物造型

① 知道立体物的结构和造型特征；

② 能根据构思，利用折叠、弯曲的方法设计制作具有稳定性的立体物。

【活动种类】

以体现下列哪类活动为主：

体验性活动（ ✓ ）　表现性活动（　 ）　欣赏性活动（　 ）

【设计意图】

《上海市小学美术学科教学基本要求（试验本）》将设计应用模块中立体设计的学习水平界定为 A，知道并初步学会，同时具体要求学生在学习活动中了解立体造型的相关知识，初步学会制作立体物，感受立体作品的稳定性和趣味性。因此我将这一学习活动确定为体验性活动为主。

【活动目标】

活动设计主要帮助学生知道半弧形能摇摆的基本原理，学会在剪出的半圆弧形上联想添加适合的形象，在观察和尝试过程中，学习制作摇摆均衡的玩具。体验自己动手制作玩具以及创意想象的快乐，养成细心观察、积极实践的学习习惯。

【教学内容】

1. 教材版本：上海教育出版社九年义务教育课本《美术》教材

2. 年级、单元：一年级第二学期第二单元“形状的添加”

3. 教学内容：《摇啊摇》

【活动流程】

一、感受与思考（体验性活动 1）

1. 学生带着问题看、玩“不倒翁”玩具，了解立体造型的空间感，感受玩具摇动的趣味性

教师提问：这是什么玩具，它有趣在哪？

2. 学生结合生活经验，想想身边还有哪些东西也可以摇摆

3. 学生欣赏同龄人制作的摇摆玩具，了解本课学习任务——《摇啊摇》

> **学法指导意图：**
>
> 先通过直观的体验，使学生感受“摇摆”的乐趣，再欣赏同龄人的摇摆玩具作品，激发学生学习兴趣。
>
> **学法提炼：**独立学习为主　欣赏观察

二、讨论与探究（体验性活动 2）

1. 教师引导学生小组合作探究　怎样让纸张站立起来并且摇动

（1）对折作业纸；

（2）在开口边剪出半圆形；

（3）把弧线部分朝下让纸站立并可摇摆。

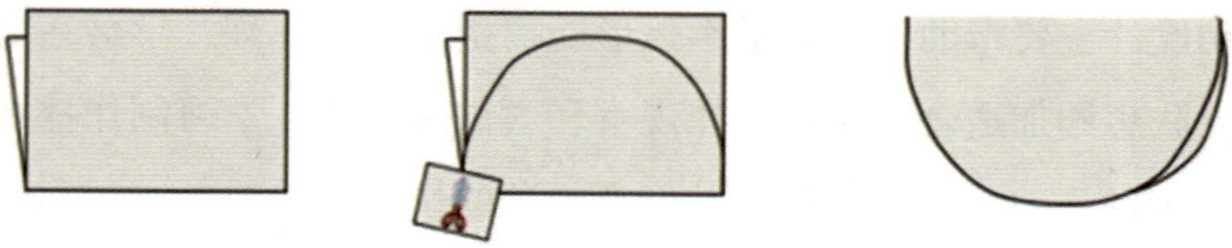

2. 教师引导学生探究“摇啊摇”摇摆不均衡或向一边倒的原因

学生小组探究发现半圆形太扁、瘦长或圆角太方的玩具都不能均衡摇摆。

3. 教师示范剪半圆形，演示制作步骤。

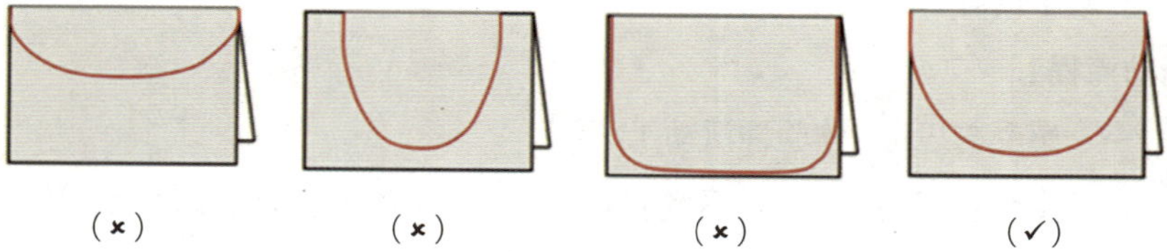

（注意：力求剪弧线圆滑流畅）

活动评价：即时点评。

学法指导意图：

指导学生小组合作探究，通过动手尝试把平面纸材对折、弯曲，探究摇摆玩具的摇摆原理，理解立体形态的形成过程，帮助学生初步形成立体空间的意识，并发现半圆形和弧形线。

学法提炼：自主尝试　合作交流　描述演示

三、联想与添加（体验性活动 3）

1. 学生说一说，半圆形可以变成哪些有趣的事物？

2. 学生欣赏书本范例，小组讨论：在半圆形上如何进行添加装饰？

（注意：想象要合理）

3. 教师示范

活动评价：即时点评。

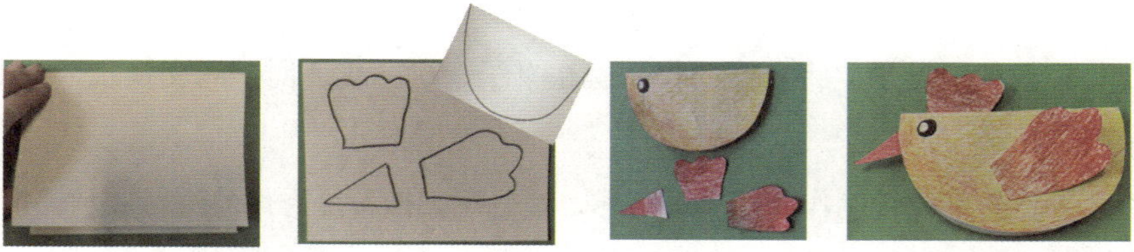

1. 折　　2. 画　　3. 剪　　4. 粘贴，完成作品

（提示：摇摆稳定要考虑辅助物的大小和粘贴位置）

学法指导意图：

在观察、互动、探究、欣赏作品等学习过程中，将半圆形与生活事物进行联想，鼓励奇思妙想，体现个性；通过教师演示，引导学生在半圆上剪贴形象，并调整作品重心。帮助学生逐步掌握摇摆玩具制作的方法。

学法提炼：合作学习　自主观察　互动探究　讨论交流　练习表现

四、尝试与练习

1. 练习内容：用卡纸设计制作一个摇摆均衡的玩具

2. 练习要求：（1）玩具能均衡摇摆；（2）玩具造型新颖有趣。

3. 学生练习，教师巡回指导

五、展示与评价（欣赏性活动）

1. 教师引导学生将自己的作品摆在桌子上玩一玩，同学间交换玩，感受成功的乐趣

2. 比较谁设计制作的作品最有趣、最好玩，推荐优秀作品进行展示评价，教师引导学生肯定他人练习作品的成功之处

学法指导意图：

本环节在玩一玩、看一看、评一评的轻松氛围中，让学生感受玩具制作的乐趣，提高对民间玩具、手作玩具的兴趣，培养对美术作品的审美判断能力。

学法提炼： 欣赏点评优秀作品　关注评价标准

六、欣赏与拓展（欣赏性活动）

1. 教师对本课内容进行学习总结，引导学生欣赏用其他材料完成的摇摆玩具

2. 了解教师布置的“形状的添加”单元第二课的预习内容，下节课交流

活动评价：即时点评。

学法指导意图：

本拓展环节引导学生利用重心原理，采用其他材料也可以制作有趣的玩具。同时布置预习内容，使学生感受纸工造型的立体美，培养学生养成课前对相关知识预习的学习习惯。

学法提炼： 独立学习　倾听欣赏　教材阅读

七、归纳与总结

今天的课上，同学们能积极地开动脑筋，利用纸材料，学着制作出了一件件有趣的、摇摆均衡的玩具。老师希望同学们在今后的学习和生活中，能继续利用身边的各种材料，大胆地创作出更多更精美的作品来！

根据功能选择材料设计立体物　美丽的路灯

【活动设计者】

上海市崇明区东门小学（大同校区）　沈鉴璐

【所对标的教学基本要求】

1. 学习内容：4.2 立体设计——4.2.2 根据功能选择材料设计立体物

2. 具体要求：

4.2.2 根据功能选择材料设计立体物

① 知道功能、材料是立体物的设计要素；

② 能根据设计对象的功能选择合适的材料进行构思与设计；

③ 初步学会根据功能需求，利用现成品或材料的造型与材质特点构思造型，用添加、剪裁、替换等方法进行加工改造；

④ 能介绍作品的设计意图与特色。

【活动种类】

以体现下列哪类活动为主：

体验性活动（ ✓ ）　表现性活动（　 ）　欣赏性活动（　 ）

【设计意图】

《上海市小学美术学科教学基本要求（试验本）》将设计应用学习要求和水平都界定为 A，知道和初步学会。《美丽的路灯》属于三年级第一学期第四单元“都市印象”的内容。本课意图引导学生通过观察和回忆生活中造型各异的路灯，分析路灯的结构，欣赏其不同造型，初步了解基本的设计要素和设计原理，并利用生活中废旧材料的形状与特性，创意组合制作成现代路灯。因此，笔者将此学习活动定位为以表现性活动为主的学习活动。

【活动目标】

主要引导学生根据设计对象的造型和功能要求的特点构思。运用生活中废旧材料进行创意制作，感受运用材料制作的乐趣，感受立体造型之美，发现设计与生活的密切联系，体验设计对人们生活和城市环境的规划性与实用性特点，提升创意设计的能力，潜移默化中形成初步的设计观。

【教学内容】

1. 教材版本：上海教育出版社九年义务教育课本《美术》教材

2. 年级、单元：三年级第一学期第四单元“都市印象”

3. 教学内容：《美丽的路灯》

【活动流程】

一、导入和感受（体验性活动 1）

1. 小游戏：图形的组合。请学生用三个图形组合成一个生活中常见的事物。

2. PPT 演示。提问：老师的图形组合像什么？

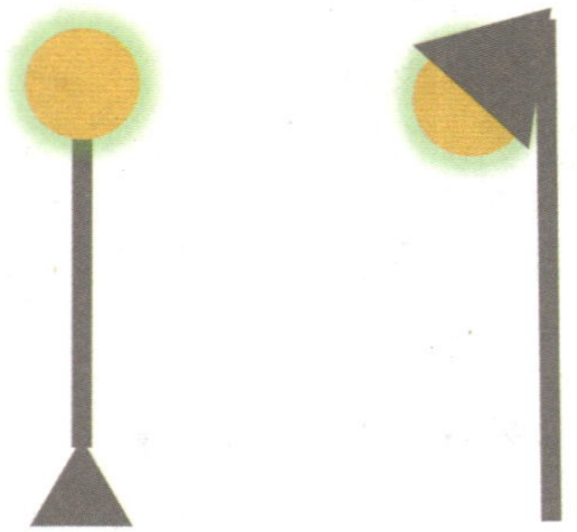

3. 引出课题：美丽的路灯

4. 提问：如果没有路灯？你觉得城市会怎样？

> **学法指导意图：**
>
> 通过体验小游戏，启发学生好奇心。都是通过问题，反向启发引导学生了解路灯的作用。教师简介“路灯”的文学小知识。
>
> **学法提炼：**游戏体验　感受交流

二、体验与发现（体验类性活动 2）

1. 观察①：欣赏各种造型的路灯，并分析其造型特点

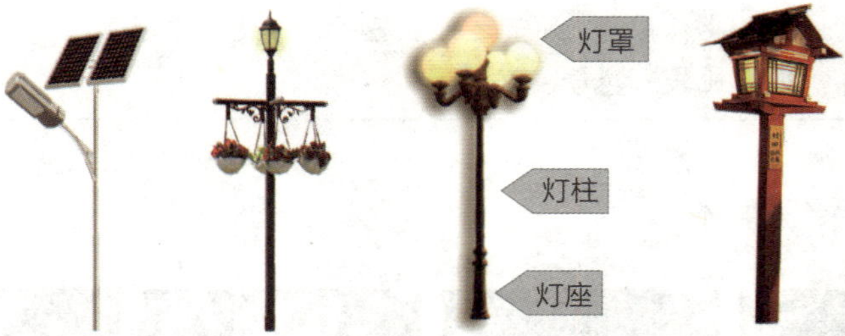

2. 小组讨论：为路灯找到家（四款不同造型的路灯，分别属于哪种场所？）

3. PPT 演示：马路　步行街　广场　公园

4. 观察②：不同环境中的路灯（街道旁的比较简约、广场上的显得典雅古朴、公园中的非常个性化）

学法指导意图：

此环节，学生进一步整体观察欣赏，观察发现路灯的基本结构，体验不同环境中路灯造型。通过对各种路灯造型的观察比较，发现其整体与细节设计的美感，感受“细节之处显匠心”的设计原理。

学法提炼：观察比较　感受交流

三、示范与制作

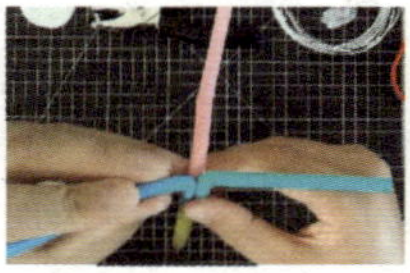
1. 小吸管插入大吸管

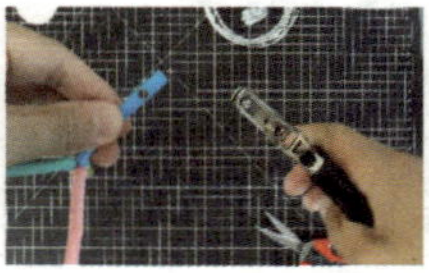
2. 打孔

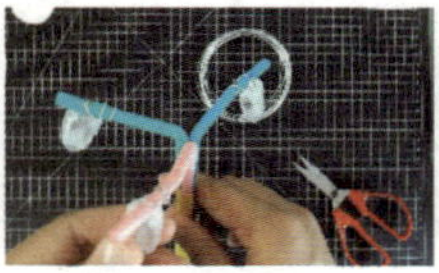
3. 用铁丝缠绕小灯泡

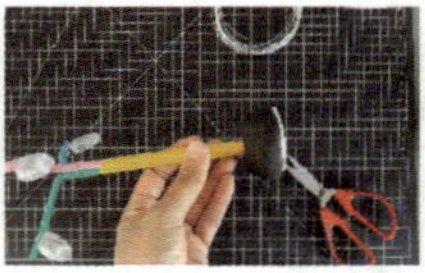
4. 插入底座

1. 教师演示制作方法

2. 提出制作要求

（1）能体现路灯的基本结构；（2）符合环境设计需求；（3）路灯造型能体现自己的设计思维，造型美观。

3. 学生尝试制作

学法指导意图：

通过观看示范视频与老师的重点示范，进一步加深对路灯结构的理解，能够更加直观地清楚制作步骤和方法，提升学生对尝试制作的期盼和兴趣。

学法提炼：观察示范　动手操作　创意制作

四、展示与评价

1. 学生互评，为最有创意的路灯贴上一颗星

2. 挑选 1–2 名学生，倾听他们的评价语言

3. 教师选择学生作品，适当对比制作要求，做范例点评

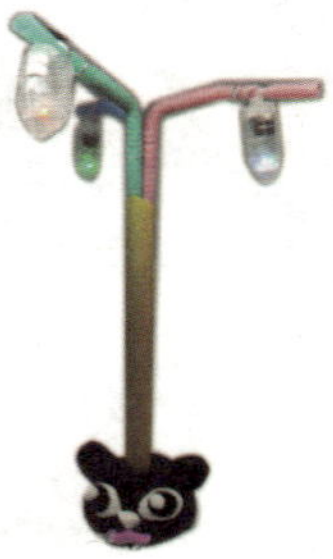
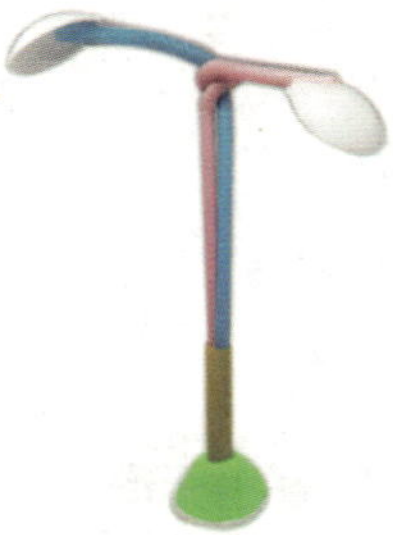

学法指导意图：

先由学生互评，观察学生对于制作要求的理解和把握，观察他们的评价是否是出于主观。

教师及时、肯定地对学生所付出的努力和取得的进步进行反馈，能够很好地帮助学生进一步加深学习内容、回忆学习要求，从而提升表达能力与创作能力。

学法提炼：欣赏交流　评价模仿

五、拓展：“华灯班”的故事

总结：城市文明离不开“人”的默默奉献。

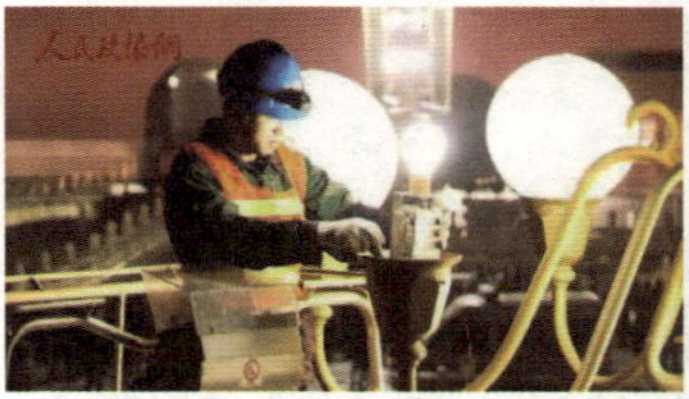

表现性活动

造型表现　迷人的细节

【活动设计者】

上海市浦东新区莱阳小学　蔡蔚婧

【所对标的教学基本要求】

1. 学习内容：1.1 绘画基础——1.1.1 线条造型

2. 具体要求：

1.1.1 线条造型

① 知道点、线、形状的疏密变化，能用对比的方法表现画面；

② 能通过观察、发现物体的结构和外形，将物体的结构画完整。能通过观察、发现物体的细节特征，初步学会用变化的线条表现对象。

【活动种类】

以体现下列哪类活动为主：

体验性活动（　）　表现性活动（ ✓ ）　欣赏性活动（　）

【设计意图】

《上海市小学美术学科教学基本要求（试验本）》将三至五年级线条造型的学习要求和学习水平界定为 B，理解和学会。这节《迷人的细节》写生课主要引导学生寻找并发现生活中蒲公英植物细节上的美感，运用线条写生的方式学会表现细节的迷人。针对三年级，我们将这一学习活动定位为以表现性活动为主。

【活动目标】

活动设计主要引导学生观察蒲公英的茎、花、种子等部位迷人的细节，分析它的造型特点；学习用变化的线条写生表现蒲公英的细节之美；体验写生的乐趣，培养细致观察、安静写生的学习态度。

【教学内容】

1. 教材版本：上海教育出版社九年义务教育课本《美术》教材

2. 年级、单元：三年级第二学期第一单元"写生的快乐"

3. 教学内容：《迷人的细节》

【活动流程】

一、观察与导入

1. 每组打开桌面上的小盒子，取出蒲公英标本

（1）请学生拿起桌上的放大镜观察细节。

（2）师生互动，分享观察所得。

2. PPT 出示微距摄影作品：蒲公英

（1）教师介绍微距摄影：能提供给我们比肉眼观察更丰富更清晰的影像。

你是否发现了更为迷人的细节？

（2）学生再次分享观察所得：每根冠毛的上端有像伞骨架一样的分叉绒毛，每颗黑色种子上还有细密肌理……

3. 揭示课题：迷人的细节

明确学习任务：借助蒲公英微距照片，来写生蒲公英迷人的细节。

二、欣赏与发现（表现性活动1）

1. PPT出示一组微距蒲公英照片

（1）提问：刚才我们从蒲公英种子的照片中发现了迷人的细节，这些不同视角下的蒲公英照片，你还能发现更多的细节吗？

2. 学生试着从蒲公英的茎、花、种子的细节去发现

3. 找一找，这些迷人的细节中藏着哪些优美的线条？

师生归纳：密密麻麻的点，直线、曲线，轻盈的细线、流畅的粗线，疏密有致，变化的线……

4. PPT出示两幅蒲公英写生作品，对比与讨论

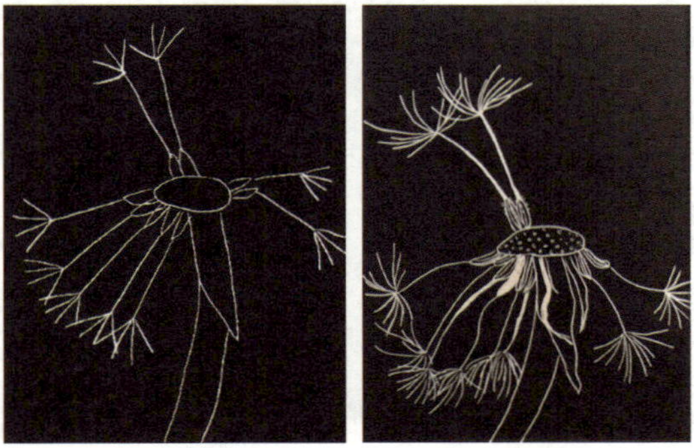

（1）提问：哪一幅写生线条表现更生动？为什么？

（2）师生归纳小结：第一幅作品线条僵硬，粗细一致；第二幅写生线条有轻有重，疏密有变化。

学法指导意图：

把握迷人的细节写生，学会观察发现最重要！此环节蒲公英微距照片再次呈现，学生欣赏的同时发现茎、花、种子、绒毛更多的细节。乘胜追击，再让学生去发现迷人的细节中藏着各种变化的线条，观察理解为写生表现打好了扎实的基础。

学法提炼：观察理解　对比发现

三、示范与指导（表现性活动 2）

1. 教师示范写生步骤

选择一张蒲公英微距照片

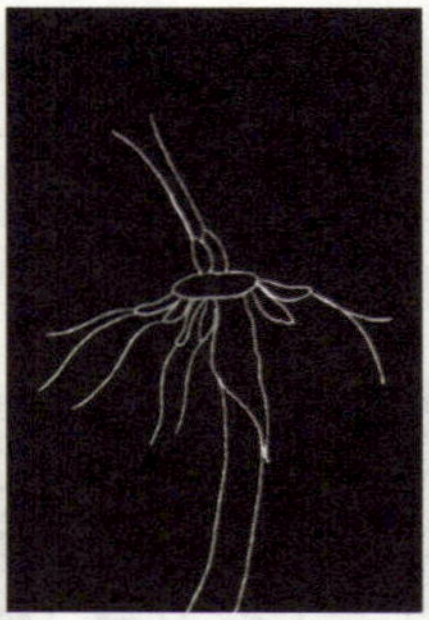

步骤 1：整体观察，徒手勾画定位

步骤 2：观察细节，局部入手

步骤 3：细节刻画，完整写生

2. 强调提醒：变化写生的线条——轻重缓急、有粗有细、疏密有致

学法指导意图：

此环节学生细致体会教师写生示范，感受如何整体观察，勾画定位；观察细节，局部入手；细节刻画，完整写生的整个写生过程，一边观察细节一边感受写生线条的形式美感，为自己着手写生找到方法和信心。

学法提炼：感受教师示范　体会线条表现

四、尝试与表现（表现性活动 3）

1. 练习内容

挑选一张喜欢的蒲公英微距照片，在刮蜡纸上写生蒲公英的细节。

2. 练习要求

（1）能画出蒲公英局部的形态结构；

（2）能用疏密变化的线条表现细节的美感；

（3）能细心观察、安心静心完成写生。

3. 学生写生，教师巡回指导

> **学法指导意图：**
>
> 此环节学生根据写生练习内容、清晰可操作的练习要求开始写生表现，安心静心体会蒲公英的局部结构美，感受用刮蜡笔变化线条来表现迷人的细节。
>
> **学法提炼：**写生表现

五、展示与评价

1. 学生作品展示

说一说：小作者观察到了蒲公英哪个局部的细节？哪些线条的表现最吸引你？哪些细节的刻画值得你学习？

2. 教师点评，学生互评

六、归纳与总结

这节写生课，我们学会了细致观察去发现微距摄影作品中藏着的细节之美，用疏密变化的线条去表现细节，体验了写生的快乐。愿大家都能在生活中拥有一双发现美的眼睛。

造型表现　装饰小瓶罐

【活动设计者】

上海市浦东新区新时代小学　蔡一应

【所对标的教学基本要求】

1. 学习内容：1.1 绘画基础——1.1.1 线条造型

2. 具体要求：

1.1.1 线条造型

① 知道点、线、形状的疏密变化，能用对比的方法表现画面；

② 能感受均衡、变化的形式美感，并能在画面中表现；

④ 理解物体的高度、宽度和深度，能表现出物体的立体感。

【活动种类】

以体现下列哪类活动为主：

体验性活动（　）　表现性活动（✓）　欣赏性活动（　）

【设计意图】

《上海市小学美术学科教学基本要求（试验本）》将三至五年级造型表现的学习要求和学习水平界定为B，理解和学会。《装饰小瓶罐》是四年级第一学期“我眼中的静物”单元的第二课，前一课学习写生了小瓶罐，本课主要在理解圆面透视的基础上运用连续纹样进行装饰。鉴于此，我们将此学习活动定位为以表现性活动为主。

【活动目标】

活动设计主要通过复习巩固圆面透视知识，理解瓶罐弧面结构；在观察和比较的过程中，复习圆面透视规律，运用适合的连续纹样装饰瓶罐；体会装饰瓶罐的乐趣，激发装饰表现的强烈意愿。

【教学内容】

1. 教材版本：上海教育出版社九年义务教育课本《美术》教材

2. 年级、单元：四年级第一学期第七单元“我眼中的静物”

3. 教学内容：《装饰小瓶罐》

【活动流程】

一、情境导入，揭示课题

1. 出示两个实物瓶罐，感受瓶罐和瓶罐的装饰纹样

瓶罐 1
花瓶（葡萄牙）

瓶罐 2
素胚（甘肃新马家窑）

2. 引出课题：装饰小瓶罐

告诉学生：我们将要在班级中举办一个瓶罐设计展。

二、复习旧知，感知瓶罐（表现性活动 1）

1. 观察实物，复习瓶罐结构

请同学说说：瓶罐有哪些部分组成？

瓶罐由瓶口、瓶颈、瓶身、瓶底四个部分组成。

2. 出示上一节课写生的瓶罐，复习圆面透视规律

（1）教师手持瓶罐，演示瓶罐在视平线的高低位置。

（2）师生复习归纳：瓶罐越接近视平线，圆面越窄；瓶罐离视平线越高或越低，圆面越宽。

（3）学生小练习：为上节课写生的小瓶罐添上正确的瓶口、瓶颈、瓶身、瓶底的圆面弧线。

（4）小组反馈，个别纠正：圆面两端不画尖。

3. PPT 读图欣赏，感受瓶罐装饰

（1）提问：大家一起找找瓶罐上的这些图案有什么规律？

（2）师生复习归纳：它们都是连续纹样，即同一图案有规律的重复排列就是连续纹样。

（3）PPT 图片欣赏，教师介绍：传统连续纹样和几何形连续纹样。

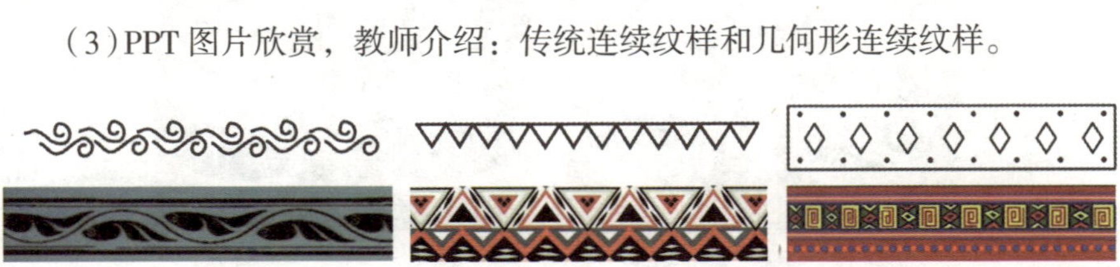

（4）思考：连续纹样的选择和瓶罐的造型有关联吗？说说你会选择怎样的纹样装饰你上一节课写生的瓶罐？瓶罐不同的部位适合用怎样的纹样来装饰？

> **学法指导意图：**
> 根据单元内容，引导学生在前一节课写生瓶罐的基础上复习旧知：知道瓶罐基本结构、复习圆面透视规律、感知连续纹样的装饰如何符合弧面结构。此环节活动为学生装饰瓶罐做好铺垫。
> **学法提炼：**复习旧知　探究规律　判断识别

三、组织探究，装饰表现（表现性活动 2）

1. 引导讨论与思考：如何用连续纹样装饰圆弧面的瓶罐？装饰瓶罐时要注意什么？

2. 小小探究活动 1：选择符合圆面透视规律的连续纹样，摆一摆来装饰

（1）学生上台挑选，说明选择的理由。

（2）师生探究归纳：纹样中间宽，两边窄，符合圆面透视和弧面结构。

3. 小小探究活动 2：哪一幅图上的连续纹样装饰符合下面的瓶罐？

图 1　　图 2　　图 3　　图 4

师生共同归纳：图 4 正确。纹样连续，中间宽两边窄，符合圆面透视规律和弧面结构特点。

4. 教师完整示范

步骤 1 选择一个瓶罐　步骤 2 画出圆面弧线　步骤 3 添画符合圆面透视规律的连续纹样　步骤 4 点线疏密有致，纹样装饰均衡有变化

学法指导意图：

此环节小小探究，通过摆一摆纹样和选择正确的纹样两个递进的判断活动，学生又动脑又动手，进一步知道如何选择连续纹样，如何装饰才能符合圆面透视规律和弧面结构特点。随后，教师呈现完整的示范，学生加深理解并感受装饰的形式美感。

学法提炼：探究认知　感受示范　理解运用

四、学生表现，教师指导（表现性活动 3）

1. 练习内容

利用瓶罐写生纸膜，根据圆形瓶罐的弧面结构设计装饰小瓶罐，开展班级瓶罐设计展活动。

2. 练习要求

（1）能画出正确的圆面透视弧线，表现瓶罐的立体感；

（2）能选择合适的连续纹样符合圆面透视规律进行装饰；

（3）连续纹样点线疏密有致，装饰均衡有变化。

3. 学生装饰表现，教师巡回指导

> **学法指导意图：**
>
> 通过倡议开展班级瓶罐设计展活动，鼓励学生积极主动装饰小瓶罐。明确练习要求，学生任务驱动积极有效装饰表现。
>
> **学法提炼：**明确任务　主动表现

五、作品展示，互动评价

1. 班级瓶罐设计展

2. 学生自我评价

3. 师生互动点评

六、归纳与总结

今天，我们学会了根据圆形瓶罐的弧面结构并符合圆面透视规律来装饰小瓶罐，大家设计精致，装饰美观，为心灵手巧的你们点赞。

色彩表现　渐变的色彩

【活动设计者】

上海市浦东新区上海戏剧学院附属新世界实验小学　魏翁灵

【所对标的教学基本要求】

1. 学习内容：1.1 绘画基础——1.1.2 色彩表现

2. 具体要求：

1.1.2 色彩表现

① 知道常用颜色的名称，初步学会用油画棒平涂、接色、混色等涂色方法装饰画面；

② 能通过比较辨别颜色的深浅，初步学会用深浅变化的颜色搭配相邻的色块。

【活动种类】

以体现下列哪类活动为主：

体验性活动（ ） 表现性活动（ ✓ ） 欣赏性活动（ ）

【设计意图】

《上海市小学美术学科教学基本要求（试验本）》将色彩表现学习要求和水平都界定为A，知道并初步学会。《渐变的色彩》这节课是在一年级已经感知并掌握色彩平涂的基础上深入学习油画棒接色的涂色方法。针对二年级，将此学习活动定位为以表现性活动为主。

【活动目标】

活动设计主要通过游戏、欣赏，引导学生知晓色彩深浅变化的知识，学会用接色的方法表现色彩渐变的技能；创设情境，利用道具，通过小组合作的游戏体验方式尽情表现色彩渐变的奔跑人物形象；感受色彩表现的美，激发学生表现色彩的欲望，抒发美好的情感。

【教学内容】

1. 教材版本：上海教育出版社九年义务教育课本《美术》教材

2. 年级、单元：二年级第一学期第二单元“感受色彩”

3. 教学内容：《渐变的色彩》

【活动流程】

一、游戏与发现

1. 色彩小游戏，寻找规律，为颜色排排队

游戏前——颜色顺序打乱

游戏后——按颜色深浅顺序排列

师生共同归纳：相近的颜色从深到浅或从浅到深的变化叫作色彩的渐变。

2. 揭示课题：渐变的色彩

3. 出示生活中各种色彩渐变用品的图片，感知欣赏

4. 总结：渐变的色彩相当独特，它的美同样可以装点我们的生活

> **学法指导意图：**
>
> 导入环节的活动，学生主要从玩一玩中找出颜色深浅排列的特点，激发兴趣。
>
> **学法提炼：**玩中学　有意感受

二、魔术与讨论（表现性活动 1）

1. 魔术“变一变”

（1）教师利用人物镂空版，给“奔跑的孩子”变出一套套穿着渐变色效果的衣裳。

（2）让学生说感受，猜猜这样的颜色是怎么画出来的？

（3）教师分解教具，揭开秘密。

（教具展示——镂空的小人）

2. 画笔找一找

（1）学生找颜色：在笔盒中找找你认为可以接色渐变的一组颜色。

（2）师生互动：选学生找出的一组画笔感受接色渐变。

步骤 1

（找笔盒中相类似的颜色）

步骤 2

（按照颜色深浅依次接色）

（3）师生归纳小结，渐变接色小口诀：

相似颜色手中拿，涂一涂，你中有我，我中有你；出现小白点，浅色补一补。

（4）出示色轮图片：找找哪些颜色可以一起来接色渐变。

①同一种颜色，深浅不一，接色渐变；②不同的相邻的颜色，接色渐变。

按照颜色深浅依次接色

3. 师生考一考，讨论接色方法

（1）有规律的接色：或左右，或上下，或斜角接色。

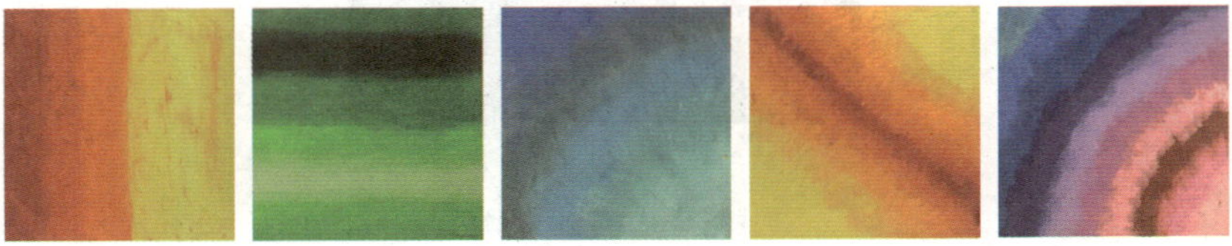

（2）依据形状来接色：请学生考考教师，在铅画纸上画个随意形状来接色。

步骤 1

学生随意画一个形状

步骤 2

按照颜色深浅规律接色

出示图片归纳方法：还可以利用不同形状包围的方法，表现渐变接色。

（3）随意涂色来接色：老师考考学生，纸上出现随意色，谁能接色表现渐变？

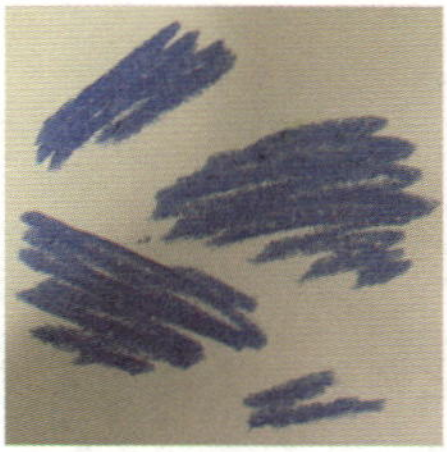

步骤 1
教师随意涂色

步骤 2
学生按照颜色深浅规律接色

出示图片归纳方法：除有规律接色、依形接色，还可以大胆使用随意接色的方法，找相似的颜色表现色彩的渐变。

学法指导意图：

这个环节情境创设贯穿了整个活动，充分利用变一变、找一找、考一考等游戏展开师生互动，学生完全被打开了表现的想法和欲望。同时，在游戏和活动的参与中，激发了学生探究色彩渐变的规律，尝试运用不同接色方法表现画面的欲望，习得了色彩渐变表现的方法，掌握了知识与技能。

学法提炼：主动学习　敢于尝试　积极参与

三、尝试与练习（表现性活动 2）

1. 练习内容

以小组合作的方式为“奔跑的孩子”添加具有渐变效果的“衣裳”。

2. 练习要求

（1）能选择一组相似色，深浅色来接色渐变；

（2）能选择一种渐变的方法来接色表现；

（3）能运用接色小口诀表现色彩渐变。

3. 学生作画，教师巡视辅导

学法指导意图：

此环节通过小组合作的方式，比一比哪组渐变接色表现方法多；其次，带着问题去思考，为“奔跑的孩子”添加具有渐变效果的“衣裳”。充分让学生在选择颜色和接色方法之前就有目的去选择。大胆地尝试表现，用作品表达自己的想法。

学法提炼：乐于合作　主动思考　渐变色彩表现多

四、展示与评价

1. 教师按小组展示学生作品

互动评价：哪一组渐变的表现方法最多？请为优秀小组作品贴“笑脸”。

2. 教师评价小结

五、归纳与总结

今天我们了解了什么是渐变的色彩；找到了许多不同的方法尝试表现了

渐变的色彩。生活中还有很多美好的事物都运用了渐变的色彩，愿我们都能有一双发现美的眼睛。

水墨表现 用水墨来画树

【活动设计者】

上海市浦东新区竹园小学 朱嘉艺

【所对标的教学基本要求】

1. 学习内容：1.1 绘画基础——1.1.3 水墨表现

2. 具体要求：

1.1.3 水墨表现

① 知道中国画的工具与材料，以及用笔、用墨的技法；

② 初步学会使用中国画工具和材料进行绘画表现；

⑤ 能感受中国画中干、湿、浓、淡的笔墨韵味。

【活动种类】

以体现下列哪类活动为主：

体验性活动（ ） 表现性活动（ ✓ ） 欣赏性活动（ ）

【设计意图】

《上海市小学美术学科教学基本要求（试验本）》将水墨表现的学习要求和水平都界定为A，知道和初步学会。本课通过回忆所学的水墨画知识以及对胡杨树的观察与认识，进一步探索笔墨技法，感受笔墨变化用水墨来表现胡杨树的美。针对四年级学生的学习水平，我们将此学习活动定位为以表现性活动为主。

【活动目标】

活动设计主要引导学生在观察比较、探究发现、交流归纳的过程中体验与感受中国画的笔墨韵味；用视觉媒介教学语言和直接示范语言相结合的方式，利用水墨语言表现胡杨树独特的美；同时感受胡杨树的精神，感受水墨表现的韵味。

【教学内容】

1. 教材版本：上海教育出版社九年义务教育课本《美术》教材

2. 年级、单元：四年级第一学期第三单元“有韵味的水墨画”

3. 教学内容：《用水墨来画树》

【活动流程】

一、观察与感受——感受胡杨树的外形与精神特点

1. 回顾树的写生作品，查看桌上准备就绪的水墨工具

2. 直接导出课题：用水墨来画树

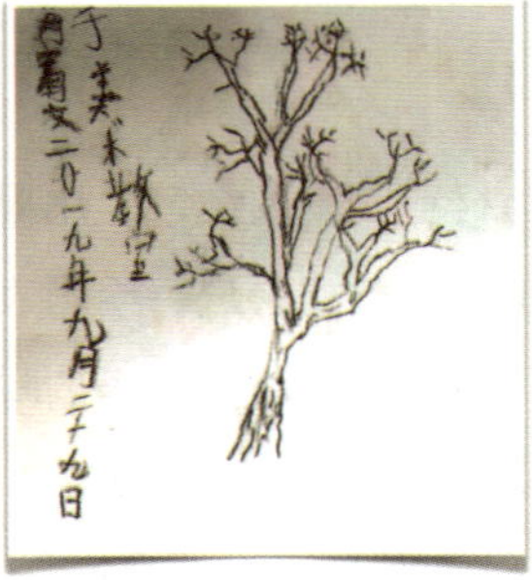

3. PPT 出示图片：常见的树木与胡杨树，比较外形的同异

4. 视频欣赏：胡杨树。

师生互动归纳胡杨树外形的成因，感受顽强的生命力

5. 完整揭示课题：水墨胡杨

学法指导意图：

通过胡杨与常见树的形态对比，初步认识胡杨奇特的外形特点。通过观看视频，思考归纳胡杨外形特点与精神的联系，触发对胡杨精神的感知，激发水墨画胡杨的激情。

学法提炼：有意欣赏　体验归纳

二、观察与交流——表现胡杨树外形特点的笔墨技法（表现性活动 1）

1. 细致观察胡杨树的枝干形态

归纳特点：树枝相互缠绕、扭曲；树皮肌理苍劲、有质感。

2. 对比观察，师生讨论：表现胡杨树外形的笔墨技法

（1）提问：大家觉得怎样的笔墨技法可以更好地表现胡杨树奇特的外形？

小结归纳：忌湿、忌软，宜顿挫，使用枯笔表现。

（2）提问：用怎样的墨线和水墨技法更能表现胡杨树的苍劲有力？

小结归纳：笔墨技法宜采用中锋、枯笔、浓淡墨，注意运笔顿挫转折。

3. 一起互动：腾空运笔，感受“顿挫转折”的运笔

4. 欣赏感受教师示范表现胡杨树外形

步骤 1
用顿挫的笔触表现主枝干

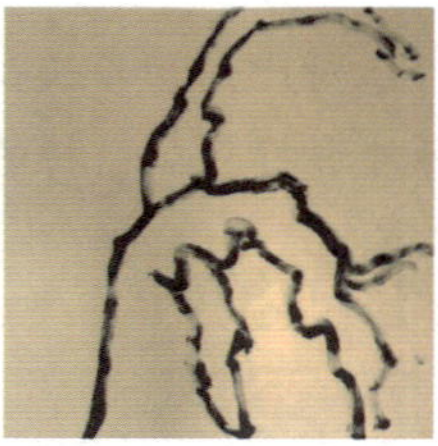

步骤 2
添加扭曲分枝

步骤 3
表现穿插、完整造型

学法指导意图：

本环节学生进一步仔细观察胡杨树外形，结合对树枝结构的理解，分析胡杨树的枝干形态特点。并能结合运用以往对水墨画笔墨体验的经验，分析出作品中存在的问题，以此自主归纳出表现胡杨树外形特点的笔墨技法。在腾空运笔体验与直观欣赏教师示范的过程中加深对表现胡杨树外形特点的笔墨技法的认知。

学法提炼：有意欣赏　直观感受　尝试表现

三、探究与合作——表现胡杨树肌理的笔墨技法（表现性活动 2）

1. 近距离观察与触摸，感受胡杨树的表皮特点——粗糙

2. 小组讨论，自主探究表现胡杨树肌理的笔墨技法

提问 : 怎样用毛笔去表现它的粗糙？学生在试笔纸上进行尝试。

3. 分享探究成果，认识皴擦技法

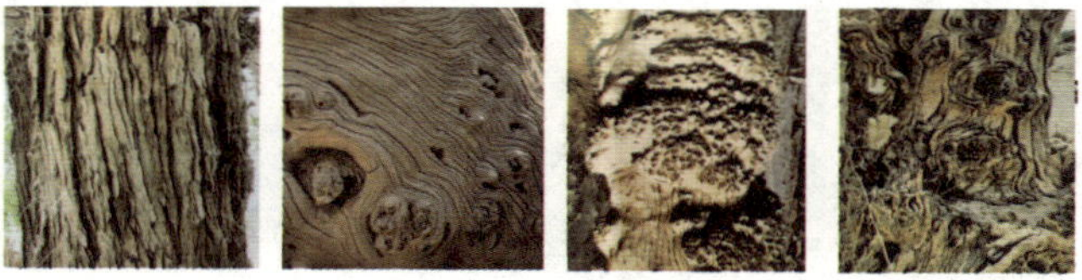

4. 师生互动合作表现浓淡墨皴擦技法

请出一位学生，上台尝试表现并现场分享：怎样表现胡杨的粗糙肌理？

学生演示表现：侧锋、枯笔，反复皴擦；教师运用淡墨枯笔完整画面。

师生浓淡墨表现部分肌理

皴擦表现更多肌理

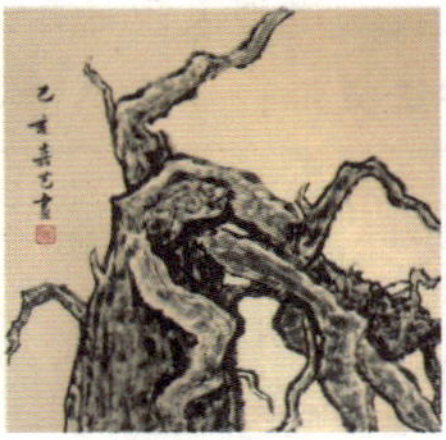

绘画完整并落款

5. 欣赏画家表现的水墨胡杨树作品

学法指导意图：

能在近距离观察与体验后，运用所学过的笔墨知识尝试探究表现，探究运用“皴擦”表现粗糙肌理的方法，提升自主探究能力。并能在与教师的合作表现中初步学会用浓淡墨皴擦的技法表现肌理。

学法提炼：探究表现　互动合作　直观感受

四、创作与表现（表现性活动 3）

1. 练习内容：巧妙构图，运用笔墨技法表现一棵苍劲独特的胡杨树

2. 练习要求

（1）枯笔顿挫墨线表现胡杨树的奇特外形；

（2）水墨浓淡皴擦表现胡杨树的沧桑肌理。

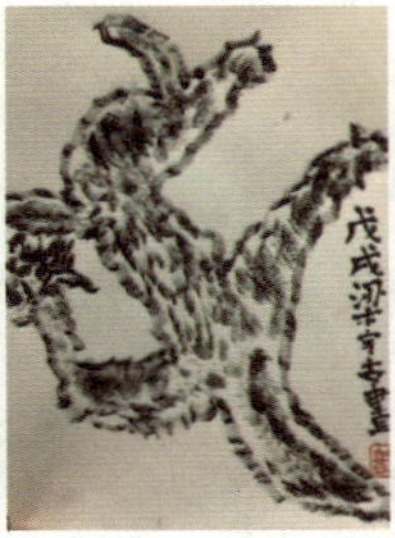

学法指导意图：

本环节旨在使学生通过尝试表现，初步掌握水墨画胡杨的笔墨技法，从实践中体验，从体验中感悟，感悟胡杨树独特的造型美，及水墨画笔墨技法造型表现的乐趣。在实践中感悟胡杨精神。

学法提炼：体验感悟　投入表现

五、自评与展示

1. 自评：根据练习要求，为自己的作品敲上合适的“评价印章”

2. 长卷作品展示

3. 教师点评，为优秀的作品添加“教师评价印章”

4. 学生互动评价

六、归纳与总结

独木不成林，今天我们的长卷让水墨韵味的胡杨成林，在团结的力量中更显其不屈的生命力。愿我们都能学习胡杨精神，勇于面对困难，更加茁壮成长。

水墨表现　墨韵盆栽

【活动设计者】

上海市浦东新区观澜小学　盛卫东

【所对标的教学基本要求】

1. 学习内容：1.1 绘画基础——1.1.3 水墨表现

2. 具体要求：

1.1.3 水墨表现

① 知道中国画的工具与材料，以及用笔、用墨的技法；

② 初步学会使用中国画工具和材料进行绘画表现；

③ 能感受中国画中干、湿、浓、淡的笔墨韵味。

【活动种类】

以体现下列哪类活动为主：

体验性活动（　） 表现性活动（✓） 欣赏性活动（　）

【设计意图】

《上海市小学美术学科教学基本要求（试验本）》将三至五年级水墨表现的学习要求和学习水平都界定为A，知道和初步学会。本节课《墨韵盆栽》为自拟水墨课程，是在盆栽写生的基础上，指导学生用水墨的技法去表现。因此，针对四年级学生，我们将此学习活动定位为以表现性活动为主。

【活动目标】

活动设计主要让学生在已学线描写生的基础上，通过对盆栽静物的写生获得形象资料，然后引导学生通过笔墨体验，运用笔墨技法感受中国画浓、淡、干、湿的笔墨韵味，尝试参考写生稿用水墨表现盆栽静物。

【教学内容】

1. 教材版本：校本自拟

2. 年级、单元：四年级　融入水墨表现单元

3. 教学内容：自拟自编《墨韵盆栽》

【活动流程】

一、回顾线描写生作品，导入新课

1. 观察盆栽植物，了解盆栽植物的造型特征以及枝叶的生长特点

（1）观察盆栽植物，看看它各部分有什么特点？枝和叶有什么生长规律？

（2）仔细观察枝叶的前后穿插以及叶脉等细节。

2. 回顾并调整前一节课的盆栽线描写生作业

（1）抓住特征，表现细节，有疏有密；

（2）枝叶的添加，使画面疏密对比更强烈；

（3）裁去画面空白较多的四边，使画面构图更饱满。

3. 出示课题：墨韵盆栽。明确表现方法：用水墨表现盆栽

学法指导意图：

这一活动为水墨创作的准备活动，是为表现水墨盆栽提供形象材料的过程。写生是四年级学生比较熟悉的绘画活动，写生得来的画稿往往比较生动。通过观察与再次整理，学生明确本节课将在写生的基础上，尝试用水墨语言来表现盆栽。

学法提炼：写生回顾　观察整理　明确表现方法

作品 1

用统一浓墨勾画的盆栽植物

作品 2

用浓淡墨色表现的盆栽植物

二、明确水墨表现盆栽，新授指导

（一）启发引导，理解墨韵（表现性活动 1）

1. 比较作品，说说哪一幅作品更有墨韵？

2. 师生互动分享对“墨韵”的理解

墨色要有浓、淡、干、湿的变化，变化越丰富，水墨韵味就更足。

学法指导意图：

对比或比较是认识事物规律与特点的重要手段。学生在对作品的观察比较中，体会水墨画的韵味来自于笔墨浓、淡、干、湿的丰富变化。在表达自己对墨韵的理解过程中，增强对笔墨特点的认识。

学法提炼：比较体会　积极表达

（二）练习“一笔法”，体验线墨变化（表现性活动 2）

1. 跟着老师画墨线，体验“一笔法”的线墨变化

要求：只蘸半笔墨，沿着宣纸四边画墨线，一直画到画不出。

2. 观察一笔之中的墨色变化

3. 交流各自看法：墨线由浓到淡、由湿到干的变化原因

学法指导意图：

学生通过练笔体验，了解在一笔之中墨线变化的原因跟毛笔中水分与墨的多少以及行笔速度的快慢有关系，通过对墨线变化的分析与总结，知道为了使水墨画面产生浓、淡、干、湿的变化就要控制好笔头水和墨的含量，而且蘸墨不能太勤快。

学法提炼：尝试体验　分析现象　总结方法

（三）作品分析与示范，理解墨法与笔法（表现性活动3）

1. 出示范作

（1）分析墨法：说说作品中的墨色有哪些变化？

（2）分析笔法：说说哪些地方用中锋勾勒，线条较细？哪些地方用侧锋晕染，形成块面？

2. 交流与讨论：如何使“没有韵味的那张作品”有韵味？

3. 看教师改画，完成有韵味的水墨盆栽作品，全面感受笔墨运用技法

4. 欣赏上色的作品，知道色彩晕染使画面更漂亮

学法指导意图：

通过对范作的分析，进一步增强学生对水墨画笔墨关系的理解，又

通过交流讨论与看教师创作演示，帮助学生对笔墨运用方法进行认知。
学法提炼：观察分析　积极交流　感受认知

三、学生水墨表现画盆栽（表现性活动 4）

1. 练习内容：参考线描写生稿，用水墨表现墨韵盆栽

2. 练习要求

（1）墨色浓、淡、干、湿有韵味；（2）运笔中锋、侧锋有变化。

3. 教师巡视，个别指导

指导要点：墨色变化，中锋、侧锋运用，画面调整与完善。

学法指导意图：

提供安静的创作氛围，可以播放优雅的古筝乐曲。教师关注学生创作时的画面生成，及时给予用笔用墨的提醒与指导，尊重学生的个性表现，提出合理的表现建议，同时鼓励与表扬表现能力强的学生，营造良好的互学氛围。

学法提炼：理解与运用　主观感受水墨表现

四、作品展示与互动评价

1. 学生作品展示

2. 学生互评，为自己喜欢的作品敲上“大拇指”印章

3. 教师点评，为优秀作品敲上特制印章

五、归纳与总结

水墨画是我国传统的绘画表现形式，在写生基础上进行水墨表现与创作，作品会更加生动有趣且有特殊的水墨韵味。希望同学们能够喜欢水墨画，并主动地进行写生与水墨画练习，以丰富自己的艺术生活，让自己成为一个有艺术修养的人。

制版印刷 刻刻印印学版画

【活动设计者】

上海市浦东新区曹路打一小学 胥丽婕

【所对标的教学基本要求】

1. 学习内容：1.1 绘画基础——1.1.5 制版印刷

2. 具体要求：

1.1.5 制版印刷

② 初步学会吹塑纸版画的制作方法；

④ 用排点、排线方法，表现画面的肌理效果和疏密关系；

⑤ 初步学会根据主题进行选择和利用，印制出有不同效果的作品。

【活动种类】

以体现下列哪类活动为主：

体验性活动（ ） 表现性活动（ ✓ ） 欣赏性活动（ ）

【设计意图】

《上海市小学美术学科教学基本要求（试验本）》将制版印刷的学习要求和学习水平都界定为 A，知道和初步学会。针对三年级学生学版画主要知晓版画可以一版多印，初步学会用吹塑纸材料制作版画的方法，鉴于此，我们将

学习活动定位为以表现性活动为主。

【活动目标】

活动设计主要引导学生了解版画的基本知识，感受吹塑纸材料的特点；借祖国腾飞这个主题，以“白鸽”为表现素材，初步学会画稿、制版、印版的版画制作方法；学习制版印刷技能的同时培养爱国情怀和民族自豪感。

【教学内容】

1. 教材版本：上海教育出版社九年义务教育课本《美术》教材

2. 年级、单元：三年级第二学期第五单元“印出来的画”

3. 教学内容：《刻刻印印学版画》

【活动流程】

一、欣赏与交流

1. 视频播放放飞白鸽的场景

2. 感知历史，交流感受

（1）提问：此情此景让你有什么感受？

（2）师小结：鸽子象征和平和梦想，今天我们学习用版画的形式表现鸽子。

3. 揭示课题：刻刻印印学版画

二、学习与感受（表现性活动 1）

1. 对比儿童画与吹塑纸版画《白鸽》，说说表现方法、呈现效果的不同

儿童画《白鸽》
记号笔绘制，线条流畅、清晰

版画《白鸽》
刻版印制，画面质朴，有肌理效果

2. 观看视频，了解版画知识

版画，绘画形式的一种，最大的特点是一版多印。常见版画有木刻版画、铜刻版画、丝网版画等。版画经画稿、制版、印版三个步骤来完成。

3. 感受吹塑纸材料的特性，学生尝试玩一玩

选择粗头木制铅笔，稍用力，在吹塑纸上戳戳点、刻刻线，出现凹凸的肌理

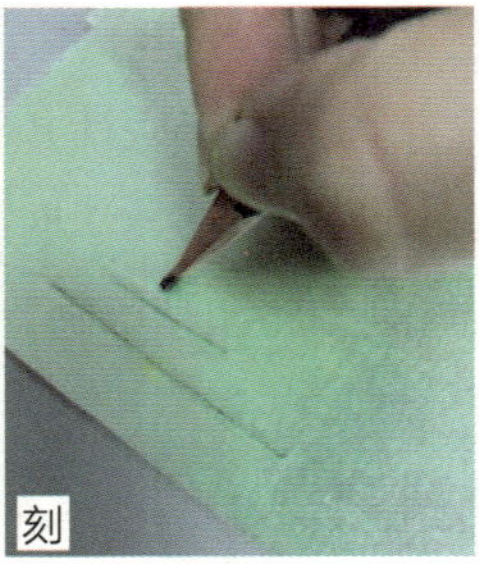

学法指导意图：

通过观看视频和教师介绍，学生从直观上对版画的表现形式有了初步的认识。同时，学生大胆尝试在吹塑纸上戳、点、刻表现，感受吹塑纸制作版画的便捷，开始为学习吹塑版画制版技法做好铺垫。

学法提炼：主动体验　尝试表现

三、尝试与表现（表现性活动 2）

1. 学生模拟：鸽子在空中飞翔时翅膀的动态

2. PPT 欣赏：鸽子飞翔的图片，尝试表现不同形态的鸽子

3. 教师分步示范，学生尝试跟进

步骤一：画稿

用水彩笔在吹塑纸上画稿

步骤二：制版

①用硬粗笔刻出白鸽大轮廓

②刻、戳出羽毛线条和细节

③点线刻出背景

提醒注意：

（1）刻版线条流畅，用点力气；（2）戳、刻、划表现鸽子细节的肌理。

步骤三：印版

①先印鸽子，在鸽子的主体部位涂上水粉颜料，适当加洗洁精

②夹好画纸和吹塑纸，一手按压，一手用拳头进行印版

③边画边印

④完成印版

提醒注意：水粉上色时不蘸水或笔尖少量蘸水。

学法指导意图：

以鸽子作为素材来制作版画，表现出生动的鸽子形态至关重要，通过学生模拟表演和读图感受，解决了动态表现的问题。其次，由于学生第一次尝试制作版画，这里就要求学生跟进老师的示范步骤学会版画制作三部曲。

学法提炼：模拟动态　读图感受　尝试表现

四、练习与指导（表现性活动 3）

1. 练习内容

用吹塑纸材料，表现一只形态生动的和平鸽。

2. 练习要求

（1）鸽子图案突出，造型生动；

（2）刻版画面清晰，稍用力气；

（3）印版水份适中，边画边印。

3. 学生创作，教师巡视指导

4. 过程性指导与评价：刻版痕迹是否清晰；印版时水份是否适中

学法指导意图：

屏幕上滚动播放学生作品视频，学生一边进行吹塑纸版画的创作，一边回顾、巩固制作方法，随着教师的过程评价完善作品。
学法提炼：感受教师示范　熟练制版印版

五、展示与评价

1. 教师找到学生作品，做范例点评

这幅学生作品鸽子张开双翅，呈飞翔状，图案突出，构图饱满；印版水分适当，印迹清晰，背景印上了大大小小的色块，有一定的装饰性。鸽子羽毛的肌理处理丰富，版画味儿就更浓了。

2. 学生互动点评

六、归纳与总结

我们学习用吹塑纸版画的方法表现了和平之鸽，表达了自己对于美好生活的向往和追求。我们还将接触更多的版画材料，学习不同的版画制作。

构思创作　猪年画猪

【活动设计者】

上海市浦东新区尚博实验小学　张芸语

【所对标的教学基本要求】

1. 学习内容：1.1 绘画基础——1.1.6 构思创作

2. 具体要求：

1.1.6 构思创作

① 能收集与主题相关、感兴趣的素材；

② 能根据主题结合生活经验进行联想和想象，大胆表现形象和画面内容；

③ 能对素材进行挑选，确定画面的主要形象、背景和表现形式；

④ 能用学过的知识处理画面。

【活动种类】

以体现下列哪类活动为主：

体验性活动（　）　表现性活动（ ✓ ）　欣赏性活动（　）

【设计意图】

《上海市小学美术学科教学基本要求（试验本）》将一至五年级绘画基础中构思创作的学习水平都界定为A，知道和初步学会。《猪年画猪》这节自拟自创的儿童画创作主课要引导学生根据中国生肖"猪"这个素材和主题，结合生活经验进行联想和想象，大胆表现形象，构思创作画面内容。针对三年级学生，我们将此学习活动定位为以表现性活动为主。

【活动目标】

活动设计主要引导学生把握素材——生肖"猪"的基本外形特征，结合生活经验展开充分的联想和想象；借助课堂上师生轻松的言语交流和生成示范的互动，让学生初步学习创作画的想象与构思、构图与表现的创作技法；同时，进一步引导学生体会生活中真善美的情感情趣，鼓励学生天马行空的大胆想象，并综合已有知识，提高创作的表现能力。

【教学内容】

1. 教材版本：校本自拟

2. 年级、单元：三年级　融入"创作单元"

3. 教学内容：自拟自创《儿童画创作——猪年画猪》

【活动流程】

一、开门见山，导入新课（表现性活动1）

1. 农历生肖猪年，有请猪来做客

（1）想一想，说说猪有哪些最基本的形象特征？

（2）老师尝试露一手，抓住基本特征来画猪。

要求：仔细观察老师如何抓住特征画猪，并提示速记造型。

观察：改变猪鼻子的方位就可以得到猪不一样的造型。

（直接板画：猪的头像造型；纸板摆放：改变鼻子方向的头像）

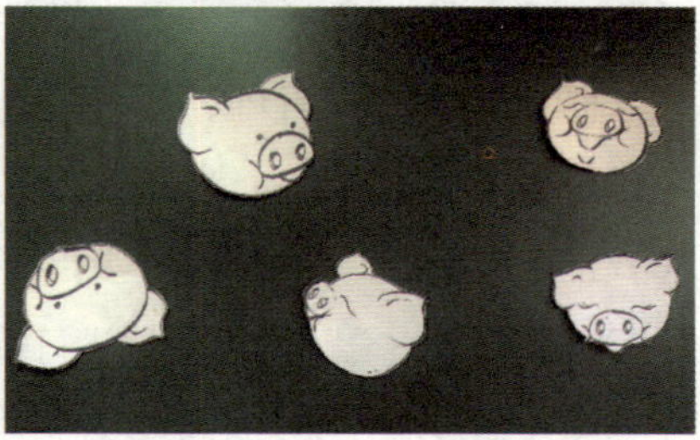

2. 揭示课题：创作——猪年画猪

3. 明确创作内容

以生肖猪年的猪为主人公，联想构思，拟人化创作一幅美好的、有情趣的猪的生活画面。

> **学法指导意图：**
> “什么年画什么”是我坚持实践即将满 12 年的校本课程项目，旨在传承我国传统的生肖精彩文化。《猪年画猪》是恰逢猪年为低中段学生度身定制的儿童画创作课。导入新课环节，开门见山，学生知晓今日的创作素材，明确创作的目标。这一环节最重要的是让学生抓住“猪”这个创作素材最基本的特征并能速记造型，为后续创作埋好伏笔，做好基础。
> **学法提炼：**挖掘记忆表象　有意感受　有意识记

二、启发引导，构思创作（表现性活动 2）

1. 直观感受玩偶猪，认知“拟人”创作

2. 师生同当形象设计师，互“说”造型

（1）建议学生：尝试对猪头部进行造型处理，表现猪的年龄、身份、职业（直接生成板演：添个发夹，戴副眼镜，带顶帽子或配个耳环……）

（2）建议学生：尝试对猪服饰进行造型设计，突显猪的年龄、身份、职业（继续互动板演：穿条裙子表现猪小姐，穿件西服表现猪先生……）

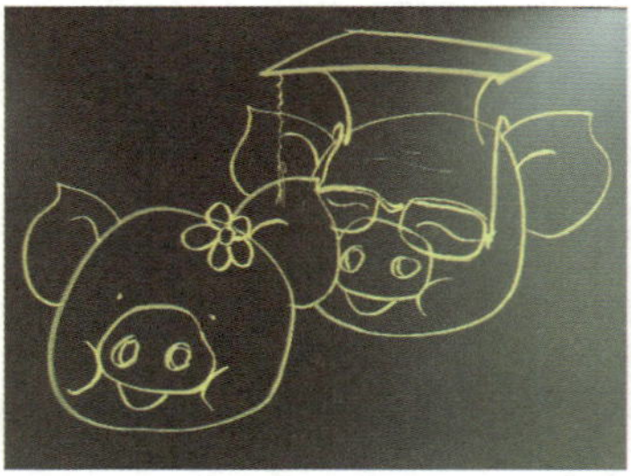

3. 启发联系生活，同“侃”形象

（1）鼓励回答：还可以怎样装扮猪，表现主角不同的生活形象？

（2）拓展思维：试试让猪主人公“上天入地，海阔天空……”，你还能创造更丰富的猪的生活形象吗？

4. 联想生活场景，共“聊”构思

（1）讨论构思：什么身份的猪在干什么，和谁在一起，可能在什么地方？

（2）建议学生：做导演，为构思找合适的道具，添场景

（3）老师尝试再露一手，即时生成完整的创作画面

（生成板演：纸板添画并动态演示产生更多的猪形象）

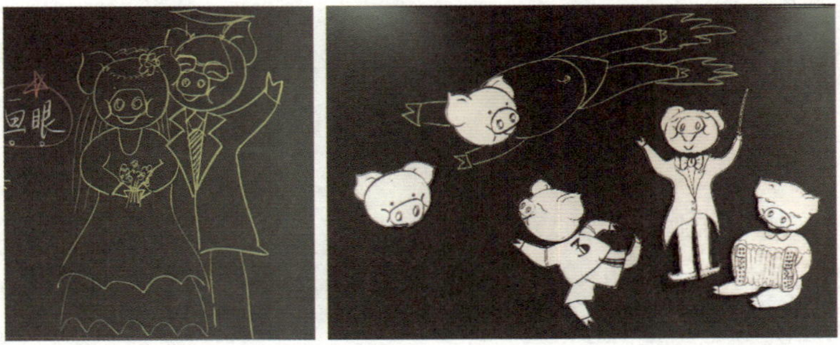

5. 学生静心个体构思

点明构思创作步骤和要点：

（1）先表现主角，突显“画眼”；

（2）再加配角、道具，丰富构图；

（3）最后添场景，表达真善美的情感。

6. 鼓励学生“大声思维”，表达构思创意

（1）试试提前发布创意，“我想画……”

（2）师生合作交流、相互出谋划策

7. 提供同龄学生创作，读图再感受

学法指导意图：

“表达是表现的基础”，学生构思创作环节，努力营造轻松、和谐的课堂互动对话。鼓励学生尝试做形象设计师，由猪头像开始联想，从儿童生活、儿童经历出发，启发表现猪的年龄、身份和职业形象，利用所学的美术知识，联想生活化的场景，激发天马行空的创意思维，并从中体验美好的情感。

创作的课堂，是鼓励学生思维发生的课堂，自然也是不断生成的课堂。生成的同时注重渗透“想象与构思、构图与表现”的创作步骤和方法。

学法提炼：主动联想　积极互动　乐意分享　掌握方法

三、学生创作，跟进指导（表现性活动 3）

1. 创作内容

以猪为主人公，联想构思，拟人化创作一幅美好的、有情趣的猪生活画面。

2. 创作要求

8 开纸画大作业，两课时完成。

第一课时：想象构思，创作表现，第二课时：涂色表现，完成创作。

（1）猪形象造型有创意；

（2）联系生活想象丰富；

（3）主题构思美好情趣。

3. 教师巡视，个性点拨

再次强调构思创作步骤和要点，复习已有知识，提点创作表现要素：

（1）突显猪主角，画面有“画眼”，吸引读者；

（2）画面构图完整，形象有高低、分合、前后等节奏美感；

（3）记号笔线条表现，肯定、流畅、有细节、不涂改，试着将错就错；

（4）表现猪正面造型的同时，试着表现侧面、半侧面、背面等造型；

（5）变化猪的身体和动作，试着表现站、爬、跳、跑、游等动态；

（6）添加合适的服饰，表现一定的表情，赋予猪形象情感。

学法指导意图：

学生进入个体创作阶段，努力营造投入思考、静心创作的时空。此过程，学生为创作主体，教师更是一位悉心的指导者、服务者、点拨人，甚至是拉拉队员，关注学生画面生成表现的同时，切入已有绘画知识，给予合适的点拨，跟进个性差异的指导，努力引发构思共鸣，鼓励大胆尝试，点燃学生创意的火花。

学法提炼：感受教师示范　同龄作品创意迁移　主动创想创作

四、作品展示，互动评价

1. 作品展示

第一课时作品：

第二课时作品：

2. 互动点评自己或同伴的作品

五、归纳与总结

感谢生肖猪给我们带来构思创作、联想表现的快乐。拥有美好情感的创作，是世界上最美的、最打动人心的、最吸引人的创作。

雕塑技法　泥卷动物

【活动设计者】

上海市浦东新区竹园小学　朱燕凡

【所对标的教学基本要求】

1. 学习内容：2.1 雕塑造型——2.1.1 雕塑技法

2. 具体要求：

2.1.1 雕塑技法

① 知道彩泥可以随意捏塑、粘接等特性，初步学会用团、搓、捏、压、接、窝等基本技能制作泥点、泥团、泥条、泥片、泥卷等。

② 理解陶泥易于塑造、可雕刻等特性，学会围卷成型泥塑技法。

【活动种类】

以体现下列哪类活动为主：

体验性活动（　） 表现性活动（ ✓ ） 欣赏性活动（　）

【设计意图】

《上海市小学美术学科教学基本要求（试验本）》将三到五年级雕塑造型中雕塑技法的学习要求和水平界定为 B，理解和学会。《泥卷动物》这节课主要在学生已有泥工技法的基础上，学会制作、组合各种泥卷，运用泥片卷曲的方法创意制作形态各异的动物。针对三年级学生，我们将此学习活动定位为以表现性活动为主。

【活动目标】

活动设计通过回顾、尝试，了解泥卷成型法，学会制作、组合多种泥卷；运用泥片卷曲的方法创意、想象和表现制作形态各异的动物；激发泥塑表现动物的兴趣，树立爱护动物、保护动物的意识。

【教学内容】

1. 教材版本：上海教育出版社九年义务教育课本《美术》教材

2. 年级、单元：三年级第一学期第五单元“动物天地”

3. 教学内容：《泥卷动物》

【活动流程】

一、复习回顾，导入新课（表现性活动 1）

1. 回顾以往学习的泥工基本技法

2. 尝试制作：泥团变泥卷

普通泥卷

3. 动脑思考，继续尝试表现：你还能做出更多的泥卷造型吗?

4. 师生共同探究，尝试玩出造型各异的泥卷

造型各异的泥卷

5. 小结归纳：泥条粗细长短；泥片大小、厚薄；正卷、反卷可以变化出不同的泥卷造型

6. 出示泥卷小动物一起观赏

7. 揭示课题：泥卷动物

学法指导意图：

此环节由复习泥工技法直接进入新课，学生尝试从普通泥卷动脑玩出造型各异的泥卷，思维从单一到拓展，为后续学习内容做铺垫。

学法提炼：回顾技法　思维发散　创意表现

二、观察分析，寻找方法（表现性活动 2）

1. 读图比较，说一说泥卷动物的造型特点

师生互动归纳：造型简洁、省略细节。

2. 教师演示：用不同造型的泥卷塑造动物

3.PPT 演示：不同泥卷组合表现不同的动物

4. 视频演示：把握动物特征，组合泥卷制作动物

5. 教师示范：添加动物的细节特征，丰富泥卷动物造型

6. 同龄伙伴作品欣赏

学法指导意图：

通过对于动物基本结构的观察，分析泥卷可以替换制作的组成部分，仔细分析比较不同泥卷造型与动物基本结构的相似之处，学习利用多种泥卷的组合，表现动物的造型。通过教师的示范，让学生更好把握塑造泥卷动物的方法。

学法提炼：对比欣赏　有意观察　感受教师示范

三、学生制作，创意表现（表现性活动 3）

1. 练习内容

用泥卷成型的方法制作一个泥卷小动物

2. 练习要求

（1）巧妙利用并组合多样泥卷；

（2）动物造型简洁、完整；

（3）适当添加动物细节特征。

3. 滚动播放演示视频，教师巡回指导

学法指导意图：

明确练习内容和要求，给予学生大胆、自由创作的空间，鼓励表现自己喜欢的动物，通过对同年龄学生作品的欣赏和分析，提醒学生在制作过程中一些容易出现的问题，利用视频演示帮助学生解决在制作过程中遇到的问题。

学法提炼：灵活运用泥工技法　自主表现

四、作品展示，互动评价

1. 学生作品展示

2. 学生自评与互评：结合评价要求，说说自己与同学的作品

3. 教师点评

五、单元拓展，总结下课

我们学习了用泥卷成型的方法表现动物，下一节课我们将继续走进“动

物天地”单元，用其他的泥工捏塑方法塑造动物。

构思表现　城市雕塑

【活动设计者】

上海市浦东新区福山花园外国语小学　金怡韵

【所对标的教学基本要求】

1. 学习内容：2.1 雕塑造型——2.1.2 构思表现

2. 具体要求：

2.1.2 构思表现

① 能根据主题，确定创作对象的表现形式和表现重点；

③ 能根据造型需求，选择生活中的材料，辅助塑造形象或完善形象；运用局部加工或改变现成品的方法，通过拼搭、剪切重组，创作出新形象。

【活动种类】

以体现下列哪类活动为主：

体验性活动（　）　表现性活动（ ✓ ）　欣赏性活动（　）

【设计意图】

《上海市小学美术学科教学基本要求（实验本）》将雕塑造型中构思表现的学习要求和水平界定为 A，知道和初步学会。制作城市雕塑在三年级教材中归在“都市印象”单元，本节课为自创内容，拟通过铝箔纸材质，结合它的特殊可塑性，表现骏马浮雕生动变化的造型来制作城市雕塑。基于学生首次利用这一材料尝试构思表现，因此，将此学习活动定位为表现性活动为主。

【活动目标】

通过欣赏照片和视频资料，知道浮雕和骏马造型的相关知识；在教师引导和自我探究的过程中，感受铝箔纸这种特殊材料用来表现骏马浮雕的可塑性和表现力；激发构思表现雕塑造型的兴趣。

【教学内容】

1. 教材版本：上海教育出版社九年义务教育课本《美术》教材

2. 年级、单元：三年级第一学期第四单元“都市印象”

3. 教学内容：自创自编《城市雕塑——万马奔腾》

【活动流程】

一、视频导入，了解浮雕和城市雕塑

1. 欣赏视频：现代城市浮雕作品

2. 说说什么是浮雕，和我们一般常见的城市雕塑有什么不一样？

3. 确定本课雕塑表现形式：用浮雕的形式做一件城市雕塑

4. 揭示课题：城市雕塑

> **学法指导意图：**
>
> 欣赏身边城市雕塑中的浮雕作品，知道浮雕的相关知识。知道这种表现形式在中国雕塑艺术中以及日常生活中的重要性，学生充分感受浮雕艺术的形式美，激发兴趣。
>
> **学法提炼：**有意欣赏　知晓任务

二、讨论交流，感知素材和雕塑材料（表现性活动 1）

1. 猜谜语，引出城市雕塑构思表现主题——“马”

谜题：四蹄飞奔鬃毛抖，拉车驮货多面手。农民夸它好伙伴，骑兵爱它如战友。

2. 读视频，感受生活中真实骏马的美

小组讨论：说说骏马的造型、形态特征，给你什么印象和感受？

3. 出示骏马纸模型，讨论思考：骏马奔跑时都有哪些动态？

师生互动描述：四蹄腾空，仰天长啸，长鬃飞扬，蹬蹄怒吼，回首眺望……

4. 摆动纸模型，小组比赛变化动态：哪匹马的模型动态姿势最神骏气昂？

5. 出示铝箔纸，感受铝箔纸材料的特点

师生共同归纳铝箔纸特点：轻、薄、脆；可塑、可剪、可折、可扭、可团、可压、可划……

学法指导意图：
通过谜语和视频，感受马的造型美和内在精神；通过纸模型小组比赛变化马的姿态学生知道马的动态变化规律；同时引导学生自主探究并感知材料，激发创作热情去表现。
学法提炼：有意观察　发现特征　自主探究

三、明确要求，构思造型和浮雕表现（表现性活动 2）

1. 教师出示完整示范，学生仔细观摩

步骤 1：制作马的躯干

折出马的躯干，表现马上身的动态。改变马的头部方向可出现不同的动态造型。

步骤 2：粘贴马的鬃毛和尾巴

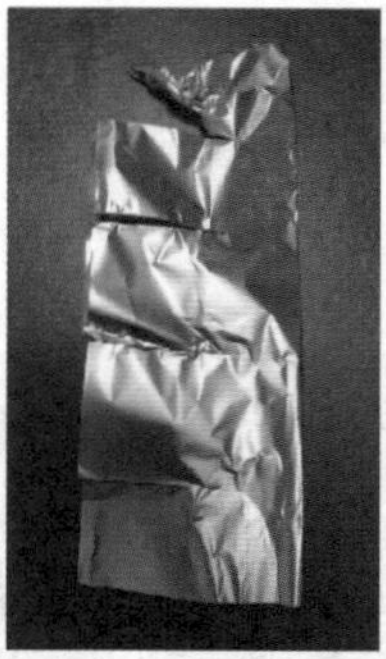

①对折并撕出分割线，扭出鬃毛造型

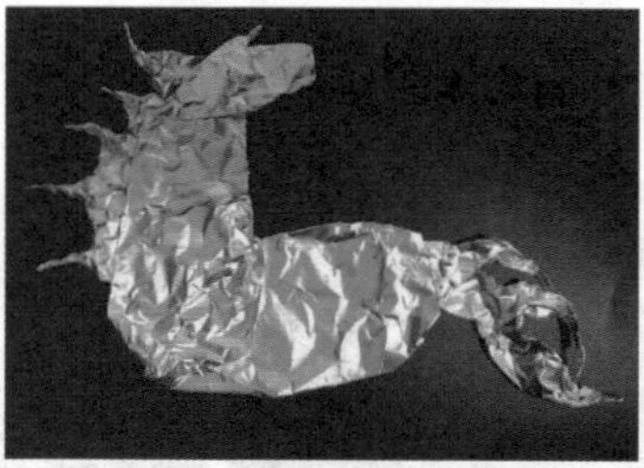

②同样的方法表现尾巴，粘贴在合适的位置

步骤 3：塑造马的四肢

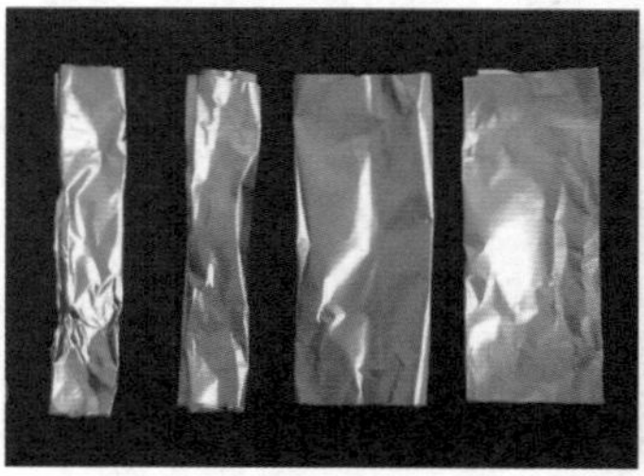

①分别折两组差不多宽度的铝箔纸

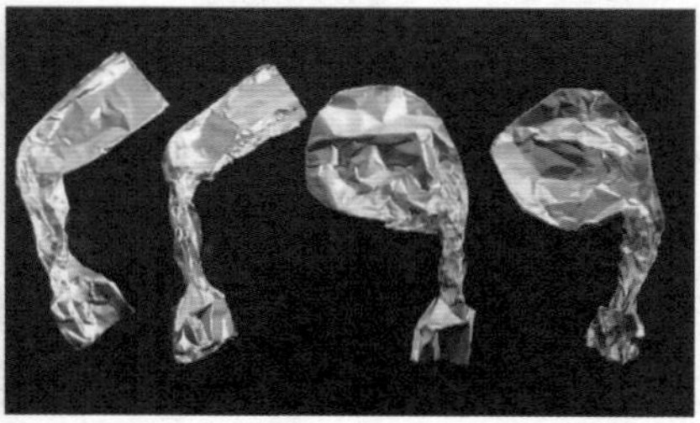

②扭并捏出四肢

提醒注意：

（1）马的前腿细，后腿粗；

（2）马的前腿向前弯曲，后腿向后弯曲。

步骤四：完成马的整体浮雕

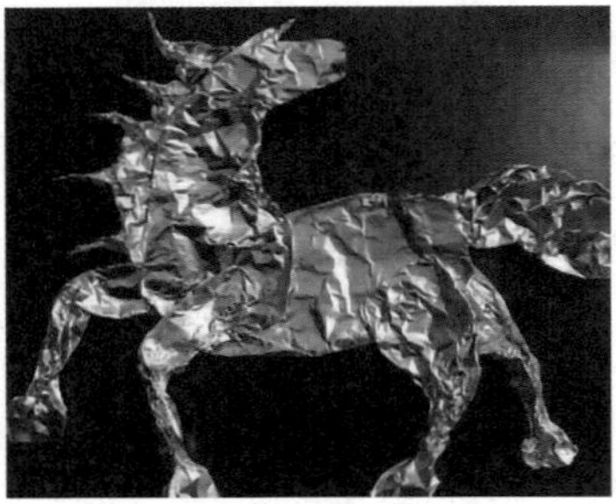

粘贴四肢，适当调整，变化动态造型

2. 欣赏同龄伙伴作品，启发学生构思表现

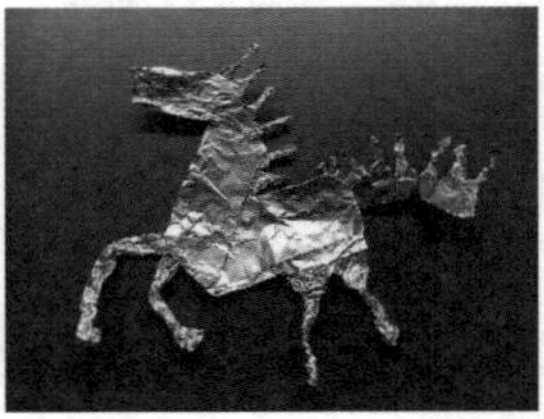

四、学生尝试表现（表现性活动 3）

1. 练习内容

两人一组，合作构思，用铝箔纸塑造一匹骏马浮雕。

小组合作完成创作主题：城市雕塑——万马奔腾

2. 练习要求

（1）浮雕骏马特征明显，造型概括生动有变化；

（2）浮雕骏马动态丰富，折撕扭压技法巧运用。

3. 学生合作创作时，PPT 滚动生活素材，教师巡视指导

学法指导意图：

学生细致观摩教师完整的铝箔纸浮雕示范，明确制作方法，知晓材料特点并充分利用材料，通过折、撕、扭、压、粘贴等浮雕技法可以创作造型生动、动态丰富的形象。同时，通过阅读同龄伙伴的作品，增强自己动手的信心。

学法提炼：感受教师示范　体验创作过程

五、展示交流，互动评价和课后拓展

1. 在模拟布景上粘贴城市雕塑——万马奔腾，学生自评互评，教师点评

2. 课后拓展，欣赏视频：各种形式的城市雕塑

六、归纳与总结

城市雕塑不仅美观，更代表了城市的内涵。今天，我们尝试使用铝箔纸材料，创意表现了骏马浮雕，初步感受了浮雕的表现技法。

材料应用　漂亮的扎染

【活动设计者】

上海市崇明区竞存小学　朱嘉雯

【所对标的教学基本要求】

1. 学习内容：3.1 民间工艺——3.1.1 材料应用

2. 具体要求：

3.1.1 材料应用

① 了解运用油水分离的原理，模拟表现蜡染效果；

② 体验浸染、点染的制作过程，表现有规律的纹样；

③ 初步学会用材料的特性仿制简单的民间玩具。

【活动种类】

以体现下列哪类活动为主：

体验性活动（　）　表现性活动（ ✓ ）　欣赏性活动（　）

【设计意图】

《上海市小学美术学科教学基本要求（试验本）》将设计应用学习要求和水平都界定为 A，知道和初步学会。《漂亮的扎染》是二年级教材中“感受民间艺术”单元的内容，学习内容要求仿制扎染效果，要求学生知道扎染的民间工艺表现效果，能感受民间扎染工艺的独特魅力；能借助材料特性进行仿制，体验浸染、点染的制作过程，表现有规律的纹样。因此，我们将此学习活动定位为以表现性活动为主的学习活动。

【活动目标】

本课活动设计主要引导学生初步了解中国民间传统艺术中的扎染艺术。初步学会将彩色墨水点染在不同折叠方式的纸上，经渗化，仿制扎染作品。

【教学内容】

1. 教材版本：上海教育出版社九年义务教育课本《美术》教材

2. 年级、单元：二年级第二学期第七单元“感受民间艺术”

3. 教学内容：《漂亮的扎染》

【活动流程】

一、欣赏与认知

1. 欣赏云南大理传统扎染工艺制作视频，引出课题

2. 学生了解扎染的绘制过程，并运用语言表达自己对扎染方法的归纳（夹、折和染）

3. 欣赏通过折叠夹扎法染出的工艺作品以及生活中扎染纹样的物品，初步认识用于扎染的纸、毛笔、染料，明确制作时的程序及规范的操作要求。

4. 出示课题：漂亮的扎染。

> **学法指导意图：**
> 欣赏传统扎染工艺制作视频，激发学生学习民间传统工艺的兴趣。欣赏折叠夹扎法制作出的不同纹样，了解本节课的教学内容。欣赏通过折叠夹扎法染出的工艺作品及生活中扎染纹样的物品，激起学习制作兴趣。
> **学法提炼：**欣赏观察　交流表现

二、讨论与发现（表现性活动 1）

1. 学生欣赏染纸作品，讨论染纸与扎染作品的相似之处以及染纸图案的特点

2. 教师引导学生通过两次不同折叠方式的尝试表现，发现染料在不同的折叠方式下产生不同的渗透效果，形成了美丽图案（一张叠成三角形，另一张叠成扇形）

（1）请一位同学上台尝试将叠成三角形的折纸，选择两个不同染色位置，分别在不同颜色的染料里染一下，另一位同学选择叠成扇形的折纸进行染色。

（2）学生观察讨论，染纸作品中图案的变化规律。

（3）学生根据教师的折纸方法归纳，再次进行折纸表现。

3. 学生通过独立折纸练习——再次表现性学习活动，知道运用折的不同方式，可以产生不同图案效果。

（1）小组活动，尝试用不同方法折叠出不同形状，进行双色染。

（2）出示两张学生作品（随意折和边对边角对角折），说说哪种折法染色图案更有规律。

（3）学生个体根据教师的染色方法归纳再次进行染色表现。

4. 教师小结折纸方法

（1）基本折法：米字折、田字折、川字折、井字折；

（2）其他折法：折扇折、辐射折、平行折、十字折、对角折等。

学法指导意图：

此表现性活动中，学生在观察、体验、讨论、归纳的基础上进一步总结出多种折、染纸方法后，通过二次练习的表现性活动，学生大胆表现自己对染纸的基本折、染方法的理解与应用，并了解其他多种折、染方法，为进一步的创意表现做好铺垫。

学法提炼：对比观察　交流尝试　练习表现

三、示范与指导

1. 教师引导学生通过不同的扎染作品图片欣赏，发现每件作品中出现颜色不多，效果却非常鲜艳有层次。

教师提问：为什么颜色运用不多，效果却很鲜艳且有层次？

师生互动归纳：色彩搭配有深浅，过渡渗化有层次。

2. 教师示范基本染法：浸、滴、染等

3. 教师小结要点

（1）制作时注意控制水分，染料的浓度、色彩的搭配以及画面的空白处理。

（2）色彩深浅搭配，点线面结合表现。

4. 同龄伙伴作品欣赏

学法指导意图：

学生对扎染作品进一步欣赏，理解选择颜料时注意色彩搭配要有深浅，过渡渗化要有层次。在观察教师示范、互动探究过程中，明确制作时要注意控制水、染料的浓度、色彩的搭配以及画面的空白处理。通过欣赏同龄伙伴作品，感受运用多种染法，体验图案变化的规律之美，进一步感受教师示范，找到创意绘制扎染作品的方法。

学法提炼：欣赏观察　交流分析

四、尝试与练习（表现性活动 2）

1. 教师创设练习展示情境："漂亮染纸秀"

2. 教师进行练习布置

（1）练习内容：用折叠染纸的方法仿制一幅扎染作品。

（2）练习要求：选择 2–3 种颜料，利用浸染、滴染等方法进行染色。

3. 学生进行染纸创意表现，教师各小组巡回指导。

学法指导意图：

本环节的表现性活动，教师创设练习情境引导学生练习表现，初步学会将彩色墨水点染在不同折叠方式的纸上，经渗化，仿制扎染作品。

学法提炼：观看示范　练习表现

五、展示与评价

1. 教师揭示评价要求，引导学生进行作品展示，做范例点评

2. 鼓励学生像老师一样，给自己的作品或同伴的作品进行评价

学法指导意图：

二年级学生在点评其他学生作品的时候容易关注自己喜欢的细节，评价的描述语言简单，以"漂亮""很好看"等较宽泛的语言为主，缺少对教学内容的把握。这里，教师提供欣赏范例引导学生学会评价，不仅是学习指导，也是很好的欣赏类活动。

学法提炼：欣赏交流　评价描述

六、欣赏与拓展

1. 了解更多创作方法，尝试用不同的材料进行创作

2. PPT 出示《学学做“蜡染”》，渗透本单元下一课的学习内容

七、归纳与总结

欣赏中国民间传统艺术中的扎染艺术，感受民间扎染制作的独特魅力。今天，我们抓住染织作品中图案的变化规律，进一步学会观察，发现不同的折纸方法。初步学会了将彩墨水点染在不同折叠方式的纸上，经渗化，仿制扎染作品，老师为你们的细致欣赏，学会观察，努力尝试而喝彩。

工艺表现　剪剪小窗花

【活动设计者】

上海市崇明区西门小学　沈凡琳

【所对标的教学基本要求】

1. 学习内容：3.1 民间工艺——3.1.2 工艺表现

2. 具体要求：

3.1.2 工艺表现

① 学会用对折剪的方法制作对称的窗花；

② 通过制作体验，了解民间剪纸纹样的造型结构与装饰表现特点。

【活动种类】

以体现下列哪类活动为主：

体验性活动（　）　表现性活动（ ✓ ）　欣赏性活动（　）

【设计意图】

《上海市小学美术学科教学基本要求（试验本）》将工艺表现知识、技能的学习水平界定为 B，理解和学会。剪剪小窗花归在二年级教材中“感受民间艺术”单元，培养学生学会对民间艺术造型的特点、表现的方法进行了解，让

学生感受民间艺术所承载的文化。同时具体要求学生在学习活动中要学会用对折剪的方法制作对称窗花。因此我们将这一学习活动确定为表现性活动为主的学习活动。

【活动目标】

活动设计主要引导学生在聆听理解的基础上，运用学过的对称知识、连续纹样的基本知识学会用对折剪的方法制作对称的窗花。通过对民间剪纸的纹样结构和装饰特点的了解，体验对称窗花的制作，从而培养学生对于民间剪纸艺术的文化理解能力和审美判断能力。

【教学内容】

1. 教材版本：上海教育出版社九年义务教育课本《美术》教材

2. 年级、单元：二年级第一学期第七单元“感受民间艺术”

3. 教学内容：《剪剪小窗花》

【活动流程】

一、回顾与导入

1. 学生独立学习，交流上节课的练习

思考问题：连续的图形的折剪尤其需要注意什么？（要注意的是不能剪掉图形中的连接处）

2. 学生聆听音乐，感受过年的气氛，了解本课学习任务

教师提问：说说你们是如何迎接新年的？

3. 出示课题：剪剪小窗花

今天我们就来学习一种窗花——团花。

学法指导意图：

单元知识的承上启下，有利于学生对单元知识体系的理解和掌握，独立思考并回顾之前的知识，更利于对民间剪纸纹样的造型结构与装饰表现特点知识内容的学习。

学法提炼：独立学习　欣赏观察

二、讨论与交流（表现性活动 1）

1. 学生观看窗花剪纸作品，各小组语言介绍了解到的窗花的种类

团花

角花

门笺

2. 出示 PPT，学生观看中国早期的团花剪纸作品，交流讨论后各小组长介绍了解到的民间剪纸的吉祥含义

对马

对猴

梅开五福

莲年有余

3. 观看并分析团花剪纸作品，交流讨论后各小组长介绍了解到的窗花图案的特点

学法指导意图：

通过了解民间剪纸纹样的种类、造型结构，以及民间剪纸的吉祥意义和装饰表现特点，让学生更好地掌握窗花对称性特点。

学法提炼：自主学习为主　观察分析　讨论交流。

三、观察与制作（表现性活动 2）

1. 学生观察探究折剪流程图，交流讨论后各小组长介绍了解到的不同折剪方法

三等份折剪

五等份折剪

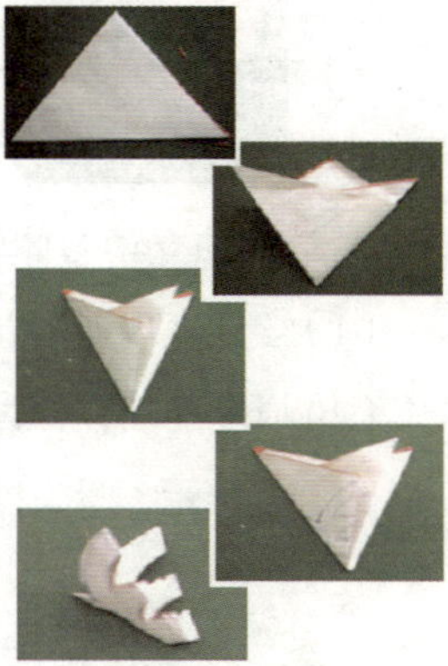

六等份折剪

2. 教师引导学生重点学习对角对称折法：学生独立练习尝试一，教师巡回指导

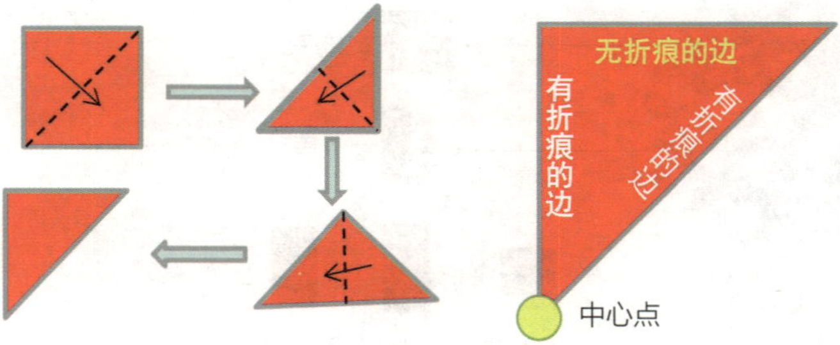

3. 学生合作学习探究窗花纹样

学生分组合作学习探究小窗花实物的剪纸语言，以及学习如何剪出这些纹样的图例：

（1）认一认，你们小组拿到的小卡片上是什么纹样？

（2）再对应到团花上，找找这些纹样在哪里？

（3）试着剪一剪这些团花。

4. 学生独立学习体验剪制窗花

（1）尝试表现剪窗花，发现剪制中遇到的问题；

（2）师生互动，探讨图形之间的连接方法。

5. PPT 出示，学生探讨大窗花实物，发现窗花纹样中的点、线、面纹样组织

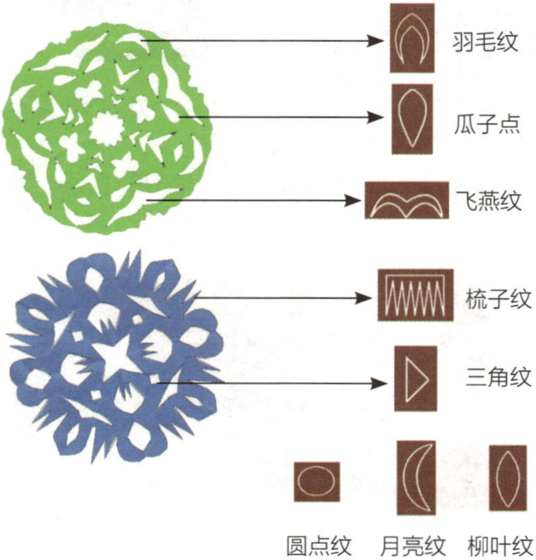

学法指导意图：

指导各小组学生通过合作学习对小窗花实物进行探究，确保每位学生都能参与到探究窗花的不同纹样中去，最后发现团花是由点、线、面纹样组织。学生进一步丰富剪纸符号的应用。同时，学生可自主尝试表现剪制窗花纹样。

学法提炼：合作学习　观察交流　练习表现

三、示范与指导（表现性活动 3）

1. 教师示范剪团花步骤

步骤 1
在开口处剪一条弧线

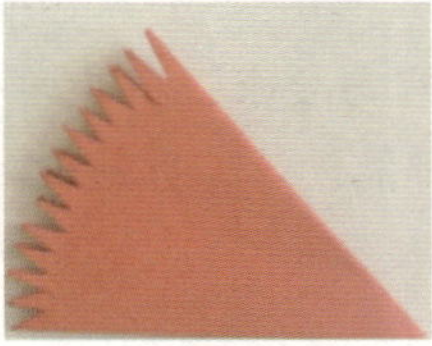

步骤 2
剪出锯齿纹

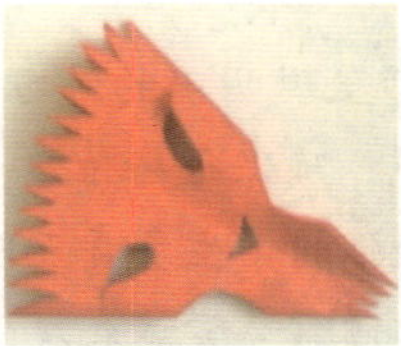

步骤 3
剪出眼睛、嘴巴、脸蛋和胡子

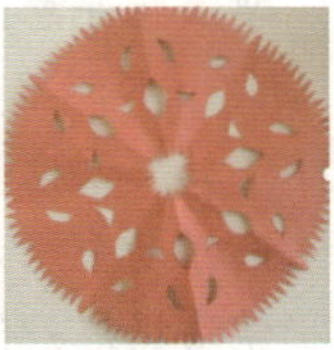

步骤 4
展开，完成

2. 同龄伙伴作品交流

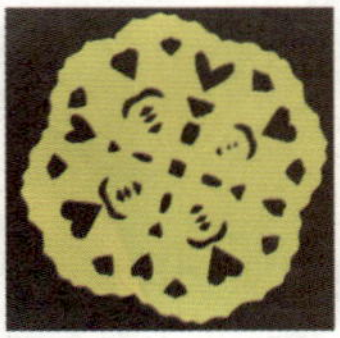

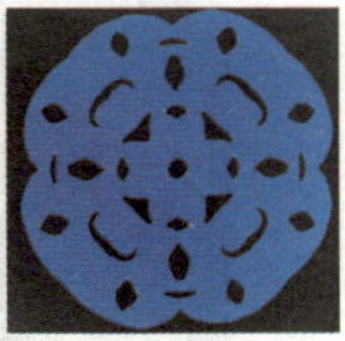

学法指导意图：

在观察教师示范、互动探究、欣赏作品等学习过程中，用对比观察的方式引导学生思考、归纳窗花作品的制作技巧，逐步掌握对称窗花剪制的方法和如何去丰富窗花纹样的方法。

学法提炼：自主观察　互动探究

四、尝试与练习（表现性活动4）

1. 练习内容

用对折折剪的方法剪出对称的团花。

2. 练习要求

（1）剪纸纹样之间的连接不能断；

（2）用基本纹样进行排列组合；

（3）用固体胶将剪纸作品贴在彩纸上。

3. 学生练习，教师巡回指导

学法指导意图：

本环节教师呈现明确的练习内容与要求，引导学生在有练习示例的基础上创意表现，确保每一位学生都能设计、剪制出对称的团花。同时，选择动手能力较强的学生负责互助。

学法提炼：仔细倾听　尝试表现

五、展示与评价

1. 教师呈现学生作品，做范例点评

这幅学生的团花剪纸作品对称又漂亮，剪的纹样比较精美，又添加了自己的创意。

2. 引导学生模仿老师评价的方法，鼓励学生给自己的作品或同伴的作品进行语言描述性评价

六、欣赏与拓展

1. PPT出示：欣赏染色剪纸以及综合形式的窗花剪纸

2. PPT 出示：《我们做花灯》，渗透本单元下一课的学习内容

思考：窗花与花灯的制作有什么联系？

> **学法指导意图：**
> 本环节教师将学生作品展示在情景板上，并通过现场的评价示范引导学生学会评价，让学生在语言表现类活动中学会对课堂练习展开有效的描述、分析与评价。
> **学法提炼：**欣赏交流　描述分析

七、归纳与总结

剪窗花是中国传统民间工艺。今天，我们了解了民间剪纸艺术和窗花的特点，初步学会用对角对折法剪团花，初步学会了如何丰富窗花的纹样方法，老师为你们的大胆表现、细心观察、努力尝试喝彩。

图形设计　节日的烟花

【活动设计者】

上海市崇明区西门小学　周子言

【所对标的教学基本要求】

1. 学习内容：4.1 平面设计——4.1.1 图形设计

2. 具体要求：

4.1.1 图形设计

① 能运用自然与生活中的图形进行设计；

② 知道单独纹样的特点，初步学会简化、夸张、添加等方法设计单独纹样；

③ 知道适合纹样有适形的特点，能在圆形、方形等特定外形中，用变形、添加的方法设计具有对称、均衡等效果的适合纹样；

④ 知道四方连续纹样的特点，能用上下左右连续排列的方法设计具有重复、对称效果的四方连续纹样。

【活动种类】

以体现下列哪类活动为主：

体验性活动（ ） 表现性活动（ ✓ ） 欣赏性活动（ ）

【设计意图】

《上海市小学美术学科教学基本要求（试验本）》将小学三年级至五年级图形设计学习水平界定为 A，知道和初步学会。《节日的烟火》是四年级第二学期第一单元“过年的回忆”中的第一课，主要学习内容是描绘节日里绽放的烟火。学生通过学习知道烟花造型的组成要素与常见形态；学会用点、线和形状表现回旋式、放射式等形态的烟花造型；能用色彩明暗对比的方法表现节日烟火的画面。因此，笔者将本课学习活动定位为以表现性活动为主的学习活动。

【活动目标】

引导学生了解烟花造型的组成要素与常见形态，通过观察比较、设计表现，学会用点、线和形状表现回旋式、放射式等形态的烟花造型，感受传统文化内涵和幸福的生活。

【教学内容】

1. 教材版本：上海教育出版社九年义务教育课本《美术》教材

2. 年级、单元：四年级第二学期第一单元“过年的回忆”

3. 教学内容：《节日的烟火》

【活动流程】

一、欣赏导入

1. 运用多媒体介绍新年的故事，了解过年时喜庆活动的由来，引出课题

（1）新年故事：

“年”，原不是节日，而是一种动物。传说在远古时候，这种动物非常的凶猛。每到严冬，就出来觅食，走到哪里，哪里的人和各种动物就要遭殃。

年兽虽凶恶残暴，但它最怕火，一见火光就拼命逃跑。人们找到了对付年兽的办法，那就是每到腊月三十的晚上燃鞭炮、放烟火，一直持续到正月十五。正月十五这天人们舞龙灯、唱大戏，庆祝胜利。

从此以后，过年成了喜庆的日子。

2. 学生交流过年的经历，回忆过年时的情景

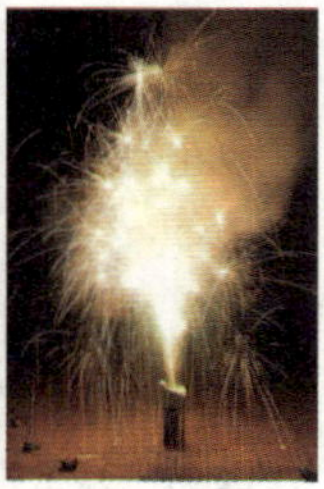

3. 出示课题：《节日的烟火》

学法指导意图：

欣赏介绍年兽的故事，了解本节课的教学内容。了解过年节日放烟火的快乐气氛，认识烟火的造型，激起学生兴趣。

学法提炼： 欣赏观察　倾听交流

二、欣赏与认识（表现性活动 1）

1. 教师引导学生欣赏书上的作品，感受多种表现手法，体验点线变化、明暗对比产生的美感

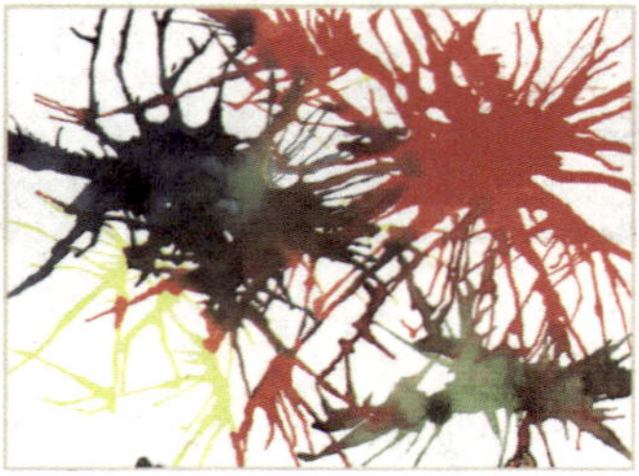

吹色

喷色

刮蜡

剪贴

2. 引导学生观察、思考烟花有哪些造型特点，并请学生尝试表现

3. 教师示范讲解运用点和线组成回旋式与放射式等烟花造型

回旋式

放射式

学法指导意图：

此表现性活动环节，学生进一步整体观察发现烟花基本造型特点，学生设计表现烟花基本型；通过老师回旋式和放射式示范讲解，学生观察比较造型的不同点，感受各种材料表现的烟花造型和色彩的美，体会有动感纹样的烟花所体现的喜庆气氛。

学法提炼：欣赏交流　观察分析　表现练习

三、示范与指导

1. 教师示范基本练习步骤

步骤 1

用刮蜡纸刮画烟火

步骤 2

剪贴背景建筑

步骤 3

添加烟花细节

2. 同龄伙伴作品欣赏并交流其表现手法

学法指导意图：

学生对教师示范进一步观察，理解圆形烟火变化中的放射式与回旋式图形形态，学会用点和线等造型要素表现有动感的烟火。通过欣赏和观察老师示范，进一步了解本课练习布置中的基本绘画方法。在创作时运用剪贴、刮蜡、绘画等多种技法绘制烟火。

学法提炼：观察示范　欣赏交流

四、尝试与练习（表现性活动 3）

1. 练习内容：《节日的烟火》

2. 练习要求

（1）烟火造型丰富生动；

（2）点、线和形状表现产生疏密变化；

（3）表现技法渲染节日气氛。

3. 学生创意表现，教师巡回指导

五、展示与评价

1. 教师呈现学生作品，做范例点评

2. 展示、评议作品。评出自己喜欢的作品，并说明理由

这幅学生作品，创作了有趣生动的旋转、发散式烟花造型，运用了刮蜡、绘制、剪贴等方法表现画面，很好地表现出了节日热闹的气氛。

3. 评价内容

（1）烟火造型是否丰富生动。

（2）点、线和形状表现是否产生疏密变化。

（3）表现技法是否渲染了节日气氛。

学法指导意图：

本欣赏性活动中，教师提供范例引导学生学会评价，说出作品材质、烟火造型及节日氛围的感受。

学法提炼：范例模仿　评价描述

六、欣赏与拓展

1. 教师引导学生欣赏多种材料创作的烟火绘画作品

2. 教师 PPT 出示《快乐的新年》作品，渗透本单元下一课的学习内容

七、归纳与总结

今天我们回忆过年放烟火的热烈气氛，了解放射式和回旋式的形态特点运。初步学会了用了刮蜡、剪贴、绘画等技法表现烟花造型，老师为你们的细致欣赏、学会观察、努力尝试而喝彩。

文字设计　彩色的名字

【活动设计者】

上海市崇明区裕安小学　张艺璇

【所对标的教学基本要求】

1. 学习内容：4.1 平面设计——4.1.2 文字设计

2. 具体要求：

4.1.2 文字设计

① 知道汉字、字母、数字都能进行美化；

② 初步学会用笔画加粗、延长、填色的方法美化文字。

【活动种类】

以体现下列哪类活动为主：

体验性活动（　）　表现性活动（ ✓ ）　欣赏性活动（　）

【设计意图】

《上海市小学美术学科教学基本要求（试验本）》将平面设计中的文字设计的学习水平界定为 A，知道和初步学会。《彩色的名字》是一年级第一学期教材中“好看的颜色”单元的内容，同时具体要求学生写出自己的名字，对字体结构进行变化（拉长），并用平涂的方法将深浅不同的色彩填充在字的空白处。因此，笔者将本课学习活动定位为以表现性活动为主的学习活动。

【活动目标】

活动设计主要引导学生认识自己的名字，知道字体结构变化。在欣赏米罗大师作品和比较的过程中，学习用深浅色彩搭配绘画的方法，装饰自己的名字。体验将名字变成画的快乐，增进同学间的了解，认识新朋友，感受集体生活的乐趣。

【教学内容】

1. 教材版本：上海教育出版社九年义务教育课本《美术》教材

2. 年级、单元：一年级第一学期第三单元“好看的颜色”

3. 教学内容：《彩色的名字》

【活动流程】

一、导入与尝试（表现性活动1）

1. 出示学生座位表，学生互相介绍自己名字的含义

张艺璇	朱敏郁	张曦蕾	陈籽畅	施迪文	高骐枫
金佳诚	吴金蕾	陆昕瑶	樊怡萱	顾诗尧	陆韵瑶
赵允韩	高梓晴	张沁雯	陆虞泽	宋锦超	王禄山
王世君	宋依涵	黄翊轩	陆文哲	黄俊杰	沈天瑞
钱文熙	杨沈奕	张子谦	谢紫涵	钮梓萱	施星语
赵叶洺	石欣然	尹润泽	袁泽明	朱泽涵	顾子轩

2. 教师自我介绍名字，并把自己的名字变成画，激发学生的兴趣

3. 说一说：名字变画与平时写字有什么不同？

4. 出示课题：彩色的名字

学法指导意图：

一年级的学生大都会写自己的名字，对色彩有基本的认识。用线条、色彩平面组合会有一定的困难，但如果用自己的名字来组合成一幅画，那肯定会是一种亲切的体验，从而激发学生用颜色装饰名字的积极性，感受名字变画的快乐。

学法提炼：互相交流　激发学习兴趣

二、体验与新授（表现性活动 2）

1. 全班进行名字抽奖小游戏，老师在抽出的学生的名字上进行变化

（1）拉长方法（这种方法是在学生原来写好的名字上进行变化）

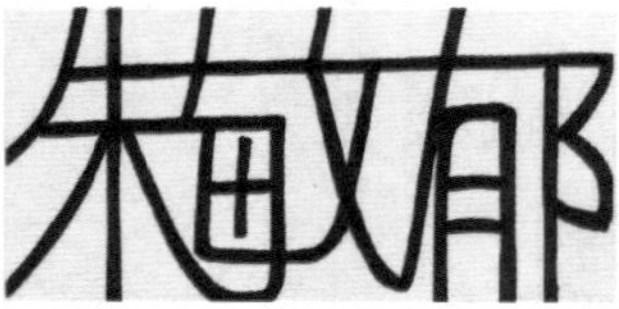

（2）用波浪线、弧线写名字（线条）

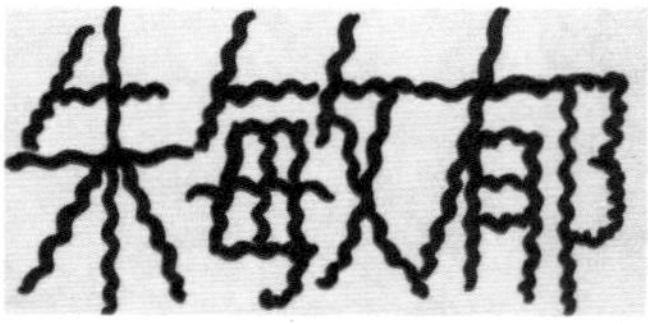

（3）用椭圆形写名字（形状）

2. 欣赏用不同方法画的名字

这组用的方法有什么不同之处呢？（象形字）

学法指导意图：

这一环节是解决教学重点的环节。通过游戏吸引学生上课注意力。教师示范多种写名字方式，让学生也参与进来，师生互动讲授字体结构的变化特点，总结线条、形状、象形字的方式可以改变字体结构。

学法提炼：游戏参与　讨论交流　互动探究

三、分析与感受（表现性活动3）

1. 欣赏西班牙画家米罗的作品《在太阳面前的人》。

聆听教师小结：米罗的画充满了幻想，虽然很神秘但很生动。有些形象可以认出，有些却不知道是什么抽象、奇特的东西，但很多都是几个色块和几条曲线、直线的相交与组合。

2. 讨论对米罗作品的感受

（1）同学们从这幅画中看到了什么？

（2）你喜欢米罗画中的哪些颜色？（知道色彩的深浅搭配）

（3）米罗画中的线条有什么变化？

3. 欣赏同龄人作品，感受色彩的深浅搭配

学法指导意图：

这一环节是解决教学难点的环节。小学一年级年龄段的学生对艺术大师米罗的了解很少，在生活中未必见过他的画，但他们对米罗作品中鲜艳色块与类似符号的线条都会产生兴趣。通过欣赏同龄人的作品直观感受色彩深浅搭配的美感，启发学生的创意思维。体会只有深浅颜色的搭配才能给画面达到美化的效果。

学法提炼：自主观察　欣赏评述　讨论交流

四、创作与指导（表现性活动 4）

1. 讨论画名字的方法

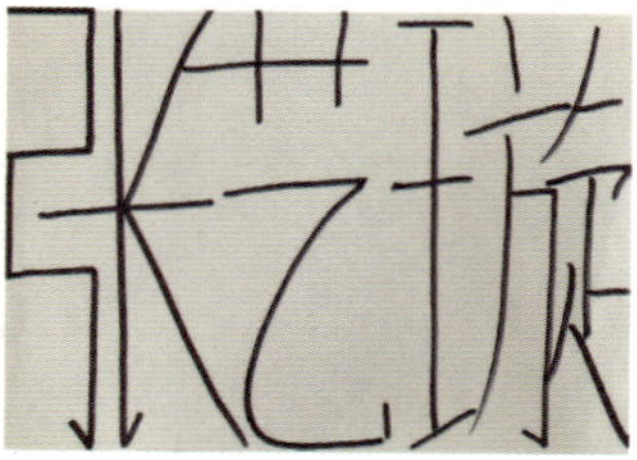

步骤 1

把字写大，把笔划拉长

步骤 2

笔划之间尽可能相接，但不要改变字的结构

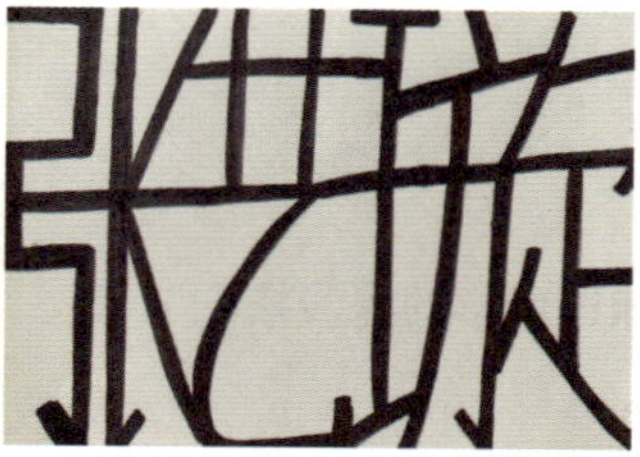

步骤 3

把笔划加粗

步骤 4

在笔划分割的块面中平涂上色，注意色彩的深浅搭配

2. 教师演示（点的装饰、点线面的装饰）

学法指导意图：

在观察教师示范、互动探究、欣赏作品等学习过程中，明确用单线把自己的名字笔画结构进行变化（拉长），并用平涂的方法进行深浅色彩

搭配。名字的笔画表现要有变化，色彩丰富，整体装饰要漂亮。
学法提炼：自主观察　互动探究　讨论交流　练习表现

五、尝试与练习（表现性活动 4）

1. 练习内容：装饰一张自己的名字

2. 练习要求

（1）选择一种喜欢的方式装饰名字；

（2）把字写大，笔画拉长、加粗；

（3）用深浅不同的色彩填充字的空白处。

3. 学生开始练习，教师分小组进行个体辅导

六、展示与评述（欣赏性活动）

1. 在练习展示板上进行作品展示，感受成功的乐趣

2. 运用字体结构变化和色彩搭配知识进行欣赏、分析、相互评价交流作品

（1）名字是否能画满画面；

（2）笔画的安排对画面的分割效果；

（3）色块的安排；

（4）涂色的效果。

学生练习评价：

黄幸之同学的作品结合了点、线、面，将恐龙的形象在名字中体现了出

来，十分有想象力。画面深浅色彩搭配，颜色丰富多彩。

学法指导意图：

本环节练习评价以看练习作品、认名字形式开始，结合色彩的运用，以学生互评为主，帮助学生在互相评价的过程中认识新同学。

学法提炼：合作学习　讨论交流　欣赏评述

七、欣赏与拓展（欣赏性活动）

1. 本课内容学习总结，用学到的方法给老师和父母画名字也很有趣

2. 课后尝试其他方式画名字：美纹胶带贴名字，涂上颜色后再撕去

3. 了解教师布置的《好看的颜色》单元第二课的预习内容，下节课交流

学法指导意图：

拓展环节让学生知道还有其他有趣的画名字方法，激发创作热情。同时，培养学生养成课前对相关知识预习的学习习惯。

学法提炼：学生独立学习为主　倾听欣赏　教材阅读

八、归纳与总结

今天我们学习用多种有趣的方法写名字，体验将名字变成画的快乐，增进同学间的了解，认识新朋友，感受集体生活的乐趣。

版式设计　校园海报

【活动设计者】

上海市崇明区合兴小学　俞璐

【所对标的教学基本要求】

1. 学习内容：4.1 平面设计——4.1.3 版式设计

2. 具体要求：

4.1.3 版式设计

① 知道版式设计是根据设计主题的需求，将图形、文字、色彩有组织，有目的的排列组合。

② 初步学会根据主题、组合图形，文字，色彩等设计要素，用分割式，中心式等方法进行设计。

③ 初步学会用草图进行设计构思。

④ 能选用适当的工具材料及表现方法，或用信息技术完成排版，并用于生活。

【活动种类】

以体现下列哪类活动为主：

体验性活动（ ） 表现性活动（ ✓ ） 欣赏性活动（ ）

【设计意图】

《上海市小学美术学科教学基本要求（试验本）》将版式设计的内容和水平都界定为 A，知道和初步学会。《校园海报》是五年级第一学期第六单元“尝试平面设计”中的内容，主要引导学生学习海报的组成要素和设计方法；知道海报的作用和设计要素；初步学会根据设计主题和需求，将图形、文字、色彩有目的地进行组织，表达创意。因此，笔者将本课活动定位为以表现性活动为主的学习活动。

【活动目标】

活动设计主要引导学生欣赏海报，了解海报的知识，学会选择确定海报主题和画面布局等设计常识及制作方法，运用围绕和重叠的排版方法依据主题创意设计拼贴校园海报。发现色彩的象征寓意和丰富的表现力，以及图形、色彩在海报中的视觉作用，感受海报的形式美，增强公益意识。

【教学内容】

1. 教材版本：上海教育出版社九年义务教育课本《美术》教材

2. 年级、单元：五年级第一学期第六单元“尝试平面设计”

3. 教学内容：《校园海报》

【活动流程】

一、认识与发现（欣赏性活动 1）

1. 今天，我们一起来学习五年级《尝试平面设计》单元第二课《校园海报》

2. 教师提问：这是什么？（海报）

海报最早起源于 1895 年，法兰西卢米埃兄弟在巴黎的一间餐厅里向 35 位观众放映了短片《火车到站》，这张被称作《卢米埃电影》的海报就成了世界上第一张电影海报。

教师提问：你知道这张海报说了什么事情？老师把海报上的法文翻译了过来，你了解了什么？（电影放映机，卢米埃）

3. 揭示海报的作用

从这张海报中我们读到了这些内容和信息，并且它吸引了许多的观众纷纷去看第一次放映的电影。那么海报的作用就是传递信息、宣传。

在我们生活中，你见过哪些海报？（商业海报、文化海报、公益海报、

电影海报）

不同类型的海报，分别传递着不同的信息。

4. 了解海报的种类

教师提问：校园里，你见过哪些海报？

校园海报主要分为两大类：一是活动宣传：艺术、体育、阅读、竞赛等；二是公益宣传：节粮、节水、义卖、环保等。

5. 揭示课题：《校园海报》

学法指导意图：

结合生活经验、会议生活中常见到的海报的地点及内容，锻炼学生的观察延伸回顾的能力，激发学生的兴趣和创作欲望。

学法提炼： 欣赏交流　观察比较

二、体验与交流（体验性活动）

1. 了解海报的组成要素：

（1）教师提问：设计一份海报，你想了解一些什么呢？（关于什么活动，

活动的内容，在哪里举办，是什么时间）

（2）一张海报需要读取得出这些信息，那么这样一份海报包括哪些内容呢？

海报和我们的入场券主券的设计元素相通，也必须具备一目了然的信息，那海报的组成要素有哪些呢？（文字，图案，色彩）

海报组成要素可以分为：文字、图案和色彩。

文字分为：校园艺术节为标题、时间地点等内容性的文字；

图形分为：最大的主体图案以及（用来丰富画面的）小图案；

而色彩搭配自然必不可少，贯穿整个画面。

2. 海报设计任务分配：

每组设计师根据海报设计量的多少分为5名，2名主体图案设计师，1位主标题设计师，1位副标题及补充性文字设计师，1位补充性图案设计师。小组成员各自负责一部分的设计。

3. 排版方式回顾：

在入场券设计的学习中，我们学会了分割的3种排版方式，你们认识这些排版吗？（上下分割、左右分割、斜向分割）

其实不同的排版带给我们的效果也是各不相同的。

学法指导意图：

引导学生思考海报的组成要素，了解海报需要具备的组成要素以及明确组员具体的设计任务。

学法提炼：讨论交流　观察比较

三、尝试与探究（表现性活动1）

1. 介绍两种新的排版方式：

这两张海报主题相同，要素相同，但要素的位置摆放与右边这张分割式的有什么不同？

根据左边两张排版的样式，你能给这两个排版起个名称吗？（第一张：绕圈 / 围绕式，第二张：覆盖 / 重叠式）

第一张，文字包围在图形外面，围绕着它摆放（板书：围绕）

而第二张的文字内容与图案之间有重叠的部分，拼摆更为紧凑。（板书：重叠）

它二者统称为：中心式排版。（板书：中心式）

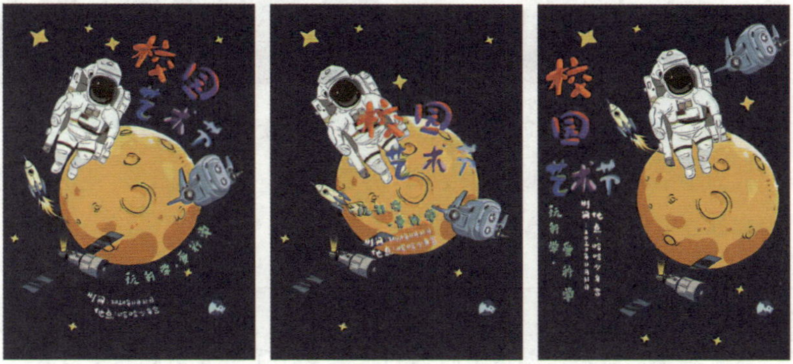

2. 板式拼摆一：

两个团队尝试将这两张呈分割排版的海报重新拼摆成重叠和围绕的效果。思考并回答：

两张中心式的海报拼摆的合理吗？

用了什么排版方式进行摆放？为什么选择这种排版方式呢？

3. 板式拼摆二：每个小组，讨论并使用老师提供的图案、文字、和底板进行拼摆。

4. 海报的配色：

教师提问：要素拼摆完成，要给它配色，你会怎么搭配颜色呢？

在搭配颜色上，我们要对底板、文字和图案设计颜色。

老师出示的三张色彩搭配，你觉得哪一张更合适？另外两张的可以在哪

方面做些改进？（第一张色彩和主题无关联性，第二张的色彩太过接近，色彩对比可以再强才能突出主题）

所以我们在配色时，应该让色彩与主题有关联，对比色彩突出主题。

5. 教师小结：一张完整的海报设计需要具备：文字、图形、色彩、排版，四个内容都要突出主题，富有美感。

学法指导意图：

欣赏各类海报后，知道海报的组成要素；了解分割式和中心式海报的区别；学会围绕和重叠两种排版的组合规律，理解配色的关联及对比，结合已有知识，总结归纳：文字、图案、排版、色彩都是为了能够突出主题。

学法提炼：观察认知　探索归纳

四、练习与表现（表现性活动 2）

1. 观看教师示范视频，了解海报绘制步骤

对围绕和重叠的两种构图分别作了尝试，以声乐主题为例：

（1）主体图案根据主题内容展开，以下老师演示声乐主题海报设计为例，我分别设计了萨克斯风和话筒的主题图案，而后排版可选择使用。

（2）接下来是与主题相关的补充性图案，老师提供了一些大小不一的图案供每个设计团队来选择性使用。

（3）选择使用一种主标题文字，副标题及补充性文字由一名设计师构思并书写，为强调副标题，可以用醒目的颜色加粗字体，同时与补充性的文字有所区分。

（4）与图案一样，主标题的文字沿着外圈裁剪，不必紧贴字体进行裁剪。

（5）设计师们根据分工不同完成了组成要素的设计之后，开始选择适合主题的颜色。主标题的颜色可以绘制在文字中间，或者将字内空白、背景上色也是不错的方式。

（6）字体我选用了比较强烈的对比色，而图案我选用了大量的类似色。

（7）上色完成，在排版之前，我们确保五个组成要素都无一缺漏。

（8）围绕式排版需要先定主图案和主标题的位置，再将其他要素放置并调整到你们认为最合适的位置，围绕式的风格以简单、清晰为主，因此我选用的图案较少。

（9）重叠式排版：图案、文字皆可叠加摆放，我换了色彩更加丰富的文字，让前后的颜色对比拉开，视觉效果更加跳跃。

2. 练习布置

练习内容：用拼摆或手绘等形式，设计一张校园艺术节海报。

练习要求：（1）要素齐全突出功能；（2）图文选择关联主题；（3）对比色彩巧妙搭配；（4）图文排版富有美感。

3. 学生练习，教师巡回指导。

4. 同龄人作品欣赏。

学法指导意图：

此环节学生通过观看教师示范视频，进一步感受、探讨校园海报的设计步骤，同时打开学生创意表现的思路。根据文字、图案、色彩和排版的要求，通过剪贴、拼摆，团队设计完成校园海报。

学法精炼：设计表现　合作学习

五、评价与拓展（表现性活动、欣赏性活动）

1. 设计情境——《“校园海报”作品展》，展示架展示各组学生的作品。

2. 评价标准：组成要素是否齐全；图文是否突出主题；色彩搭配是否美观；排版是否富有美感。

3. 学生评价。

4. 欣赏拓展

（1）引导学生欣赏图片为主的海报设计；

（2）引导学生欣赏文案为主的海报设计。

学法指导意图：

本表现性活动环节，使学生结合校园海报的评价内容能说出作品组成要素、色彩选取、排版方式，能围绕本课学习的知识内容完成对海报中：文字、色彩、图案、排版的评价，进行简单描述、分析与欣赏拓展。

学法精炼：欣赏评价　聆听小结

七、归纳与总结

老师看到大家都掌握了海报设计的简单操作技能，能够发挥你们的奇思妙想，把脑袋里面的想法表现到设计要素中去，文字、图案、色彩以及排版也巧妙的传递了信息，突出了主题，并且具有很不错的视觉效果！老师为你们的胆大心细、你们的快速执行、合作精神点赞！

根据结构设计立体物造型　刷牙的好帮手

【活动设计者】

上海市崇明区竖新小学　袁俊

【所对标的教学基本要求】

1. 学习内容：4.2 立体设计——4.2.1 根据结构设计立体物造型

2. 具体要求：

4.2.1 初步学会根据结构设计立体物造型

① 知道立体物的结构和造型特征；

② 能根据构思，利用折叠、弯曲的方法设计制作具有稳定性的立体物。

【活动种类】

以体现下列哪类活动为主：

体验性活动（ ） 表现性活动（ ✓ ） 欣赏性活动（ ）

【设计意图】

《上海市小学美术学科教学基本要求（试验本）》将低年级段的立体设计的学习水平界定为A，知道和初步学会。同时具体要求学生知道立体物的结构和造型特征，能根据构思，利用折叠、弯曲的方法设计制作具有稳定性的立体物，因此笔者将这一学习活动定义为以表现性活动为主的学习活动。

【活动目标】

活动设计主要引导学生了解漱口杯、牙刷、牙膏的造型特点，学会用画、剪、折等纸工方法仿制并美化装饰刷牙工具。通过在交流与制作过程中，学习用纸工制作半立体造型的方法，体会天天刷牙的重要性，感受刷牙用品的造型美，培养动手操作能力和创意设计能力。

【教学内容】

1. 教材版本：上海教育出版社九年义务教育课本《美术》教材

2. 年级、单元：一年级第一学期第八单元“让牙齿更健康”

3. 教学内容：《刷牙的好帮手》

【活动流程】

一、游戏与导入（表现性活动）

1. 播放《刷牙歌》，请学生哼唱或模仿刷牙动作。提问：牙齿先生的好帮手是谁呢？

2. 出示课题：刷牙的好帮手

3. 游戏“变一变”：出示剪好的普通漱口杯、牙刷、牙膏，请学生给漱口杯、牙刷、牙膏添加一些简单的装饰。

学法指导意图：

通过游戏“变一变”引导学生给这些杯子、牙刷加上一些简单的装饰，使其更生动、更贴近孩子，从而使学生拥有设计的初步理念和欲望。

学法提炼：初步设计　简单添加

二、讨论与理解（表现性活动）

1. 出示图片：生活中各种牙刷、牙膏、漱口杯

2. 通过观察，讲一讲杯子、牙膏、牙刷的主要特征

教师小结：儿童喜欢的事物造型简洁卡通、色彩明亮鲜艳。

3. 讨论：怎样才能让漱口杯“站”起来？一张平面的纸，怎样才能拱起来？牙刷的刷毛部分怎样制作比较像？

4. 欣赏作品：了解半立体杯子的制作方法以及装饰方法——剪贴、绘画

学法指导意图：

此环节学生进一步了解漱口杯、牙刷、牙膏的造型特点，学习用纸工制作半立体造型的表现方法，注重学生的体验，让学生通过尝试发现问题，讨论交流解决的方法。

学法提炼：图片观察　解决重点

三、示范与指导

1. 教师示范，学生了解制作步骤

（1）折，区别出墙面和桌面，并进行简单的装饰。

（2）剪，剪出杯子形状，根据杯子大小，剪制大小合适的牙刷、牙膏。

（3）画，用彩笔美化杯子、牙刷、牙膏。

（4）粘，贴出半立体效果的杯子，并添加杯子的柄，放上牙刷、牙膏，完整作品。

四、尝试与练习（表现性活动）

1. 练习内容：

折折、剪剪、画画、贴贴，为自己做一套漂亮的牙具。

2. 练习要求：

（1）使用剪刀注意安全，使用胶水时保持作品清洁；

（2）可用彩纸剪贴或绘画的方法进行装饰；

（3）造型美观、比例合适、富有童趣。

3. 学生练习，教师巡回指导

学法指导意图：

教师示范制作时运用的方法和步骤不是唯一，鼓励学生自己动脑筋设计选用合理步骤和方法，为学生制作出有创意的作品打下基础。

学法提炼：创意表现　设计制作

五、展示与评价

1. 教师展示学生练习，做范例点评

2. 模仿老师，鼓励学生给自己的作品或同伴的作品做评价

（1）是否制作出半立体的效果，各个事物之间的大小关系是否合适。

（2）作品是否有儿童情趣，颜色搭配是否和谐、鲜明或能突出主题。

（3）能否发现个性化的设计和制作方法。

3. 教师小结：运用正确的口腔保护方法，能发现生活日用品的实用性、美观性

六、欣赏与拓展

1. 探索正确的刷牙方法

2. 感受健康牙齿带来的好处，渗透本单元下一课的学习内容

七、归纳与总结

现在是我们牙齿和口腔发育的关键时期，需要特别呵护，一定要及早养成早晚刷牙、饭后漱口的好习惯，让我们一起重视刷牙，维护牙齿和口腔健康，让每个孩子都能拥有一口健康好牙。

根据功能选择材料设计立体物　我的小相框

【活动设计者】

上海市实验学校附属东滩学校　杨璐璐

【所对标的教学基本要求】

1. 学习内容：4.2 立体设计——4.2.2 根据功能选择材料设计立体物

2. 具体要求：

4.2.2 根据功能选择材料设计立体物

① 知道功能、材料是立体物的设计要素；

② 能根据设计对象的功能选择合适的材料进行构思与设计；

③ 初步学会根据功能需求，利用现成品或材料的造型与材质特点构思造型，用添加、剪裁、替换等方法进行加工改造；

④ 能介绍作品的设计意图与特色。

【活动种类】

以体现下列哪类活动为主：

体验性活动（ ） 表现性活动（ ✓ ） 欣赏性活动（ ）

【设计意图】

《上海市小学美术学科教学基本要求（试验本）》将工艺表现知识、技能的学习水平界定为A，理解和学会。初步学会根据功能选择材料设计立体物。《我的小相框》是三年级第一学期第二单元“我爱我家”的内容，主要引导学生学会相框造型与装饰，知道相框的功能，初步学会利用不同材料的特性设计制作相框。因此，笔者将本课学习活动定位为以表现类活动为主的学习活动。

【活动目标】

知道家居用品中相框的功能、常见类型及样式；熟悉纸质材料的特性，通过欣赏和交流，了解相框和窗帘的功能与造型特点；初步学会用纸工基本技能制作相框；在交流和制作的过程中，感悟用美术材料和手段美化生活环境的乐趣，体会集体的温暖和家的温馨。

【教学内容】

1. 教材版本：上海教育出版社九年义务教育课本《美术》教材

2. 年级、单元：三年级第一学期第二单元“我爱我家”

3. 教学内容：《我的小相框》

【活动流程】

一、回顾与导入

1. 情景导入：体会相片的意义，引出相框的作用

2. 教师引导学生了解本课学习任务及所用的工具材料

3. 出示课题：我的小相框

学法指导意图：

学生在本欣赏性活动中，体会相片的纪念意义，引出相框的功能，进而了解本节课的教学内容，激起学生动手制作的兴趣。

学法提炼：欣赏交流　观察倾听

二、欣赏与探究（表现性活动）

1. 教师引导学生观察相框实物，说一说相框由哪些部分组成

（1）背板；（2）相框；（3）支架。

2. 教师引导学生观察讨论：相框有哪些造型？

教师提问：你还见过哪些特别的造型？

教师归纳：相框的造型以矩形为主，外方内圆、外方内方等，也有其他的造型，圆形、星形、心形、动物形状等。

3. 教师引导学生为小相框添花衣

思考：如何给你的相框设计一件有创意的花衣裳？

（1）装饰：教师呈现相框样式，学生观察表达，教师归纳——通过点线面的形式进行装饰，注意颜色搭配合理、美观大方。

（2）材料：教师呈现相框样式，学生观察表达，教师归纳——可以利用自己收集的废旧材料特点，合理添加装饰。

（3）加工：教师呈现相框样式，学生观察表达，教师归纳——添加、剪裁、替换等方法。

4. 教师引导学生欣赏同龄人作品，为自己的制作激发灵感

预期学习效果：了解并设计相框造型。

学法指导意图：

在本表现性活动环节，学生在已有生活经验上了解相框的结构基础，

发现与认识相框造型的多样性；通过观察与思考，发现装饰、材料、加工方法的特性。 **学法提炼：**欣赏交流　讨论观察

三、示范与指导

1. 教师引导学生观察教师示范过程

（1）准备三张硬卡纸和照片。（三张硬卡纸中，一张作为相框，一张作为背板，一张作为支架）

（2）设计相框造型。（设计外框与内框的造型，并剪出来；根据照片的位置设计简单的造型；内部造型要比相片大一些）

（3）确定相片位置并固定三个边。（注意胶棒或者双面胶粘贴的位置，注意四边留一边，留出来的一边插入相片）

（4）插入照片。

（5）安装支架。（引导思考：作为支架的材料有什么特质？做支架的方法有哪些？）

（6）装饰相框。

2. 练习要求

（1）用剪贴、折叠的方法设计并制作一个可站立的小相框；

（2）相框与照片的搭配要合理；

（3）装饰生动有趣。

3. 小组讨论、交流自己的想法与创意

4. 学生开始制作表现，教师各组辅导

预期学习效果：独立完成相框制作。

学法指导意图：

本表现性活动中学生观察教师示范基本制作步骤，了解相框制作表现的基本方法；通过对练习要求的进一步了解，理清创意表现的制作要点。

学法提炼：观赏示范　创意制作

四、展示与评价

1. 教师引导学生小组讨论，相互学习，感受相框制作的乐趣，相互评价、交流作品

2. 评价要求

（1）相框造型是否合理；

（2）相框与照片内容是否相配；

（3）相框是否能站立。

3. 学生大胆发言，积极参与环节，评议同伴的作品

4. 教师评价总结

学法指导意图：

在欣赏性活动中，学生在教师的评价示范引导下，根据评价要求有针对性地进行描述、分析，逐步培养图像识读和审美判断素养。

学法提炼：欣赏范例　描述分析

六、拓展与欣赏

1. 图片展示：不同材料进行的相框制作，提升学生变废为宝的意识

2. 提醒学生观察家中的窗帘，渗透下一章节学习的内容

欣赏性活动

造型表现　侧面的头像

【活动设计者】

上海市浦东新区浦明师范学校附属小学　沈俐

【所对标的教学基本要求】

1. 学习内容：1.1 绘画基础——1.1.1 线条造型

2. 具体要求：

1.1.1 线条造型

④ 能通过观察、发现物体的结构和外形，将物体的结构画完整。能通过观察、发现物体的细节特征，初步学会用变化的线条表现对象；

⑥ 知道正面和侧面头像的特征，能用线条写生人物正面和侧面的头像。

【活动种类】

以体现下列哪类活动为主：

体验性活动（　）　表现性活动（　）　欣赏性活动（ ✓ ）

【设计意图】

《上海市小学美术学科教学基本要求（试验本）》将造型表现学习要求和水平都界定为 A，知道和初步学会。画侧面的头像在二年级教材中归在“走近名作”单元，让学生通过欣赏中外人物画名作，复习感受人物正面头像特征的基础上尝试人物侧面头像的绘画学习。针对低年级儿童，我们将此学习活动定位为以欣赏性活动为主。

【活动目标】

活动设计主要引导学生欣赏名作，观察侧面人物头像特征，同时运用视觉媒介、教学语言、纸膜教具拼版游戏以及直观示范教学语言相结合的方式促进学生抓住人物侧面特征，进一步学会观察，学习用线条来表现侧面的头像，感受侧面头像不同于正面头像的美感特征。

【教学内容】

1. 教材版本：上海教育出版社九年义务教育课本《美术》教材

2. 年级、单元：二年级第一学期第六单元“走近名作”

3. 教学内容：《侧面的头像》

【活动流程】

一、复习与导入（欣赏性活动 1）

1. 欣赏侧面头像作品，引出课题

2. 回顾一年级正面头像习作，与侧面头像作对比

3. 出示课题：侧面的头像

学法指导意图： 欣赏大师侧面肖像画，了解本节课的教学内容。欣赏大师的作品和复习曾经画过的正面的头像，初步发现人物侧面头像的基本特征以及与正面头像的不同，激起兴趣。 **学法提炼：**有意观赏　比较认知

二、观察与理解（欣赏性活动 2）

1. 学生观察并寻找，说说正面头像与侧面头像的不同点

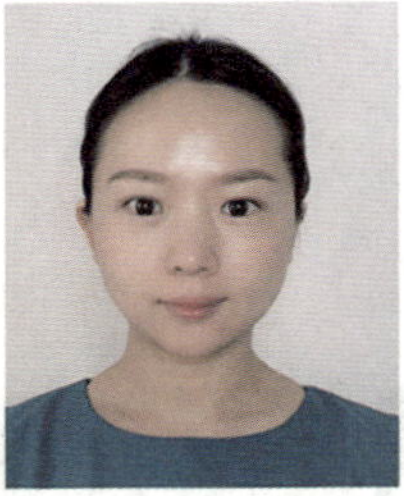

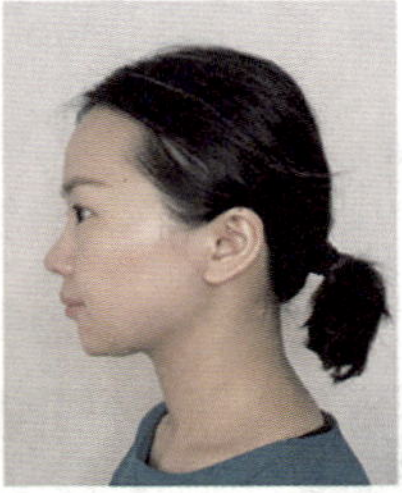

2.PPT 出示：正面与侧面的五官，选出正确的侧面五官

说说：为什么这么选？正面五官和侧面五官有什么不一样？

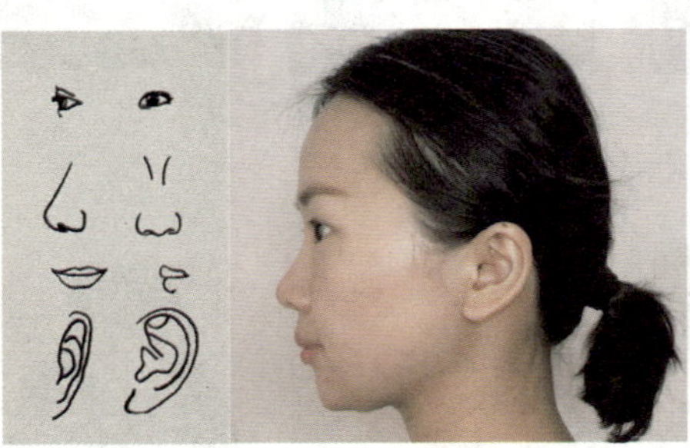

3. 借助正面、侧面的五官透明纸模，观察侧面五官特征

（1）小组活动，选择合适的五官透明纸模，拼贴在人物侧脸的道具上。

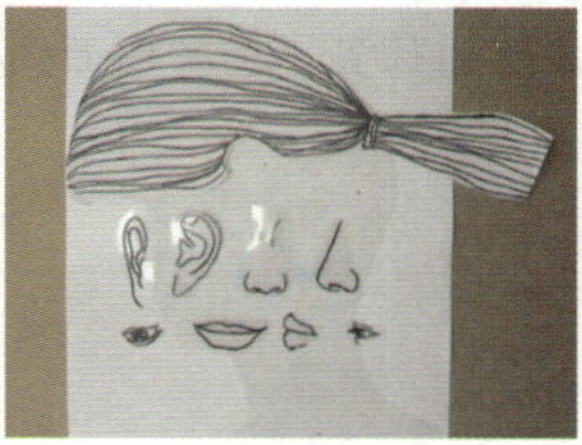

（2）比较感受：额头、眉毛、人中、下巴在侧脸的位置，感受侧面轮廓线的变化。

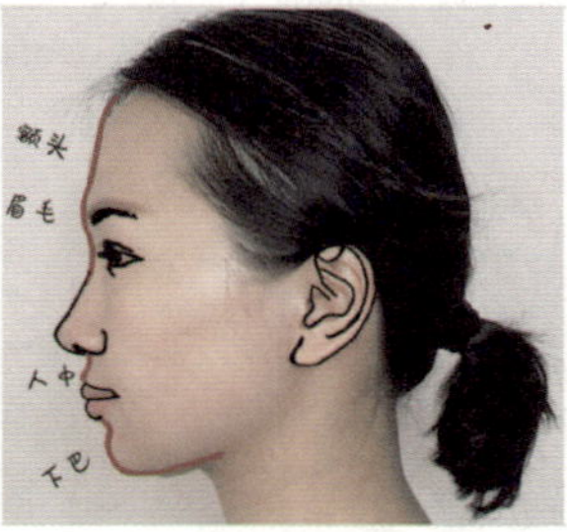

（3）完整描出人物侧脸的轮廓线，感受侧面轮廓线的特征。

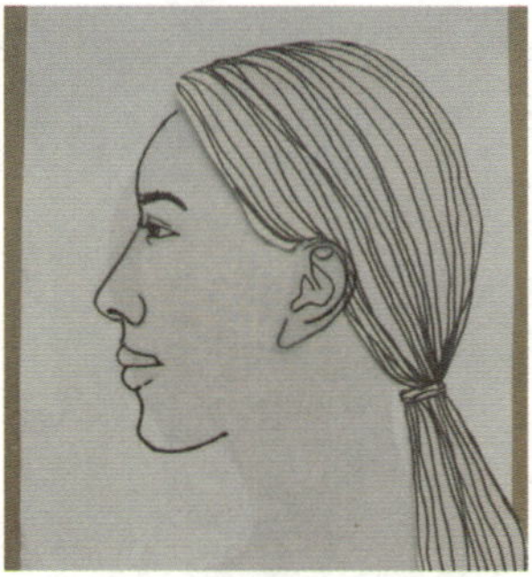

学法指导意图：

此环节，学生进一步整体观察欣赏，发现侧面头像的头型基本特点，感受侧面发型与五官所形成的侧面脸部轮廓线。通过对正面头像和侧面头像五官的观察比较，发现侧面的五官和发型基本造型特征，利用五官透明纸模教具并通过摆放五官的位置，发现侧面五官的位置，感受侧面脸部轮廓线的美感。

学法提炼：有意观察　发现特征　乐意分享

三、示范与指导（欣赏性活动 3）

1. PPT 图片欣赏：不同艺术家的侧面头像作品，发现人物侧面的独特美

（1）提问：为什么每个人的侧面会非常不一样？

师生互动归纳：不同年龄、性别、种族人的五官特征都不一样，造成侧面脸部轮廓线也随之改变。

（2）观察发现侧面人物头像的其他体貌特征。

师生互动小结：头型、发型、服饰、头饰、配饰都会丰富侧面头像的特征。

2. 教师示范步骤

步骤 1
轻轻蜡笔来定位

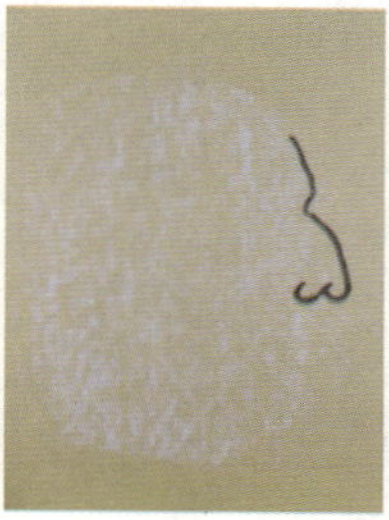

步骤 2
从局部特征下笔

步骤 3
完整画出侧面五官

步骤 4
添加头像细节

3. 同龄伙伴作品交流

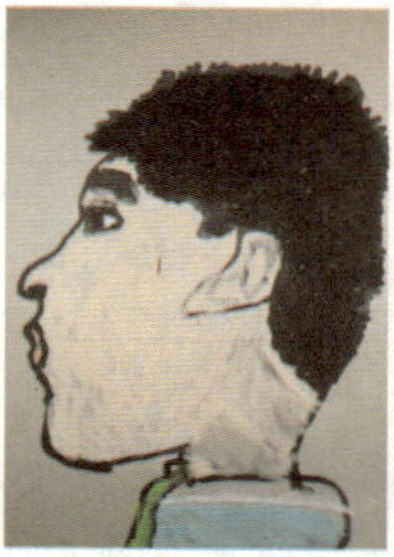

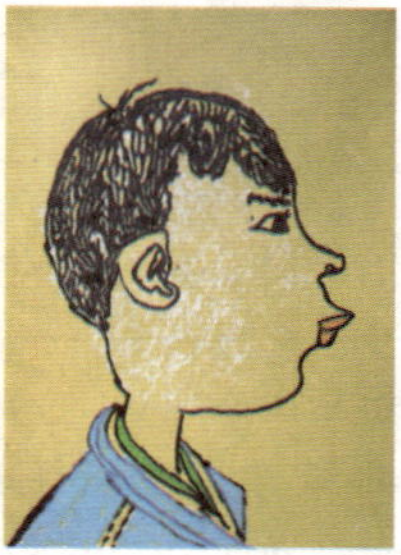

学法指导意图：

学生对名家名作侧面头像进一步欣赏，理解不同年龄、性别、种族的人物五官特征不一样，侧面脸部轮廓线也会随之改变。通过欣赏，同时感受头型、发型、服饰、头饰、配饰都会丰富侧面头像的特征。进一步感受教师示范，找到画好侧面的方法。

学法提炼：加强欣赏　理解特征　观赏示范　找到方法

四、尝试与练习

1. 练习内容

选择侧脸的照片，仔细观察，在色卡纸上画一张侧面的头像。

2. 练习要求

（1）画出侧面人物五官和脸部轮廓线；

(2)画出侧面人物发型、服饰等其他特征；

(3)添加侧面人物头像的颜色。

3. 学生练习，教师巡回指导

五、展示与评价(欣赏性活动 4)

1. 教师找到学生作品，做范例点评

范例欣赏

这幅学生作品，抓住人物侧面脸部特征，侧面轮廓勾画神似，添加的发型表现精彩。

2. 模仿老师，鼓励学生给自己的作品或同伴的作品做评价

学法指导意图：

二年级学生在点评其他学生作品的时候容易关注自己喜欢的细节，点评语言简单，以“漂亮”“很好看”等较宽泛的语言为主，缺少对教学内容的把握。这里，教师提供欣赏范例引导学生学会评价，不仅是学习指导，也是很好的欣赏性活动。

学法提炼：欣赏点评范例　关注评价标准

六、欣赏与拓展(欣赏性活动 5)

1. 简述大师毕加索

2.PPT 出示：《多视角的脸》，渗透单元下一课的学习内容

七、归纳与总结

欣赏大师作品，向大师一样来表现人物。今天，我们抓住人物侧面的特征和五官细节，初步学会了画侧面头像的诀窍，老师为你们细致欣赏，学会观察，努力尝试喝彩。

造型表现　旋转的短线

【活动设计者】

上海市浦东新区莲溪小学　乔旭莉

【所对标的教学基本要求】

1. 学习内容：1.1 绘画基础——1.1.1 线条造型

2. 具体要求：

1.1.1 线条造型

① 知道线的粗细曲直、形状的变化，初步学会用排列、组合等方法表现画面；

③ 能通过观察发现物体的结构和外形，将物体的结构画完整。能通过观察，发现物体的细部细节特征，初步学会用变化的线条表现对象。

【活动种类】

以体现下列哪类活动为主：

体验性活动（　）表现性活动（　）欣赏性活动（ ✓ ）

【设计意图】

《上海市小学美术学科教学基本要求（试验本）》将三年级绘画基础中造型表现的学习要求和水平界定为 B，知道并学会。《旋转的短线》，主要通过走近名作，了解印象派大师——梵高，感受欣赏梵高作品的笔触，模仿用旋转的短线、变化的线条来表现星空月夜。因此，我们将此活动定位为以欣赏性活动为主。

【活动目标】

活动设计主要引导学生认识梵高，识读、欣赏梵高作品，运用视觉媒介教学语言和直接示范语言相结合的方式，通过对比欣赏，了解梵高作品中独特的短线笔触特点，感受短线的粗细曲直变化和旋转的排列组合，模仿大师作品，表现画面动感的绘画风格，感受线条表现的魅力。

【教学内容】

1. 教材版本：上海教育出版社九年义务教育课本《美术》教材

2. 年级、单元：三年级第二学期第二单元"走近名作"

3. 教学内容：《旋转的短线》

【活动流程】

一、欣赏与讨论（欣赏性活动 1）

1. 课前引入，播放梵高作品集萃的视频

2. 师生互动，了解印象派画家梵高的生平、代表作和他的绘画精神

3. PPT 出示：梵高和雷诺阿的作品，对比分析，认知笔触

提问：读一读，你发现两位大师的作品在笔触上有什么明显的不同？

梵高

雷诺阿

4.PPT 再读梵高多幅代表作，感受大师的笔触特点

师生共同归纳：梵高作品中的笔触短促、旋转、变化、富有动感。

5. 揭示课题：旋转的短线

学法指导意图：

直接提供视频和图片引导读图，让学生走近大师，走近名作。深入对比读图，学生有意观赏，感受大师作品中短线笔触的特征，激发学生兴趣。

学法提炼：有意观赏　对比判断　主动感受

二、感受与指导（欣赏性活动 2）

1. PPT 欣赏图片：梵高的《星月夜》线描稿和色彩稿

提问：欣赏大师《星月夜》作品，从大师线条的表现上，大家读到什么感受？

师生共同归纳：这幅作品，画家运用了独特的短线笔触排列的表现方式，使画面中星空月夜活跃而有灵感，给人强烈的视觉震撼。这种短线，画出了生命的跃动，为大地带来了灵气。

2. 明确练习任务：我们将模仿大师，也运用旋转的短线来表现星月夜

3. PPT 出示图片：分解的《星月夜》作品局部，读图再欣赏

（1）找一找，大师作品中哪些景致用了旋转的短线？

月亮、星云、柏树、村庄、山坡……

（2）分享交流，不同的景物是用怎样不同的短线来表现的？

星空用旋转的短线；星月用环绕的短线；柏树、村庄用顺应物体形态的短线……

（3）再讨论一下，这些旋转的短线是怎样排列的？有哪些形式？

粗细排列、曲直排列、不同颜色的短线重叠排列……

大师画景动感强，长短笔触云飞翔，彩色排线留底色，流动风景跃画上。

4. 教师板演示范，指导作画步骤

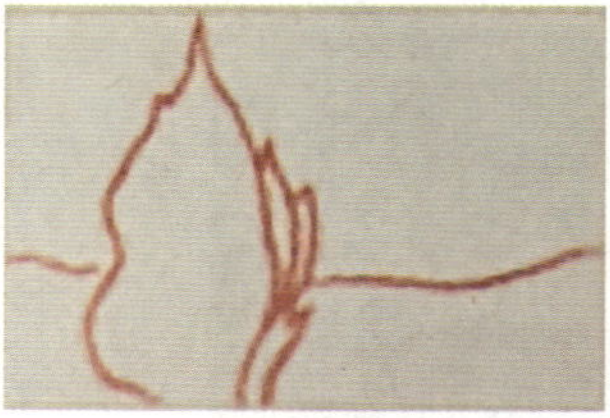

步骤 1 线条勾画近景

步骤 2 线条勾画远景

步骤 3 旋转的短线排列画细节

5. 出示示范视频：强调旋转短线排列、色彩叠加线条的表现

（1）短线的排列

① 沿着月亮光晕的形态，排列短线，改变方向，不急不慢；

② 沿着流云、山坡、柏树的形态，排列短线，刻画细节。

（2）色彩的叠加

① 找找同一色系，不同深浅的油画棒或炫彩棒颜色，进行重复、叠加；

② 增加星空、柏树以及房屋的层次，增加动态的美感。

4. 教师总结大师短线组合排列方式

（1）变化短线方向，表现形象动感；

（2）同一色系深浅，丰富画面色彩。

学法指导意图：

这个环节，学生首先走近梵高大师的《星月夜》，带着关注线条的要求着手欣赏；其次，教师分解作品的局部，有意感受、着重欣赏旋转短线的排列方式；接着，教师示范作画步骤，强调重点。学生在欣赏活动中充分感受短线的魅力，激发学习热情。

学法提炼：递进欣赏　感悟理解

三、实践与指导（欣赏性活动3）

1. 练习内容

采用油画棒或炫彩棒，用旋转的短线组合排列，在砂画纸上模仿大师创作一幅有动感的星月夜。

2. 练习要求

（1）能用旋转的短线组合排列，画面有动感；

（2）能依据景物形态变化线条方向，表现细节；

（3）能将深浅的短线重复叠加，画面有层次；

（4）能安心、静心、细心、耐心来排线。

3. 学生创作，教师巡视指导

四、展示与评价（欣赏性活动4）

1. 创设情境，作品展示：“我们都是小梵高”

2. 师生互动点评

五、归纳与总结

今天，我们体验了像大师一样来画画，感受了大师笔下旋转的短线的魅力，同时也磨炼了我们画画的静心、细心和耐心。

色彩表现　色彩的搭配

【活动设计者】

上海市浦东新区罗山小学　戴佳颖

【所对标的教学基本要求】

1. 学习内容：1.1 绘画基础——1.1.2 色彩表现

2. 具体要求：

1.1.2 色彩表现

① 能通过比较辨别颜色深浅，初步学会用深浅变化的颜色搭配相邻的色块；

② 能用对比色表现强烈的色彩效果。

【活动种类】

以体现下列哪类活动为主：

体验性活动（　）　表现性活动（　）　欣赏性活动（ ✓ ）

【设计意图】

《上海市小学美术学科教学基本要求（试验本）》将绘画基础色彩表现的学习要求和水平都界定为 A，知道和初步学会。这节二年级的色彩搭配在教材中归在“走近名作”单元，让学生通过感知马蒂斯的绘画风格和独特的剪纸作品，学习强烈对比色彩的搭配。因此，我们将此活动定位为以欣赏性活动为主。

【活动目标】

活动设计主要引导学生走近野兽派艺术大师马蒂斯的作品，感受马蒂斯绘画、剪纸作品中的对比强烈的色彩搭配，同时欣赏模仿大师作品《鱼缸》，用炫彩棒和砂画纸对“我的鱼缸”进行大胆的色彩搭配，激发色彩表达的乐趣，感受色彩带来的美感。

【教学内容】

1. 教材版本：上海教育出版社九年义务教育课本《美术》教材

2. 年级、单元：二年级第二学期第四单元“走近名作”

3. 教学内容：《色彩的搭配》

【活动流程】

一、欣赏感受，导入课题（欣赏性活动 1）

1. PPT 出示马蒂斯名作

提问：谁能说说这些作品的色彩给你什么感受？

2. 简介马蒂斯

亨利·马蒂斯，法国著名画家，野兽派创始人。绘画作品用色鲜明，以使用强烈对比的色彩著称。晚年生病后，他无法绘画创作，用剪纸的方式继续他的艺术生涯。马蒂斯不仅是一位绘画大师，同时也是一位剪纸大师。

3. 揭示课题：色彩的搭配

学法指导意图：

欣赏大师马蒂斯作品，抛出问题，引发学生对作品色彩的关注；再欣赏名作感受大师及其色彩搭配的大胆和特点，为后续模仿学习打好伏笔。

学法提炼：有意观赏　直观感受

二、分析发现，理解规律（欣赏性活动 2）

1. 欣赏马蒂斯作品《鱼缸》

《鱼缸》亨利·马蒂斯（法国）

这幅作品，采用了强烈的色彩效果，鱼、水面的影子、桌边的植物，反映了画家对物体的细致观察和对作品深入刻画的表达。

（1）找一找，这幅作品中出现了哪些色彩？

（2）提问：这些色彩给你怎样的感受？

（随机板书：红黄蓝绿白加黑，色彩强烈大胆配）

（3）小组合作，尝试完成色彩知识学习单

选择两组对比强烈的两个色块贴在学习单相应的方框内。

蓝　橙　浅绿　深绿　绿　红　黄　紫

2. 师生讨论，总结色彩搭配的规律

讨论：要形成强烈色彩效果的画面，色彩搭配时需注意什么？

深色旁边涂浅色，浅色旁边涂深色，对比颜色巧搭配，相似颜色做朋友。

学法指导意图：

引导学生带着色彩搭配的问题欣赏马蒂斯的作品《鱼缸》，感知色彩的强烈和对比，再通过学习单小游戏加深对形成强烈色彩画面效果颜色搭配的理解。

学法提炼：欣赏判断　寻找规律

三、体验示范，教师指导（欣赏性活动 3）

1. 明确任务：利用炫彩棒在砂画纸上仿画马蒂斯的《鱼缸》

2. 教师示范步骤

步骤 1：
砂画纸上画鱼缸，鱼缸可变化造型，构图饱满

步骤 2：
选择与砂画纸背景对比强烈的颜色添画小鱼

步骤 3：
选择与砂画纸背景对比强烈的颜色添画桌面和环境

3. 强调指导，归纳色彩搭配小口诀：

深色旁边找浅色，浅色旁边找深色；适当添加白与黑，强烈色彩来搭配。

学法指导意图：

欣赏完马蒂斯作品后，学生明确学习任务：仿画《鱼缸》。此环节，学生再次欣赏教师示范仿画的每一个步骤，感受老师利用炫彩棒明快的颜色直接在有色砂画纸上表现鱼缸和鱼缸周围植物，表现强烈色彩的搭配。跃跃欲试的绘画热情被点燃。

学法提炼：欣赏示范　感悟仿画步骤

四、学生仿画，实践表现

1. 欣赏同龄伙伴作品，感受色彩的搭配

2. 练习内容

创意模仿马蒂斯作品，用炫彩棒在砂画纸上画画“我的鱼缸”。

3. 练习要求

（1）创意鱼缸造型，构图饱满；

（2）色彩搭配鲜明，对比强烈；

（3）发挥创意想象，添加背景。

4. 学生创作，教师巡视指导

五、展示评价，互动点评（欣赏性活动 4）

1. 教师找到学生作品，做范例点评

这两幅学生作品，鱼缸造型生动，构图饱满，色彩鲜明。运用了蓝色与橙色、红色与绿色、深蓝与浅蓝、深绿与浅绿进行对比，色彩对比强烈，添加的背景也和鱼缸的色彩形成了鲜明的对比。

2. 鼓励学生互动点评

模仿老师按照练习要求给自己的作品或同伴的作品做评价。

学法指导意图：

二年级学生在点评其他学生作品的时候容易关注自己喜欢的细节，点评语言简单，以“漂亮”“很好看”等较宽泛的语言为主，缺少对教学内容的把握。这里，教师提供欣赏范例引导学生学会评价，不仅是学习指导，也是很好的欣赏性活动。

学法提炼：欣赏点评范例　关注评价标准

六、归纳与总结

今天，大家都做了一回小小马蒂斯，感受了大师鲜明的色彩，仿画了作品《鱼缸》，初步学会了色彩搭配的方法，老师为你们认真欣赏，大胆尝试感到骄傲！

色彩表现　类似色的风景

【活动设计者】

上海市第六师范附属小学　朱慧

【所对标的教学基本要求】

1. 学习内容：1.1 绘画基础——1.1.2 色彩表现

2. 具体要求：

1.1.2 色彩表现

① 能够用原色调配出间色和复色；

② 初步学会用干画法和湿画法的技法表现画面；

③ 初步学会用类似的颜色统一画面色调。

【活动种类】

以体现下列哪类活动为主：

体验性活动（　）　表现性活动（　）　欣赏性活动（ ✓ ）

【设计意图】

《上海市小学美术学科教学基本要求（试验本）》将色彩表现的学习要求和学

习水平都界定为A，知道和初步学会。《类似色的风景》是四年级第一学期“走近名作”单元第二课，在前一课《强烈的色彩》的学习基础上，再走近大师，欣赏名家名作，学习类似色的风景表现。因此，我们将此学习活动定位为以欣赏性活动为主。

【活动目标】

活动设计主要引导学生欣赏大师作品，观察自然景物的色彩变化，了解类似色的知识；在欣赏与尝试中，初步运用类似色用水粉表现一幅类似色的风景画；感受类似色色调的和谐之美，激发学生色彩表现的乐趣。

【教学内容】

1. 教材版本：上海教育出版社九年义务教育课本《美术》教材

2. 年级、单元：四年级第一学期第四单元“走近名作”

3. 教学内容：《类似色的风景》

【活动流程】

一、单元回顾，复习导入（欣赏性活动1）

1. 回顾欣赏：《强烈的色彩》中德朗的名作《威斯敏斯特大桥》

（1）提问：回忆一下，德朗的作品用了什么颜色，给你什么感受？

（2）复习归纳：德朗的作品大胆运用了对比色，给人强烈的视觉感受。

（3）提问：前一课我们感受了对比色，那么哪些颜色是对比色？

（4）复习对比色知识：色轮上相对应的颜色就是对比色，如红绿、黄紫……

2. PPT出示两幅类似色作品

《秋天的阿科尼西罗》尤金（俄国）

《山湖远望》东山魁夷（日本）

（1）思考：这两幅名作和上一节课的作品风格上有什么不同？

（2）小组讨论，完成学习任务单

学习任务单

选择一幅作品进行欣赏，小组合作回答以下问题：

1. 我欣赏的作品是 ___________ 的《　　　　　　　　　　　　》。
2. 画面中我看到的颜色有 ________、________、________。
3. 其中 ______ 色的运用面积最大，形成了画面的主色调。
4. 画面的主色调是 ______（冷、暖）色。
5. 画面的色调使你联想到什么？给你怎样的感受？

____

____

____

（3）师生交流归纳：和上节课强烈的色彩不同，今天名作中出现的颜色都比较相近并形成了主色调，我们称这样的颜色为类似色。

3. 出示色轮，认知类似色

（1）教师小结概念：色轮上相邻的颜色为类似色。

（2）小组合作找一找：色轮上你发现了哪些类似色？

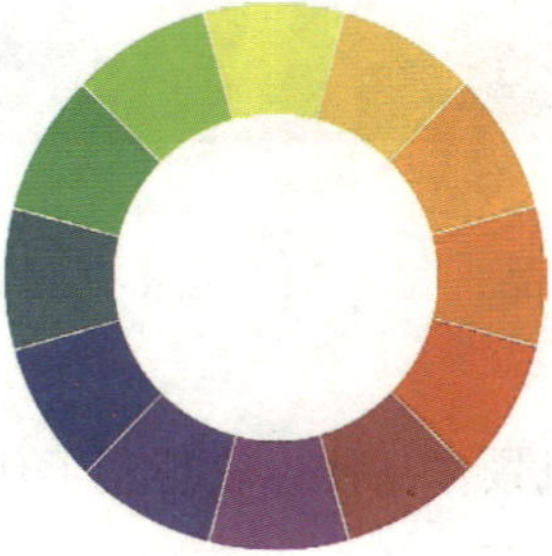

橙色、黄橙、红橙；
紫色、蓝紫、红紫；
绿色、黄绿、蓝绿；
……

4. 揭示课题：类似色的风景

学法指导意图：

通过复习回顾对比色的知识，再欣赏大师类似色的风景作品，小组交流、讨论完成任务单，学生初步了解了类似色的概念和知识，为色彩风景表现打好铺垫。

学法提炼：自主探究　有意观赏　分享感受

二、欣赏发现，深入感知（欣赏性活动 2）

1. 欣赏自然风景，寻找类似色

PPT 出示风景照片，找一找：每张照片中你发现了那些类似色？

2. 欣赏名家名作，感受主色块和冷暖色调

（1）PPT 出示：一组日本画家东山魁夷的类似色风景作品

（2）读图讨论：东山魁夷的类似色风景画作品，每一幅上是不是都能找到大面积的主色块？

（3）读图发现：这些偏冷、偏暖的类似色风景作品使你联想到了什么？读作品时你有什么感受？

（4）师生归纳：选择一组类似色画风景，画面中还必须有大面积的主色块才能形成色彩的主次；偏冷的类似色给人宁静、清凉的感受，偏暖的类似色给人温暖、热烈的感受。

3. 再读类似色风景作品，感知绘画技法

（1）同学们发现这两幅作品分别用了什么技法？

运用干画法，表现草垛的干枯

运用湿画法，表现树林的湿润

（2）师生共同归纳：干湿结合的表现技法，可以使色彩表现更有味道。

4. 教师示范绘画步骤

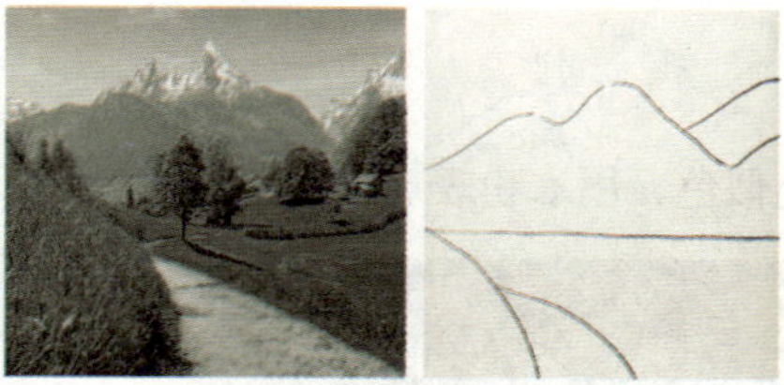

①勾勒出远山和地平线轮廓

②选取一组类似色，用湿画法铺大色块

③用干画法添加树木等

④用炫彩棒添画草木枝干等细节

5. 同龄伙伴作品欣赏

学法指导意图：

此环节，学生深入欣赏。通过欣赏自然风景的照片，寻找类似色；通过欣赏东山魁夷作品，感受主色块可以形成色彩的主次，选择偏冷、偏暖的类似色可以让画面有主色调；再读作品，感知干湿结合的绘画表现技法可以使画面更有味道；最后，教师分步示范、同龄伙伴作品欣赏，让学生体悟了方法也拥有了满满的色彩表现欲望。

学法提炼：欣赏认知　感悟方法

三、学生练习，教师辅导

1. 练习内容

以黑白风景照片为素材，选择一组类似色，用水粉表现类似色的风景。

2. 练习要求

（1）能选择一组类似色表现风景，画面有主色块；

（2）能选择偏冷或偏暖的类似色，画面有主色调；

（3）能采用干、湿综合技法来表现。

3. 学生练习，个性差异指导

四、作品展示，互动评价（欣赏性活动 3）

1. 教师找到学生作品，做范例点评

这幅学生作品，画面的主色块选用了橙色、橙黄和橙红这组类似色，画面色调偏暖，用湿画法表现了大面积的地面，干画法表现了枝叶。

2. 模仿老师，鼓励学生给自己的作品或同伴的作品做评价

学法指导意图：

四年级的学生常常关注自己画得像不像，而在欣赏水粉画作品时忽略色彩的规律及干湿画法的不同感受。通过教师的欣赏示范，引导学生感知水粉画的独特魅力。

学法提炼：欣赏范例　评议表达

五、课后小结

通过本单元学习，我们认识了对比色，知晓了类似色，体验了强烈的色彩以及和谐的色调给人的不同视觉感受。

色彩表现　日出的感受

【活动设计者】

上海市浦东新区上南实验小学　孙涛

【所对标的教学基本要求】

1. 学习内容：1.1 绘画基础——1.1.2 色彩表现

2. 具体要求：

1.1.2 色彩表现

② 初步学会用干画法和湿画法的技法表现画面；

③ 初步学会用类似的颜色统一画面色调，能感受色彩的冷暖，能对色彩进行联想。

【活动种类】

以体现下列哪类活动为主：

体验性活动（ ） 表现性活动（ ） 欣赏性活动（ ✓ ）

【设计意图】

《上海市小学美术学科教学基本要求（试验本）》将色彩表现的学习要求和学习水平都界定为 B，理解和学会。《日出的感受》主要通过走近名作，了解印象派大师莫奈，感受他笔下的《日出》作品的美感，尝试用类似色结合厚薄画法来模仿表现。针对五年级儿童，我们将此学习活动定位为以欣赏性活动为主。

【活动目标】

活动设计主要引导学生了解光源色对物体固有色产生的影响，感受日出时色彩的变化；通过欣赏印象派大师莫奈的《日出印象》，运用类似色结合水粉画厚、薄结合的技法临摹大师作品表现日出；感受艺术家的色彩表现，感受色彩带来的视觉美感。

【教学内容】

1. 教材版本：上海教育出版社九年义务教育课本《美术》教材

2. 年级、单元：五年级第二学期第二单元“走近名作”

3. 教学内容：《日出的感受》

【活动流程】

一、欣赏了解体验（欣赏性活动 1）

1. 教师演示小实验：光源色对物体固有色的影响

实验小结：光源色会影响物体的固有色。

2. 欣赏课本 6 页、7 页图片

提问：日出的霞光把天空和大地渲染成温暖的色调，不同冷暖的光源使物体的色彩产生了怎样的变化？

3. 教师 PPT 演示：暖色和冷色光源对画面色调的影响

4. 介绍莫奈并欣赏大师不同冷暖色调的《日出》作品

5. 出示课题：日出的感受

学法指导意图：

通过小实验演示和冷暖光源照片读图，学生直观感受光源对物体固有色的影响，为后面介绍莫奈作品色彩原理提供理论依据。再欣赏莫奈系列《日出》名作，产生视觉冲击，让学生充分感受大师的色彩追求，直接导入新课的学习，为后面的临摹做好铺垫。

学法提炼：有意观赏　寻找发现

二、互动欣赏感知（欣赏性活动 2）

1. 情景再现：播放一段朝阳初升的视频，学生“亲身体验”日出

提问：这样的日出给你怎样的感受？你发现了哪些色彩的变化？光源让周围的物体发生了怎样的色彩变化？

2. 出示莫奈名作《日出印象》，感知用色

（1）PPT 出示定格放大的作品局部

《日出印象》湖面的局部

《日出印象》天空的局部

（2）找一找：湖面、天空的描绘，大师莫奈分别用了那些类似色？

师生共同归纳：

表现湖面的类似色有：天蓝、群青、深蓝、蓝紫……

表现天空的类似色有：红橙、黄橙、红紫、蓝紫……

3. 再读莫奈名作《日出印象》，感知厚薄画法

（1）提问：之前的色彩学习中，我们接触过干湿画法，莫奈的这幅作品用了厚薄画法，大家分别来找一找。

（3）师生交流归纳：天空、湖面以薄画法为主；船、太阳、河岸、阳光倒影以厚画法为主。

学法指导意图：

这个环节渗透介绍大师的艺术追求，学生继续深入欣赏。了解选择相近的颜色调配类似色表现印象景物是关键，了解厚薄画法可以使画面富有层次，色彩更丰富。在欣赏发现中，逐步体会大师避免色彩单一的艺术感觉，提高学生对画面的欣赏分析能力，达到承前巩后，学以致用的目的。

学法提炼：主动分析　巩固要点　积极参与

三、指导与练习（欣赏性活动3）

1. 教师示范步骤

1 薄画法画出天空与远景

2 选用类似色画出水与天的整体色调

3 厚画法表现局部印象景物的细节

4 整体调整画面

2. 欣赏伙伴优秀作品，加深印象

3. 练习内容

使用水粉颜料，临摹一幅莫奈的《日出印象》。

4. 练习要求

（1）能选择相近的颜色调配类似色；

（2）能用厚薄画法表现不同的印象景物。

5. 作业时播放音乐，范作与实物风景滚动播放

> **学法指导意图：**
>
> 这个环节，学生通过观摩老师提前录制的快速示范，结合实物步骤图，初步掌握绘画步骤及创作要点。欣赏老师示范的活动，增强了学生模仿表现的自信。
>
> **学法提炼：**感受教师示范　主动临摹创作

四、展示与评价（欣赏性活动 4）

1. 学生作品置于展示架展示

2. 互相欣赏与评议，老师和学生各选出最喜欢的作品，为作品加画框

> **学法指导意图：**
>
> 展示学生作品，又为本节课增添了一个欣赏环节。师生互动欣赏评议，为优秀作品添加画框进行鼓励。民主、尊重的评价让学生感受艺术学习的快乐，提高欣赏能力的同时提升对学艺价值的认同。
>
> **学法提炼：**欣赏评议

五、归纳与总结

走近名作，让我们更清晰地了解了印象派大师莫奈的作品和风格，本单元我们将继续走近名作去探寻色彩的奥秘。

水墨表现　彩墨京剧人物

【活动设计者】

上海市浦东新区航城实验小学　邱伊莉

【所对标的教学基本要求】

1. 学习内容：1.1 绘画基础——1.1.3 水墨表现

2. 具体要求：

1.1.3 水墨表现

① 知道中国画的工具与材料，以及用笔、用墨的技法；

② 初步学会使用中国画工具和材料进行绘画表现；

③ 能感受中国画中干、湿、浓、淡的笔墨韵味。

【活动种类】

以体现下列哪类活动为主：

体验性活动（ ） 表现性活动（ ） 欣赏性活动（ ✓ ）

【设计意图】

《上海市小学美术学科教学基本要求（试验本）》将水墨表现的学习要求和学习水平都界定为A,知道和初步学会。《彩墨京剧人物》旨在让学生通过欣赏关良水墨人物名作,了解中国京剧故事和京剧人物造型特征的基础上,初步感受、尝试表现彩墨人物。针对五年级学生,我们将此学习活动定位为以欣赏性活动为主。

【活动目标】

活动设计通过欣赏，初步了解中国传统京剧人物的造型特征；用干、湿、浓、淡的笔墨技法表现京剧人物造型；感受彩墨京剧人物特有的韵味，激发对传统国粹艺术的热爱。

【教学内容】

1. 教材版本：上海教育出版社九年义务教育课本《美术》教材

2. 年级、单元：五年级第二学期第五单元“彩墨人物”

3. 教学内容：《彩墨京剧人物》

【活动流程】

一、欣赏与交流（欣赏性活动 1）

1. 聆听欣赏京剧片段：《贵妃醉酒》

欣赏要求：边听边看，舞台上的京剧人物给你什么感受？

2. 复习回顾京剧人物造型要素：脸谱、盔头、服饰

3. 欣赏关良彩墨戏剧人物作品，感受其形式和绘画特点

《戏剧人物——美人计》关良

舞台上的戏曲人物动态灵活，表情丰富。关良用中国水墨画技巧，以简洁笔法夸张人物造型，用浓淡墨勾勒渲染出气氛。画家更注重戏剧情节和人物精神的表达，使人物的眼神与动作表情相呼应。

4. 揭示课题：彩墨京剧人物

学法指导意图：

此环节以戏剧彩墨绘画大师关良先生的作品为载体，学生欣赏并了解了戏剧人物的造型特点，初步感受了大师笔下的人物夸张的绘画特点，有意欣赏的同时，提升了对传统艺术的热爱，为后面的学习做好了铺垫。

学法提炼：有意观赏　有意识记

二、欣赏与体验（欣赏性活动 2）

1. 出示纸模具配对，了解京剧人物中生、旦、净、丑角色的基本造型特点

生角

旦角

净角

丑角

2. 选择一个京剧人物，模仿其动作特点

（1）教师模仿京剧人物动作

（2）小组互动，手持道具，模仿京剧人物动作

欣赏要求：在模仿体验的过程中，你感受到了京剧人物动作有哪些特点？

师生小结：人物动态灵活、动作夸张、表现丰富。

3. 欣赏 PPT 图片，用线条概括出京剧人物造型

线条勾画人物外形动态

4. 再次欣赏关良作品，感受墨色变化

欣赏要求：边欣赏边思考，关良用怎样的笔墨技法表现人物的墨色变化？

师生互动交流。

关良作品

> **学法指导意图：**
>
> 通过欣赏和模仿京剧人物动作，了解如何用线条概括勾画出人物的

整体造型和动态特点。结合大师作品中的绘画技法和艺术风格，运用欣赏对比等趣味性活动，让学生感受干湿、浓淡的笔墨变化。

学法提炼：参与分享　发现问题

三、示范与互动（欣赏性活动 3）

1. 教师示范步骤

（1）勾形概括京剧人物造型

要点：中锋运笔，构图饱满，动态夸张，墨色干湿适中。

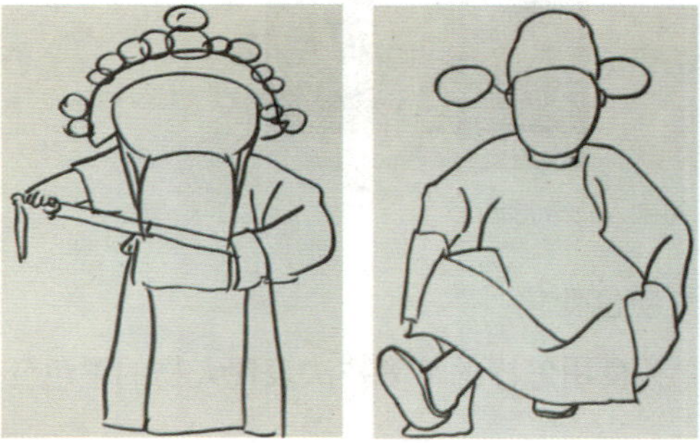

步骤 1

中锋勾画外形

（2）墨色渲染京剧人物盔头和服饰

要点：侧锋运笔，用色概括，注重渲染，墨色以淡墨湿墨为主。

步骤 2

淡墨湿墨渲染主色

（3）教师示范步骤 3：彩墨添加京剧人物身上的花纹及细节

要点：中锋侧锋结合运笔，墨色以浓墨干墨为主。

步骤 3
浓墨添加细节部分

（4）为作品加上落款

要点：根据构图合理安排落款位置，字体大小适宜，敲上印章。

学法指导意图：

学生在三年级时就已接触过彩墨的课程，对彩墨有了一定的了解和认识，但是对彩墨技法的熟练度和自由表现的能力还不够，教师亲自示范和讲解，让学生更形象、更直观地理解彩墨技法。

学法提炼：感受教师示范　主动彩墨表现

四、练习与指导

1. 练习内容

根据老师在信封中提供的京剧人物图片，用彩墨技法表现京剧人物。

2. 练习要求

（1）能表现京剧人物的夸张造型和动态。

（2）能综合运用彩墨表现技法；

3. 学生创作，教师巡视指导

五、展示与评价

1. 在“京剧大舞台”上展示学生作品

2. 教师找出范例做点评

这幅学生作品构图饱满，人物造型简洁概括，表情生动，动态夸张。在墨色的运用上也做到了有浓淡、干湿的变化，笔法概括但又不失细节的描绘，整幅作品完整又富有视觉冲击力。

3. 学生互动点评

学法指导意图：

教师提供范例点评，丰富了本节课的欣赏性活动。不仅欣赏了名家彩墨人物作品，也相互欣赏了伙伴的习作。学会彩墨表现的同时，学生的欣赏评议能力也随之提升。

学法提炼：感受范例点评　欣赏评议

六、归纳与总结

我们运用水墨画的综合能力表现出了一个个生动有趣的京剧人物形象，对于墨色的运用有了更大的进步。愿我们都能更爱我国的传统艺术。

纸材拼贴 彩纸片的组合

【活动设计者】

上海市浦东新区大桥小学 冯琪珺

【所对标的教学基本要求】

1. 学习内容：1.1 绘画基础——1.1.4 纸材拼贴

2. 具体要求：

1.1.4 纸材拼贴

① 初步学会运用纸材工具和材料，有意识地撕、剪出不同的形状；

② 能根据形状色彩进行联想，通过摆放、调整形状、拼贴组合出形象；

③ 初步学会正确地使用固体胶进行粘贴。

【活动种类】

以体现下列哪类活动为主：

体验性活动（ ） 表现性活动（ ） 欣赏性活动（ ✓ ）

【设计意图】

《上海市小学美术学科教学基本要求（试验本）》将一至二年级纸材拼贴的学习要求和学习水平界定为 A，初步学会。《彩纸片的组合》是二年级第二学期“走近名作”单元中的第三课。在前两节走近野兽派大师马蒂斯绘画和剪纸作品的基础上，继续欣赏大师作品，感受他巧用彩纸边角料表现的视觉效果。因此，我们将此学习活动定位为以欣赏性活动为主。

【活动目标】

活动设计主要通过引导学生再次欣赏马蒂斯大师的剪纸，感受彩纸边角料大小色块造型组合的变化；鼓励学生运用色彩的深浅和形状的变化进行巧妙拼贴；激发像艺术家一样创作的兴趣，增强变废为宝的意识。

【教学内容】

1. 教材版本：上海教育出版社九年义务教育课本《美术》教材

2. 年级、单元：二年级第二学期第四单元“走近名作”

3. 教学内容：《彩纸片的组合》

【活动流程】

一、单元回顾与导入（欣赏性活动 1）

1. PPT 出示：单元前一课的学生作品《剪出来的画》

2. 回顾马蒂斯剪纸的作品特点

师生互动分享归纳：色彩强烈、造型简洁。

3. 拿出本单元收集的彩纸边角料，引出课题：彩纸片的组合

学法指导意图：

复习本单元前两节课内容，让学生通过欣赏作品，回忆马蒂斯作品的特点，引导学生运用旧知识理解新知识，为后续学生的构思创作做铺垫。其次，利用前两节课收集的边角料引出新课，激发学生学习兴趣，逐步形成变废为宝的意识。

学法提炼：复习巩固　新知构建

二、感受大师与欣赏（欣赏性活动 2）

1. 深入了解马蒂斯

提问：单元前两课，我们认识了野兽派大师马蒂斯，谁知道他为什么晚年不再画画而进行剪纸创作了？

教师介绍：马蒂斯晚年因身体原因，无法再拿起画笔。他找到了用剪纸延续美术创作的方式。

2. 展示大师剪纸作品，再次欣赏

（1）欣赏：书本 21 页《海中的野兽》剪纸作品

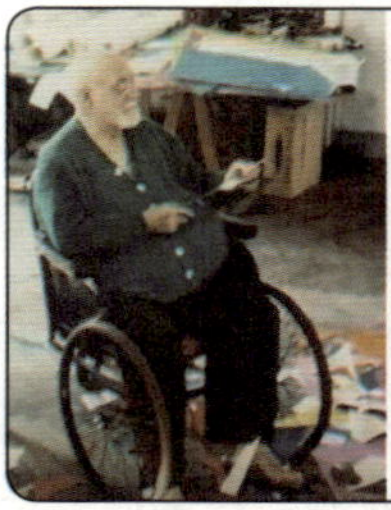

《海中的野兽》剪纸作品没有具体形象，巧用不规则的剪纸边角料，进行组合拼贴，外形线条弯曲流畅，使人感到活泼，富有生机。色彩搭配鲜明，形成强烈的视觉效果。

（2）PPT 欣赏：马蒂斯其他剪纸代表作品

《大洋洲的记忆》

《蜗牛》

《波利尼西亚的天空》

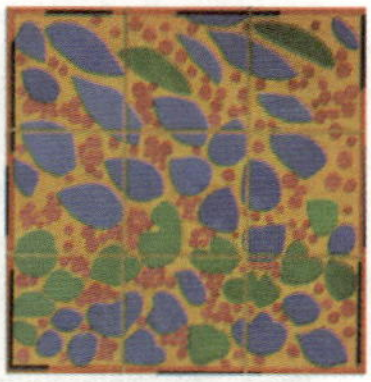

《常春藤的花》

教师小结：大师剪纸，有的巧用边角料，有的剪出的形状多样、变化多端，同时还注重色彩的对比和搭配。

三、欣赏分析与发现（欣赏性活动 3）

1. 对比两幅作品

马蒂斯剪纸原作

经过处理的作品

提问：你更喜欢哪一幅？为什么？

教师小结：色彩对比强烈，使作品更吸引人。

2. 观察自己小组筐中的边角料，感受特点

教师板书边角料的特点：形状各异、色彩丰富。

3. 从边角料中找出对比强烈的彩纸片

分小组进行展示，及时发现问题并纠正。

学法指导意图：

在本单元前两节课的基础上，带领学生深入了解马蒂斯。引导学生欣赏大师剪纸作品时，通过对作品的介绍加深理解，让学生感受马蒂斯剪纸作品的特点。再利用技术对大师作品色调进行调整，学生比较，认知色彩对比强烈的作品更吸引人。一次次的欣赏中，学生找到了碎纸片组合的密码。

学法提炼：欣赏感受　观察发现

四、尝试组合与拼贴（欣赏性活动 4）

1. 利用投影，师生互动，尝试组合

步骤 1：选用颜色有对比

步骤 2：大号色块来铺底

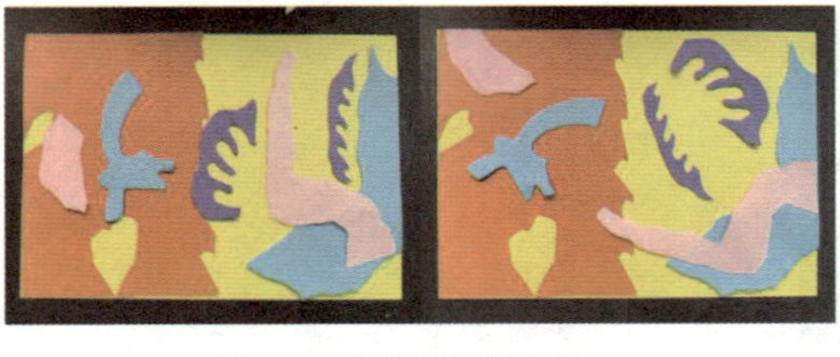

步骤 3：中等图形做装饰

步骤 4：小小色片来点缀

2. 互动纠错：碎纸片排列不要太整齐，要疏密有致；小色块点缀可以用形状不同的点、粗细不同的线。

3. 练习内容

将彩纸边角料进行巧妙拼贴，组合装饰，完成后给作品取个名字。

4. 练习要求

（1）彩纸片组合色彩有深浅，对比强烈；

（2）彩纸片组合形状有变化，大小疏密；

（3）固体胶均匀涂抹，粘贴牢固，画面整洁。

5. 学生创作，教师巡视指导

（1）强调制作步骤，边制作边朗读顺口溜

强烈对比要牢记，大号色块先铺底，中等图形做装饰，小小色片来点缀。

（2）同龄人的剪纸作品与马蒂斯作品滚动播放

学法指导意图：

此环节学生积极参与示范活动，教师的顺口溜促进学生理解组合要点。互动纠错中激发起学生的热情。其次，通过滚动播放剪纸作品，学生从中欣赏并借鉴到一些使画面效果更出彩的方法，增强了大胆参与的信心。

学法提炼：参与示范　互动纠错　尝试组合

五、展示交流与评价（欣赏性活动 4）

1. 学生作品展示——“小小马蒂斯作品展”

《神秘海底》

《原始森林》

《沙漠绿洲》

《星际穿越》

《幻想》

《游戏世界》

《游园会》

《放假啦》

2. 教师示范点评

作品充分利用了各种边角料元素，大块紫色点缀了对比强烈的小小的黄色“眼睛”，像一头大象，黑色、黄色与后面的绿色形成了强烈的对比，小作者说他创作的是《野生动物园》。

3. 学生互动，欣赏与评议

学法指导意图：

学生的审美能力是在不断欣赏评议的实践中提升的。通过教师范例点评，鼓励学生模仿尝试。这样的评议活动，学生不仅理解了知识，更学会了欣赏的方法，同时使欣赏活动更有价值。

学法提炼：欣赏评价

六、拓展交流与总结

我们又一次走近马蒂斯，将彩纸边角料变废为宝，创作出了一幅幅组合装饰画。愿我们拥有灵巧的双手，像艺术家一样创作出更多的精彩。

纸材拼贴　剪出来的画

【活动设计者】

上海市浦东新区莱阳小学　蔡蔚婧

【所对标的教学基本要求】

1. 学习内容：1.1 绘画基础——1.1.4 纸材拼贴

2. 具体要求：

1.1.4 纸材拼贴

① 初步学会运用纸材工具和材料，有意识地撕、剪出不同的形状；

③ 初步学会正确地使用固体胶进行粘贴。

【活动种类】

以休现下列哪类活动为主：

体验性活动（　） 表现性活动（　） 欣赏性活动（ ✓ ）

【设计意图】

《上海市小学美术学科教学基本要求（试验本）》将纸材拼贴的学习要求和水平都界定为 A，知道和初步学会。《剪出来的画》旨在引导学生走近名作，欣赏大师马蒂斯剪纸的基础上，模仿马蒂斯的剪纸风格进行创作。针对二年级学生，我们将此学习活动定位为以欣赏性活动为主。

【活动目标】

活动设计主要引导学生了解马蒂斯，欣赏马蒂斯剪纸作品，感受其人物剪纸造型的特点；学会用简洁、概括、夸张的方法，模仿大师剪出人物动态造型；体验像大师一样用剪纸表现生活的乐趣。

【教学内容】

1. 教材版本：上海教育出版社九年义务教育课本《美术》教材

2. 年级、单元：二年级第二学期第四单元“走近名作”

3. 教学内容：《剪出来的画》

【活动流程】

一、走近名作，欣赏导入（欣赏性活动 1）

1. PPT 出示马蒂斯照片和作品，介绍生平事迹和作品风格

马蒂斯，法国画家，野兽派代表人物，是油画家，又是剪纸艺术家。

2. PPT 出示马蒂斯人物剪纸作品，分享读图感受

 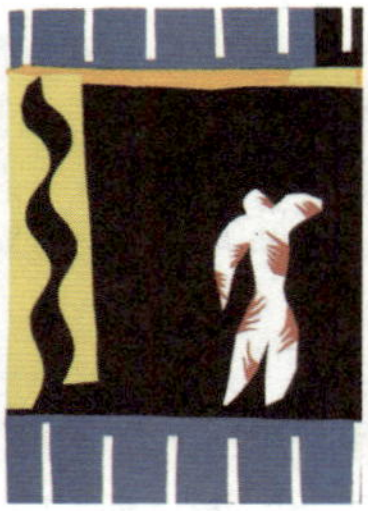  

教师归纳：他的剪纸作品以追求强烈的色彩对比，给人震撼的视觉冲击。

3. PPT 出示两张图片，对比分析

真实人物动态照片

马蒂斯剪纸作品

（1）提问：和真实人物对比，大家发现他的剪纸人物造型有什么特点？

（2）师生共同归纳：人物造型和动态简洁、概括、夸张、变形。

4. 揭示课题：剪出来的画——学做马蒂斯

学法指导意图：

通过读图欣赏、教师介绍初步了解大师马蒂斯的生平事迹和作品风格；通过对比读图初步感知马蒂斯剪纸的独特风格和特点，为尝试模仿像大师一样来剪纸做铺垫。

学法提炼：读图识图　对比观赏　表达交流

二、分析造型，指导方法（欣赏性活动 2）

1. PPT 图片模拟演示：分析马蒂斯剪纸人物的基本造型

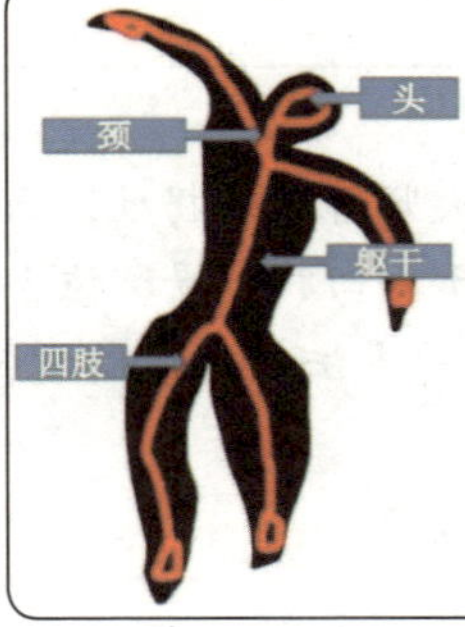

（1）提取火柴人，勾画动态线；

（2）沿火柴人勾勒出人物头、颈、躯干和四肢。

2. 学生模仿方法，也来尝试找人物动态线

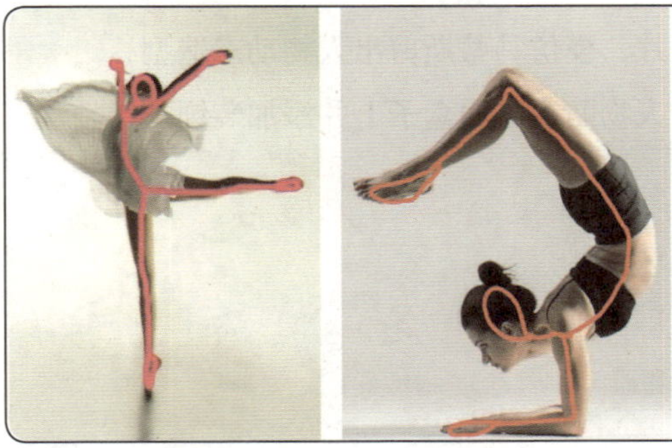

（1）选择一张舞者照片；

（2）用笔找出人物动态线。

3. 教师完整示范，剪出动态的人物

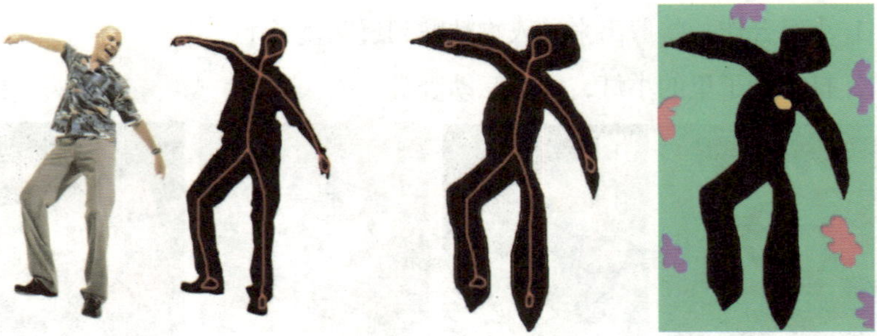

步骤 1　　步骤 2　　步骤 3

步骤 1：参考自己喜欢的动态人物照片，选择彩纸画出火柴人动态线；

步骤 2：沿火柴人勾勒出人物头、颈、躯干和四肢，适当变形、夸张；

步骤 3：剪出人物，反过来粘贴到背景彩纸上并添加装饰。

学法指导意图：

此环节的活动，是想给孩子们提供一副模仿大师剪纸的拐杖，画动态线勾出火柴人，沿火柴人勾勒人物头、颈、躯干和四肢，提醒适当变形、夸张，一步一步演绎，学生找到了浅显易懂的方法，自信心增强，兴趣提升，都想跃跃欲试大胆表现。

学法提炼：观察理解　寻找方法

三、学生练习，教师巡视

1. 练习内容

（1）选择一张人物动态照片，模仿马蒂斯剪出人物动态造型；

（2）小组合作，将剪出的人物贴在透明盒子上并添加装饰。

2. 练习要求

（1）造型简洁、动态夸张；

（2）人物突出、画面生动；

（3）色彩鲜艳、对比强烈；

（4）粘贴牢固、整洁美观。

四、作业展评，互动欣赏（欣赏性活动 3）

1. 小组合作，将剪出来的人物粘贴到透明盒子上

2. 打开盒子里的小灯，师生互动观赏

3. 学生根据练习要求自评互评，教师点评

五、归纳与总结

每一个台灯，“马蒂斯”风味十足，在灯光的映衬下装点了我们的生活。模仿大师，向大师学习，这节课我们不但学到了大师剪纸的方法，而且用双手创造了美！

制版印刷 小小藏书票

【活动设计者】

上海市浦东新区万科实验小学 黄跃舒

【所对标的教学基本要求】

1. 学习内容：1.1 绘画基础——1.1.5 制版印刷

2. 具体要求：

1.1.5 制版印刷

② 初步学会誊印孔版画的制作方法；

⑤ 能收集各种有肌理的材质，初步学会根据主题进行选择和利用，印制出有不同效果的作品。

【活动种类】

以体现下列哪类活动为主：

体验性活动（ ） 表现性活动（ ） 欣赏性活动（ ✓ ）

【设计意图】

《上海市小学美术学科教学基本要求（试验本）》将制版印刷的学习要求和水平都界定为A，初步学会制版印刷。《小小藏书票》在三年级“印出来的画”单元中，更多着眼于让学生认识藏书票这种独特的艺术形式，感受它与其他版画的不同，初步学会誊印孔版画的制作方法。针对中高年级学生，我们将此学习活动定位为欣赏性活动为主。

【活动目标】

活动设计主要引导学生了解藏书票的来历、特点及其作用意义，让学生通过欣赏感受，学习用誊印孔版画来设计、制作小小藏书票，感受它以小见大的趣味性、寓意性和美感，从而获得创作的乐趣。

【教学内容】

1. 教材版本：上海教育出版社九年义务教育课本《美术》教材

2. 年级、单元：三年级第二学期第五单元“印出来的画”

3. 教学内容：《小小藏书票》

【活动流程】

一、导入激趣（欣赏性活动 1）

1. 创设情境，激发兴趣

提问：作为书的小主人，你会怎样为喜爱的书做标记？

2. 直观欣赏：老师自制的藏书票

把它夹或贴在书扉页上，不仅是一枚小小的标志，还让人知晓书主人的信息与审美品位。

3. 感受藏书票的表现形式和意义价值

提问：本单元是版画学习，我们已经发现藏书票就是一张小型版画，那你知道为什么大家喜欢用版画的形式做藏书票吗？

教师小结：版画最大的特点是一版多印，简洁精致的图形尽显藏书主人的品位，有装饰价值，同时，书友间传递、赠送又让它有了交流、交友的价值。

4. 揭示课题：小小藏书票

学法指导意图：

爱书、藏书人都喜欢将署名或标记留在书的扉页一角，此处通过回顾、欣赏藏书票，学生知道它就是版画的生活运用，从而激起学习的兴趣。

学法提炼：情境导入　直观欣赏

二、欣赏认知 （欣赏性活动 2）

1. PPT 欣赏：现代著名版画家李平凡的《藏书票——虎头》

（1）说一说：藏书票和普通的版画有什么不同？

（2）找一找：一张藏书票都由哪些部分组成？

组成部分	特点
—主题图案	小巧：边长不超过10厘米
—国际藏书专用标志	精致：图案简洁美观
—藏书者	实用：有寓意，生活化

（3）教师小结：藏书票由主题图案、通用标志拉丁文缩写“EXLIBRIS”、藏书者组成。它的特点是小巧、精致、实用。

2. PPT 介绍：藏书票的起源

世界上最早的藏书票
[德]克那贝斯贝尔格

中国最早的藏书票
[中]关祖章藏书票

藏书票起源于德国，后传入英国、法国，约在 20 世纪 30 年代传入我国。

3. PPT 再欣赏：一组藏书票

教师介绍：藏书票可以用多种版画形式来制作，木板、铜板、纸板等，图案和文字可以变化位置来组合，简洁的色彩搭配能增强效果和情趣。

学法指导意图：

学生认识藏书票这种独特的艺术形式，并感受它与其他版画的不同。在欣赏、聆听老师介绍中，加深对于藏书票知识的理解，并归纳总结出藏书票的组成元素。

学法提炼：聆听介绍　归纳提炼

三、指导创作（欣赏性活动 3）

1. 再次出示老师制作的藏书票

（1）提问：这与我们前两节课中所学习的吹塑纸版画、纸版画有所不同，有谁知道它是怎么做出来的？

（2）教师介绍誊印孔版画机和材料，学生感受材料的不同。

2. 教师示范，指导誊印孔版画制作方法

步骤 1
绘制草图

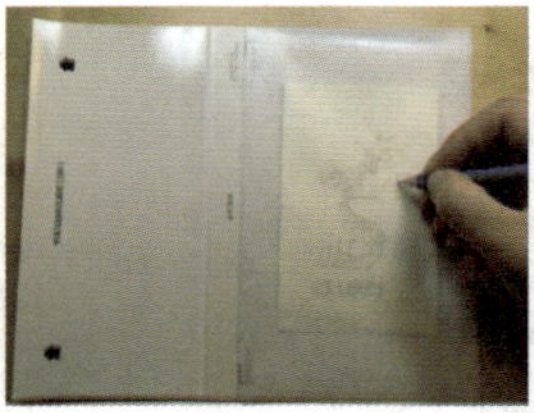

步骤 2
垫入孔板硫酸纸下描绘

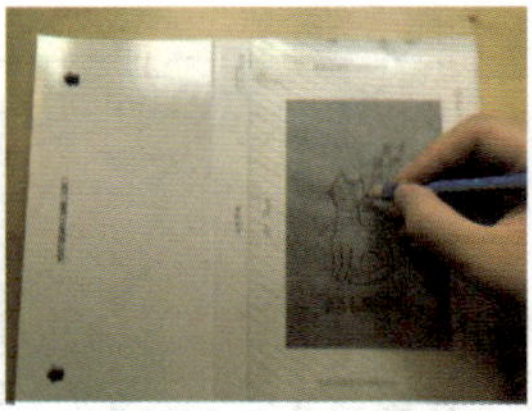

步骤 3
取出草图，垫入砂纸再次描绘

步骤 4
挤上不同颜色油墨

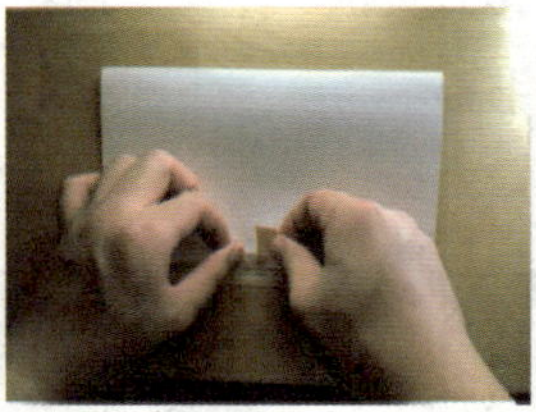

步骤 5
依虚线对折，并折起多余硫酸纸边，取贴纸固定

步骤 6
于孔板画机中放入孔版纸与印刷纸张

步骤 7
合上孔板画机向下按压数秒

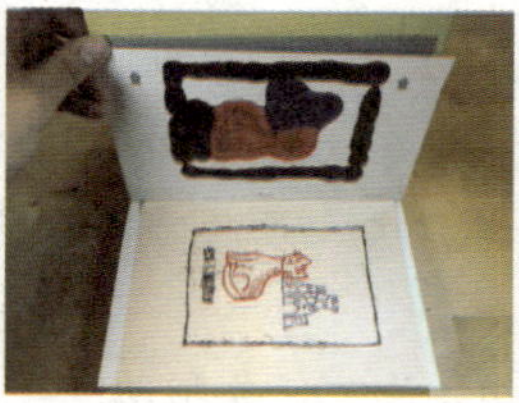

步骤 8
打开孔板画机完成印刷

步骤 9
取出印制好的藏书票

四、尝试创作（欣赏性活动 4）

1. 练习内容

任务单：以你最喜欢的事物为主题素材，用誊印版画的形式制作一枚藏书票。

2. 练习要求

（1）主题图案简洁、生动有趣；

（2）有藏书票的基本组成元素；

（3）控制油墨，压制清晰完整。

3. 特别提醒与指导

教师小结：誊印孔版画和我们前两节课的吹塑纸版画、纸版画有一点不一样，吹塑纸版画中文字是正写反印，誊印孔版画中文字是正写正印，画稿制作更加便捷。

4. 同龄伙伴作品赏析

> **学法指导意图：**
>
> 观摩教师详细的示范步骤，知道誊印版画的制作方法和其他材料版画的不同，学生知晓任务单，进一步欣赏同龄伙伴作品，提高誊印孔版画的制作兴趣。
>
> **学法提炼：**观摩步骤　感知方法　任务驱动

五、展示评价（欣赏性活动 5）

1. 学生作品交流

2. 学生自评互评

> **学法指导意图：**
>
> 每个学生的作品都是独特的，在欣赏同伴作品过程中，感受到创作的乐趣，在教师的点评中培养审美的能力，在交流过程中进一步感受藏书票以小见大的审美特点。
>
> **学法提炼：**分享交流　评价判断

3. 教师点评小结

六、归纳与总结

今天，我们在欣赏藏书票、了解藏书票知识的同时，尝试用誊印孔版画来制作一枚小小藏书票，希望同学们在每一本属于自己的藏书上都贴上亲自制作的藏书票，将阅读、爱护书籍变成我们的好习惯。

雕塑技法 泥条小陶罐

【活动设计者】

上海市浦明师范学校附属小学 傅桢

【所对标的教学基本要求】

1. 学习内容：2.1 雕塑造型——2.1.1 雕塑技法

2. 具体要求：

2.1.1 雕塑技法

① 理解陶泥易于塑造、可雕刻等特性，学会泥条盘筑等泥塑技法；

② 理解各类材料的软硬、凹凸等质感，学会切、拼、贴、推、拉等造型加工的技法。

【活动种类】

以体现下列哪类活动为主：

体验性活动（ ） 表现性活动（ ） 欣赏性活动（ ✓ ）

【设计意图】

《上海市小学美术学科教学基本要求（试验本）》将三年级雕塑技法学习要求和水平都界定为 B，理解和学会。纵观一到三年级泥工课，《泥条小陶罐》首次出现了泥条盘筑的新技法，本活动设计希望更多引导学生通过欣赏来认识新技法并进行陶罐装饰。因此，我们将此学习活动定位为以欣赏性活动为主。

【活动目标】

活动设计主要引导学生通过直观和视觉媒介欣赏、了解泥条盘筑特点；学习搓泥条、泥条盘筑制作并装饰一个小陶罐；感受泥工制作的快乐，感受泥条盘筑线条的装饰美，培养学生的动手能力。

【教学内容】

1. 教材版本：上海教育出版社九年义务教育课本《美术》教材

2. 年级、单元：三年级第二学期第七单元“我们来玩泥”

3. 教学内容：《泥条小陶罐》

【活动流程】

一、欣赏比较，了解泥条盘筑的技法（欣赏性活动 1）

1. 出示实物陶罐和实物泥条盘筑的陶罐，欣赏比较区别

陶罐

泥条盘筑陶罐

2. 出示短视频，欣赏了解泥条盘筑技法

3. 教师归纳小结：泥条盘筑法，是把陶泥搓成长条，以螺旋式的方法由下向上盘筑成器型，再用手或简单工具里外轻轻按、捏或拍打压牢。

4. PPT 出示泥条盘筑作品，欣赏感受

师生共同归纳泥条盘筑陶罐的特点：质朴、粗犷、自然。

5. 揭示课题：泥条小陶罐

学法指导意图：

通过对陶罐和泥条盘筑作品欣赏比较，学生了解泥条盘筑的泥工新技法知识；通过再次有意欣赏，学生感受泥条盘筑的陶罐的艺术特点，激发泥工制作的兴趣。

学法提炼： 欣赏比较　了解新知　激发兴趣

二、指导制作，学习泥条盘筑的方法（欣赏性活动 2）

1. 分小组准备好陶土泥块，调好泥浆

（1）组员将泥块等分备用；（2）组长调好泥浆备用。

2. 欣赏教师示范，指导泥块搓成条

①取一团泥块

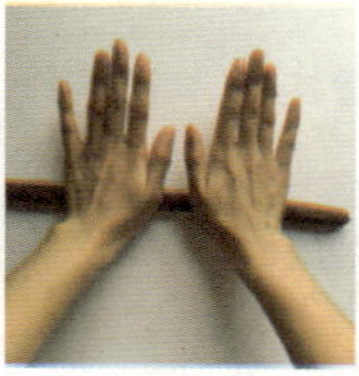

②掌心从中间向两边轻轻搓

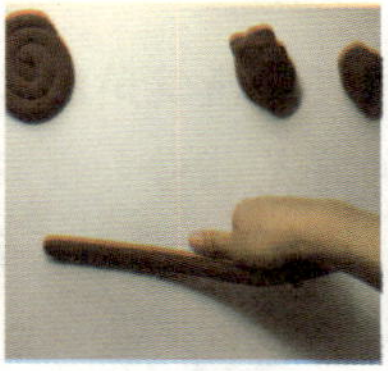

③用力均匀，每根泥条粗细匀称

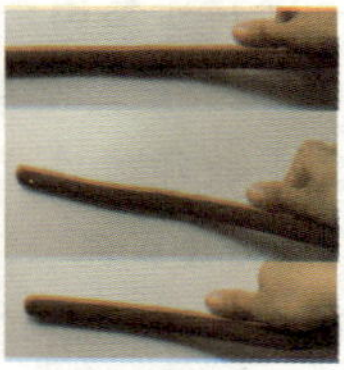

④将泥块全部搓成条备用

3. 欣赏教师示范，指导泥条盘筑成器型

①取一根泥条，从一头开始由内向外盘成圈，完成陶罐底座。

②另取泥条，向上盘罐身，蘸取泥浆边盘边压牢。

③继续向上盘条，边盘边筑型。

④盘完罐身，整体调整。

4. 指导创意装饰陶罐

（1）提问：我们用泥条盘筑的方法，完成了小陶罐的造型，是不是可以用泥条使它更美观？你有什么好办法来装饰？

（2）小组讨论，互动交流

鼓励学生泥条变变变，一起来装饰罐身。

①泥条变变变

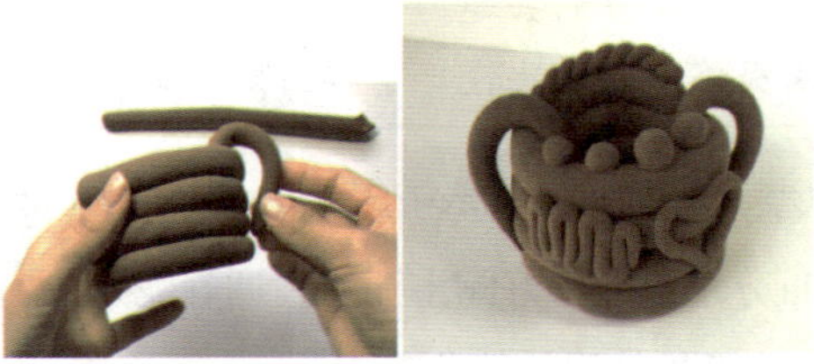

②泥条装饰罐身

学法指导意图：

对学生而言，泥条盘筑是泥工新技法，欣赏作品，初步感受的同时，需要教师方法上的详尽指导。于是，通过直观演示，引导学生细致观赏“泥块搓成泥，泥条盘筑成器型，创意装饰”三步骤，掌握方法。

学法提炼：欣赏观摩示范步骤

三、学生练习，尝试泥条盘筑陶罐

1. 练习内容：运用泥条盘筑的基本方法制作并装饰小陶罐

2. 练习要求

（1）搓成泥条，粗细均匀；

（2）盘筑陶罐，器型优美；

（3）装饰陶罐，创意大胆；

（4）盘条静心，筑型细致。

3. 过程性指导与评价

四、展示与评价（欣赏性活动 3）

1. 介绍自己的作品

2. 评评别人的作品

五、归纳与总结

今天我们学到了泥工新技法——泥条盘筑，利用泥条塑器型并创意装饰，制作了别具风格的小陶罐。

雕塑技法　古代编钟

【活动设计者】

上海市浦东新区万科实验小学　李艺伟

【所对标的教学基本要求】

1. 学习内容：2.1 雕塑造型——2.1.1 雕塑技法

2. 具体要求：

2.1.1 雕塑技法

① 理解陶泥易于塑造、可雕刻等特性，学会泥条盘筑、泥板成型、泥团捏塑、围卷成型、支架造型等泥塑技法；

② 理解各类材料的软硬、凹凸等质感，学会切、挖、拼、贴、推、拉等造型加工的技法。

【活动种类】

以体现下列哪类活动为主：

体验性活动（　）　表现性活动（　）　欣赏性活动（ ✓ ）

【设计意图】

《上海市小学美术学科教学基本要求（试验本）》将三至五年级雕塑技法

的学习要求和水平界定为B，理解和学会。本课在四年级教材中归在“古代瑰宝”单元第一课，学生通过欣赏古代编钟，了解编钟造型特点和文化内涵，并运用多种泥工技法仿制并装饰编钟。针对四年级学生，我们将此学习活动定位为以欣赏性活动为主。

【活动目标】

活动设计主要引导学生通过情境聆听编钟古乐，欣赏古代编钟，感受青铜艺术的魅力；了解编钟的造型特征和装饰图案特色，尝试运用泥工综合技法仿制并装饰编钟；提高学生的塑造能力，增强保护文物的意识，激发民族自信心。

【教学内容】

1. 教材版本：上海教育出版社九年义务教育课本《美术》教材

2. 年级、单元：四年级第二学期第七单元“古代瑰宝”

3. 教学内容：《古代的编钟》

【活动流程】

一、聆听古乐，欣赏感受，揭示课题（欣赏性活动1）

1. 观赏视频，聆听编钟古乐

2. 教师介绍曾侯乙编钟：战国早期文物，是中国古代大型打击乐器，由六十五件青铜编钟组成，依大小不同有次序悬挂，造型独特，装饰图案精致，音色优美，音域宽广，是我国古代文化艺术的瑰宝。

3. PPT图片演示，教师介绍编钟的组成部分

曾侯乙编钟

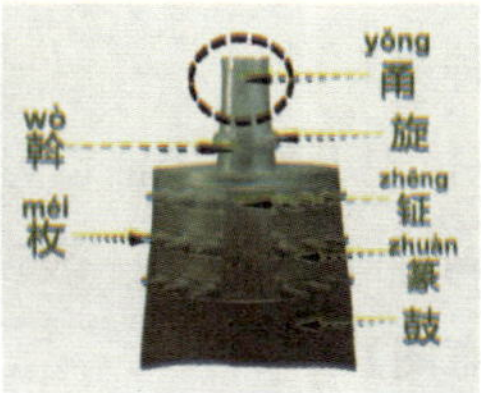

编钟的组成部分

4. PPT 出示图片，欣赏编钟的各种造型

感受并归纳：编钟外形简洁、朴实；造型结构左右对称。

5. 揭示课题：古代的编钟

> **学法指导意图：**
>
> 通过聆听古乐，观赏视频，教师介绍曾侯乙编钟，学生对编钟的外形结构、造型特征、文物价值有了一定的了解，为学习泥工制作编钟打下铺垫，提高学生的学习兴趣。
>
> **学法提炼：**聆听古乐　欣赏感受　激起兴趣

二、欣赏发现，讨论方法，指导制作（欣赏性活动 2）

1. 小组探究：如何用陶泥仿制编钟？

师生归纳小结：先塑编钟立体造型，然后装饰编钟。

2. 讨论塑立体编钟的方法

教师视频演示步骤：

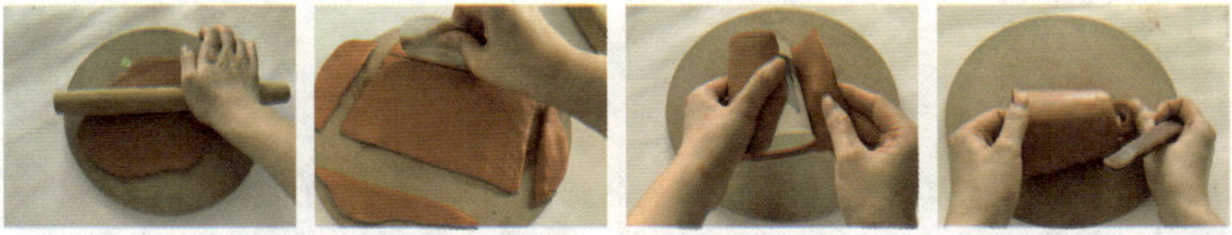

① 将泥团压制成泥板　② 切割泥板成长方形　③ 将泥板包裹在纸杯上　④ 捏塑编钟外形

3. PPT 出示：编钟纹样，欣赏感知

象纹

鱼纹

蟠龙纹

牛角型兽面纹

凤鸟纹

蝉纹

云纹

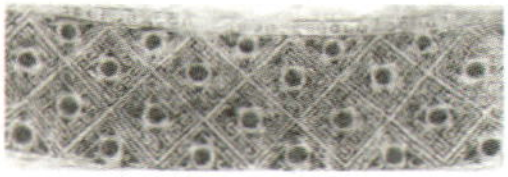

百乳雷纹

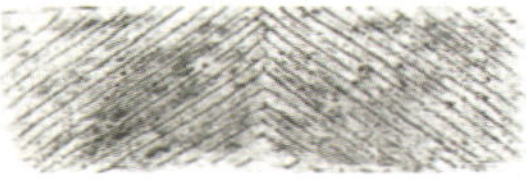

斜条纹

教师介绍：古人膜拜自然，敬畏天神，编钟纹样大多源于生活，主要围绕动物、自然元素去创造。

4. 教师当场示范：纹样装饰的各种方法

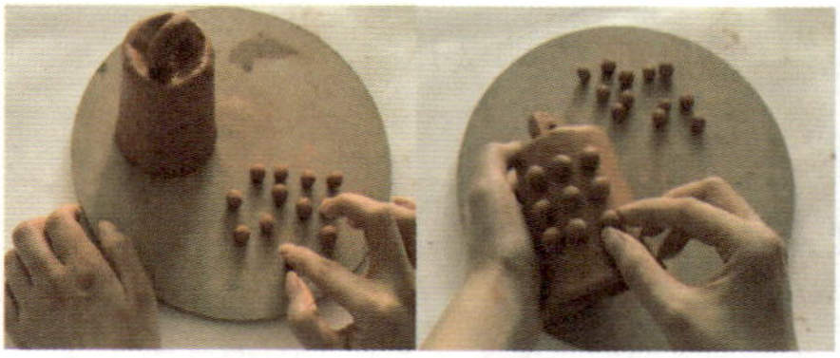

方法 1: 泥点粘贴

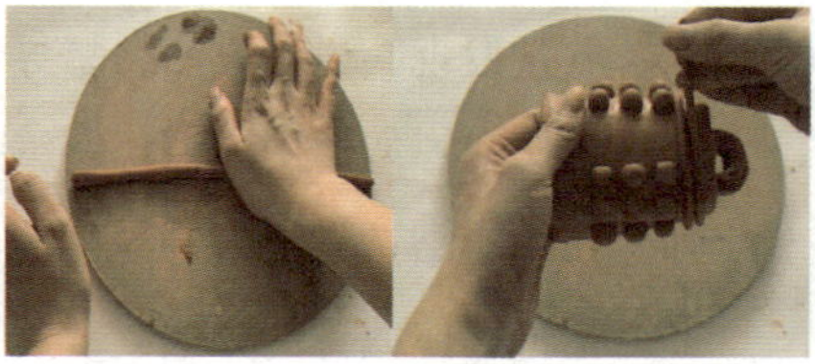

方法 2: 泥条盘筑

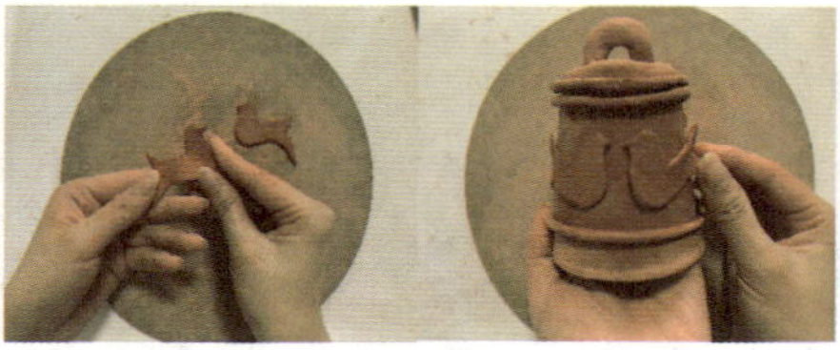

方法 3: 纹样叠加

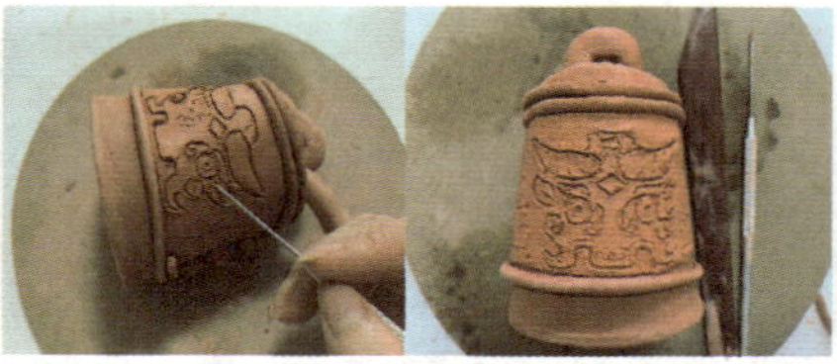

方法 4: 纹样刻画

学法指导意图：
此环节继续引导学生欣赏编钟和编钟纹样，主动探究泥工制作方法。通过老师的视频演示和直观示范，给学生自主创意的空间，增强他们制作表现的愿望。
学法提炼：有意欣赏　感受示范　主动探究

三、材料就绪，学生仿制，教师巡视
1. 陶泥工具材料准备就绪
2. 练习内容：以小组为单位，每人仿制一个，组成一套古代编钟
3. 练习要求
（1）能塑出外形优美的立体编钟；
（2）能运用多种泥工技法装饰纹样；
（3）能小组合作共同完成一套编钟作品。
4. 学生塑造，教师巡视
四、展示与评价（欣赏性活动 3）
1. 小组展示并介绍作品

2. 组员相互评价
3. 教师点评并小结
五、欣赏与拓展（欣赏性活动 4）
1. 欣赏青铜古鼎的图片

2. 简要介绍青铜古鼎，为本单元下一节课做铺垫

> **学法指导意图：**
> 以小组为单位进行欣赏与评价，鼓励学生把握练习要求，分享优秀的泥工编钟作品。再次拓展欣赏青铜古鼎，为单元下一课做好铺垫。
> **学法提炼：**关注练习要求欣赏点评　拓展欣赏　铺垫渗透

六、归纳与总结

今天，我们一起欣赏并用陶泥制作了我们中华民族的艺术瑰宝——编钟，了解了编钟的独特造型与精美的装饰纹样，感受了编钟的历史文化，欢迎同学们继续在课下探索我们中国源远流长的古韵文化……

构思表现　城市雕塑

【活动设计者】

上海市浦东新区新时代小学　蔡一应

【所对标的教学基本要求】

1. 学习内容：2.1 雕塑造型——2.1.2 构思表现

2. 具体要求：

2.1.2 构思表现

① 能根据主题，确定创作对象的表现形式和表现重点；

③ 能根据造型需求，运用局部加工或改变现成品的方法，通过拼搭、剪切重组，创作出新形象。能根据造型需求，选择生活中的材料，辅助塑造形象或完善形象；

④ 能根据对比、重复、渐变等形式原理，制作具有对称、均衡、变化等形式美感的立体造型。

【活动种类】

以体现下列哪类活动为主：

体验性活动（ ） 表现性活动（ ） 欣赏性活动（ ✓ ）

【设计意图】

《上海市小学美术学科教学基本要求（试验本）》将雕塑造型中造型表现的学习要求和水平都界定为 A，理解并初步学会。城市雕塑是三年级第二学期“都市印象”单元第三课，旨在通过欣赏中外著名城市雕塑，选择生活中的综合材料，鼓励学生创意制作主题城市雕塑。因此，我们将此学习活动定位为以欣赏性活动为主。

【活动目标】

活动设计主要引导学生欣赏城市雕塑，了解它的内涵和意义；在交流感受过程中，选用综合材料，运用折、卷、剪、插、粘、连接、组合等方法，制作以迪士尼小镇为主题的城市雕塑；体验变废为宝构思表现城市雕塑的乐趣。

【教学内容】

1. 教材版本：上海教育出版社九年义务教育课本《美术》教材

2. 年级、单元：三年级第一学期第四单元“都市印象”

3. 教学内容：《城市雕塑》

【活动流程】

一、欣赏城雕，揭示课题（欣赏性活动 1）

1. PPT 出示图片：中外著名城市雕塑

《起来》(中国)

《和平》(中国)

《美人鱼》(丹麦)

《鱼尾狮》(新加坡)

2. 师生互动，分享城市雕塑背后的故事，感受城市雕塑的人文精神

3. PPT 出示：校园雕塑和城市雕塑

《火凤凰》校园雕塑

《日晷》城市雕塑

(1)带问题欣赏：这两组城市雕塑和刚才出示的城市雕塑有什么不一样?

(2)师生讨论归纳：前一组雕塑造型具象、塑造优美；后一组雕塑造型抽象、色彩鲜明，运用了卷曲、折叠、组合、插接等方法，充满活力，在城市环境里形成了一道靓丽的风景线。

(3)揭示课题：城市雕塑。

4. 视频再欣赏：世界各地的城市雕塑，感受制作城市雕塑的各种材质

学法指导意图：

通过欣赏中外著名城市雕塑入手，学生知晓雕塑对一个城市的价值意义，再带学生感受校园和身边的雕塑，引导发现城市雕塑的不同表现风格和材质运用，充分打开学生的视野和创作思维。

学法提炼：有意欣赏　视觉感受

二、感受材料，指导制作（欣赏性活动 2）

1. 出示“百宝箱”，感受本节课收集的材料

闪光扭扭棒、立方体、吸管、彩色棉球、纸盘子、乒乓球、棉签……

2. 感受体验材料，尝试变造型

（1）复习单元技法，学生动手，玩一玩材料。

（2）师生共同归纳材料变造型的方法。

折　　卷　　插　　扭　　连接

3. 再次欣赏城市雕塑，感受构思和表现

（1）视屏播放：城市雕塑集萃。

（2）感受城市雕塑的造型、创意、色彩。

（3）提炼城市雕塑制作方法：拼接、组合、穿插。

4. 综合各种材料，指导制作城市雕塑

（1）随机选取学生改变过的材料，组合制作

（2）演示示范制作方法：

连接吸管

重复并改变位置

拼搭扭扭棒

粘贴大小球

组合立方体

（3）强调构思创作，组合制作的小秘诀

联想迪士尼小镇的特色；各种材料组合拼接考虑有大有小，有粗有细，变化位置，高低错落，疏密有致。

学法指导意图：

此环节学生充分感受百宝箱内的各种综合材料。首先，学生感受材料，尝试将现成材料变造型，其次通过欣赏，提炼拼接、组合、穿插等的制作方法。

提炼：感受材料　知晓方法

三、综合材料，体验塑造

1. 学生练习内容

利用综合材料为浦东迪士尼小镇做一个城市雕塑，体现快乐、童趣、梦幻的小镇特色。

2. 练习要求

（1）能贴切主题，突显迪士尼小镇特色；

（2）能选择材料，综合运用各种塑造方法；

（3）能组合材料，考虑大小、高低、疏密等要素。

3. 学生动手实践，教师巡视指导

四、城市雕塑展示，互动评价（欣赏性活动 3）

1. 迪士尼小镇雕塑展即将开幕，请挑选最吸引你的雕塑，说说理由

（1）各组代表介绍雕塑，说说自己作品的独特创意，体现了迪士尼小镇怎样的特色？

（2）学生互评，教师点评，说说材料的选择和组合的方法。

五、归纳与总结

今天，我们运用身边的各种材料连接、组合、拼接、穿插为迪士尼小镇画龙点睛设计制作了一座座充满童趣、梦幻的城市雕塑，为大家的创意喝彩。

材料应用　皮影艺术

【活动设计者】

上海市崇明区竞存小学　陈怡

【所对标的教学基本要求】

1. 学习内容：5.2 欣赏的方法——5.2.1 描述的方法。

2. 具体要求：

5.2.1 描述的方法

① 学会从作品内容的角度，描述作品呈现的信息以及作品的表现形式和题材；

② 能说出作品的主要内容与形象特征以及所运用的线条、形状、色彩和肌理；

③ 学会从作品的表现形式及手法的角度，描述作品的呈现效果。

【活动种类】

以体现下列哪类活动为主：

体验性活动（　）　表现性活动（　）　欣赏性活动（ ✓ ）

【设计意图】

《上海市小学美术学科教学基本要求（试验本）》将欣赏评述模块中三至五年级“欣赏的方法”之“描述的方法”的学习水平界定为B，理解和学会。同时具体要求学生在学习活动中要学会从作品内容的角度，描述作品呈现的信息以及作品的表现形式和题材，从作品的表现形式及手法的角度，描述作品的呈现效果。因此我们根据《上海市小学美术学科教学基本要求（试验本）》建议设计随堂欣赏活动形式，将这一学习活动确定为以欣赏性活动为主。

活动设计主要引导学生在欣赏理解的基础上，运用学过的基本知识，学会描述皮影作品的造型特点和纹样装饰方法与效果。在学习活动中，体会作品呈现出的美感，认识并理解作品中的人文内涵，形成审美经历，提高审美判断与艺术欣赏能力。

【活动目标】

活动设计主要引导学生欣赏皮影艺术，让学生在活动中初步了解皮影艺术的文化传统与相关知识，知道皮影表演的方法，皮影绘制的要点。通过与其他艺术形式的欣赏与比较，总结皮影的造型特征，在尝试绘制过程中感受传统文化的珍贵与历史价值，感受皮影艺术的魅力人物精细与简洁之美，体会传统文化，引导学生热爱民间艺术。

【教学内容】

1. 教材版本：上海教育出版社九年义务教育课本《美术》教材

2. 年级、单元：四年级第二学期第二单元“感受民间艺术”

3. 教学内容：《皮影艺术》

【活动流程】

一、交流与导入

1. 学生带着问题欣赏皮影《西游记》视频，独立观看、思考并描述这段影片呈现的信息，采用的是什么艺术形式？（皮影艺术）

2. 学生欣赏图片，了解本课学习任务（“感受民间艺术”单元的第一课《皮影艺术》）

3. 领取学习任务单，进行欣赏探究准备。

活动评价：即时点评。

> **学法指导意图：**
>
> 通过直观的皮影艺术视频欣赏，引导学生描述作品的主要内容，激发学生兴趣，引入本课项目化学习内容。
>
> **学法提炼：**独立学习　观察欣赏　描述表达

二、欣赏与探究

1. 学生欣赏传统皮影艺术表演，描述皮影的表演形式

独立学习：观察、描述等。

2. 学生欣赏传统皮影造型，说出主要形象和题材

合作学习：探究、交流等。

3. 学生欣赏皮影人物整体形象实物，交流讨论造型特点

小组合作讨论：阅读教师提供的文稿，小组同学一起找一找皮影人物造型特点是什么？（如皮影造型艺术化、平面化、卡通化的造型特点）

4. 学生欣赏人物头部形象，说出所运用的装饰纹样、色彩

交流：欣赏皮影人物作品的纹样装饰，用语言来描述皮影艺术作品主要运用的装饰纹样、色彩有哪些。

活动评价：学习任务单评价。

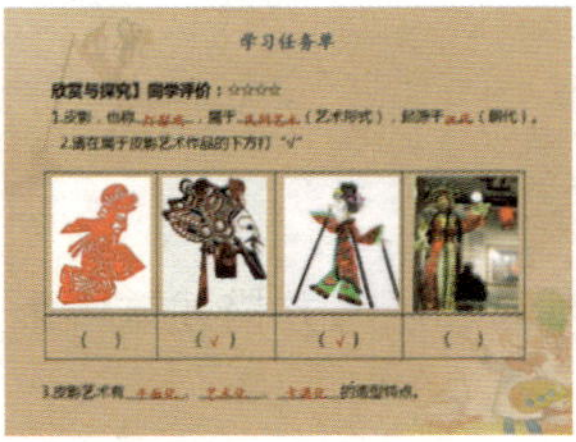

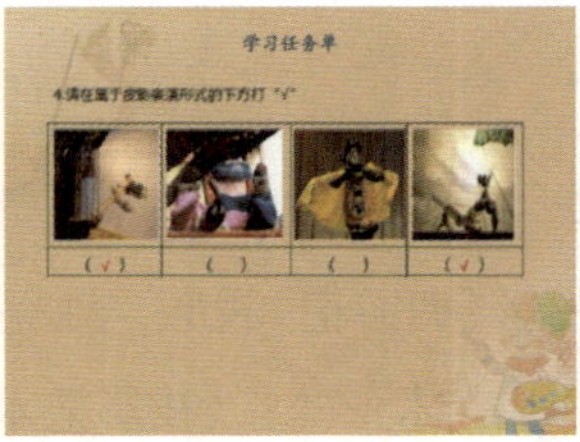

学法指导意图：

在本活动中，教师积极鼓励学生通过自己全方位、多角度的欣赏、观察、触摸，去发现和确定皮影艺术品中的主要形象，全面深入地感受皮影作品的艺术效果与魅力。在老师的帮助下，通过细节去寻找和发现皮影艺术的表现手法，用语言描述出来。在描述时，教师鼓励学生积极参与作品的评述，发表不同的观点，在讨论中创设分享与交流的情景和氛围。

学法提炼：实物触摸　对比欣赏　观察探究　讨论交流　书写记录

三、观察与体验

1. 观察教师局部示范

2. 练习内容：模仿绘制一个侧面皮影人物造型

学法指导意图：

通过教师示范，增强课堂教学的直观性，能使学生更好地把握学习的方法和技巧，学生能基本掌握皮影纹样装饰的基本规律、方法。

学法提炼：感知示范　实践运用

学生临摹作品：

四、展示与评述

1. 合作学习：各小组学生在相互评价交流作品的基础上推荐作品展示

2. 独立学习：学会从作品的表现形式及手法的角度，描述自己和同伴作品的呈现效果活动评价：即时点评、学习任务单评价。

> **学法指导意图：**
> 在尝试评述同伴的作品时，通过教师引导和鼓励，学生在描述皮影人物整体内容及画面呈现的效果的基础上，尽量观察皮影人物中的细节，具体描述造型特征以及其运用的色彩、装饰花纹。
> **学法提炼：**对比欣赏　局部观察　讨论交流

五、欣赏与拓展

1. 欣赏唐山、蒲城、北京、陕西等地的皮影作品，了解四类代表性的皮影戏

2. 聆听教师提供的美术展观资讯和网络资源地址，获取了解相关皮影艺术活动的途径、方法和活动规范

活动评价：即时点评。

> **学法指导意图：**
> 在本活动中，教师鼓励学生通过网上浏览、实地观摩等形式对皮影艺术作品的相关内容进行了解。以独立学习与合作学习结合的形式，用多样的方式，进行皮影艺术欣赏。
> **学法提炼：**观察欣赏　了解倾听　查阅记录

附1：

《皮影艺术》学习评价表

班级：　　　　　　　　**姓名：**

评价维度	观察点	观察内容	评价建议	评价结果
学习兴趣	关注	在教师的引导下，对皮影艺术感兴趣的情况。	☆☆☆☆对皮影艺术感兴趣，经过学习认识的皮影艺术知识有所增加。 ☆☆☆在教师的引导下，对皮影艺术感兴趣，经过学习认识的皮影艺术知识有所增加。 ☆☆在教师的引导下，对皮影艺术感兴趣，能够分辨皮影艺术。 ☆对皮影艺术不感兴趣，不能辨认皮影艺术。	

续表

评价维度	观察点	观察内容	评价建议	评价结果
	探究	在教师的引导下有寻找皮影艺术造型特点和表演形式的意愿。	☆☆☆☆能够主动寻找皮影艺术造型特点和表演形式。 ☆☆☆能够在教师的引导下，寻找皮影艺术造型特点和表演形式。 ☆☆能够在教师的引导下，学习皮影艺术造型特点和表演形式。 ☆不愿意寻找皮影艺术造型特点和表演形式。	
学习习惯	观察	在教师的引导下发现皮影艺术造型、纹样装饰等特征的情况。 在教师的引导下用比较的方法进行观察的情况。	☆☆☆☆能够主动运用比较的方法，发现皮影艺术造型、纹样装饰等特征。 ☆☆☆能够在教师的引导下，运用比较的方法，发现皮影艺术造型、纹样装饰等特征。 ☆☆能够在教师的引导下，发现皮影艺术造型、纹样装饰等特征。 ☆不能发现皮影艺术造型、纹样装饰等特征。	
	操作	按要求进行欣赏与评述情况。	☆☆☆☆能够按照学习任务单要求主动完成各项作业。 ☆☆☆在教师的部分提示下完成学习任务单。 ☆☆在教师的全程指导下完成学习任务单。 ☆经教师多次指导也不能完成学习任务单。	
	参与	参与欣赏与评述活动并完成学习任务单的情况。	☆☆☆☆自始至终认真参与欣赏评述活动。 ☆☆☆在师生的提醒下完成欣赏评述活动。 ☆☆在师生的屡次提醒下完成欣赏评述活动。 ☆经多次提醒也不能参与到欣赏评述活动中。	
学习成果	分析评述	用语言、绘画或文字等形式表达个人见解的情况。	☆☆☆☆能够运用积累的美术及综合知识表达对皮影艺术的个人见解。 ☆☆☆能够在教师的启发下，运用美术学科用语表达对皮影艺术的个人见解。 ☆☆能够模仿教师或同学，表达对皮影艺术的见解。 ☆不能表达对皮影艺术的见解。	
评语				

附 2：

《皮影艺术》学习任务单

班级： **姓名：**

【欣赏与探究】同学评价：☆☆☆☆

1. 皮影，也称________，属于______（艺术形式），起源于______（朝代）。

2. 请在属于皮影艺术作品的下方打“√”

（ ）	（ ）	（ ）	（ ）

3. 皮影艺术有____________、____________、____________的造型特点。

4. 请在属于皮影表演形式的下方打“√”

（ ）	（ ）	（ ）	（ ）

【观察与体验】同学评价：☆☆☆☆

5. 皮影纹样主要取材于__________________________。

6. 皮影人物侧面造型的口诀是：__________小尖嘴，弯眉细眼________。

【展示与评述】同学评价：☆☆☆☆

7. 在下列三张皮影作品中选择一张进行临摹。（在图画本上完成）

工艺表现　我们做花灯

【活动设计者】

上海市崇明区长兴小学　林嘉鑫

【所对标的教学基本要求】

1. 学习内容：3.1 民间工艺——3.1.2 材料应用

2. 具体要求：

3.1.2 材料应用

① 学会用对折剪的方法制作对称的窗花；

② 通过制作体验，了解民间剪纸纹样的造型结构与装饰表现特点。

【活动种类】

以体现下列哪类活动为主：

体验性活动（　）　表现性活动（　）　欣赏性活动（ ✓ ）

【设计意图】

《上海市小学美术学科教学基本要求（试验本）》将一年级的工艺表现知

识、技能的学习水平界定为A，知道和初步学会。《我们做花灯》是二年级第一学期第七单元“感受民间艺术”单元内容，学生通过学习民间花灯的基本造型与工艺特点后，能用剪、刻、插、粘等方法制作一盏花灯。因此，笔者将这一学习活动确定为欣赏性活动为主的学习活动。

【活动目标】

学习活动中学生在欣赏和制作的过程中知道看花灯是中国传统的民间习俗，知道民间花灯的基本造型与工艺特点，乐于用剪窗花、做花灯等中国传统方式庆祝节日，感受用剪纸作品和花灯美化生活的乐趣。

【教学内容】

1. 教材版本：上海教育出版社九年义务教育课本《美术》教材

2. 年级、单元：二年级第一学期第七单元“感受民间艺术”

3. 教学内容：《我们做花灯》

【活动流程】

一、回顾与导入（欣赏性活动1）

1. 学生独立学习，交流上节课的作业。思考：连续纹样的窗花在折剪与对折剪的过程中尤其需要注意什么？（要注意的是不能剪掉图形中的连接处）

2. 学生观看元宵花灯视频，感受元宵节的气氛，了解本课学习任务（“感受民间艺术”单元的第三课《我们做花灯》）

活动评价：即时点评。

学法指导意图：

单元知识的承上启下，有利于学生对单元知识体系的理解和掌握，独立思考并回顾之前的知识，更利于对纸插接花灯的制作方式与装饰表现特点知识内容的学习。

学法提炼：独立学习　欣赏观察

二、探究与发现（欣赏性活动 2）

1. 学生合作学习探究花灯的制作方式

了解花灯的制作方式——纸的插接。

2. 学生合作学习探究花灯的基本外形：探究一下哪些形状适合做花灯？哪些形状不适合做花灯？（外形设计要契合纸插接的制作方式以及体现花灯的功能）

再次观察不同种类的花灯，感受其造型特点及适合度。

3. 聆听教师小结：正如同学们观察的那样，民间艺人制作纸插接的立体花灯时，选择的花灯外形是左右对称形式的，这样的形式更容易进行纸插接。

活动评价：即时点评。

学法指导意图：

指导各小组学生通过合作学习对花灯实物进行探究，确保学生都能知道纸插接花灯的形式以及它的外形特征，并且参与到其制作方式的探究中去。同时，可选择动手能力较强的学生负责分析，让学生更好地掌握花灯的制作特点。

学法提炼：合作学习独立学习结合　自主尝试　合作交流　描述分析

三、观察与体验（欣赏性活动 3）

1. 学生独立学习体验花灯制作。

（1）利用教具尝试剪出花灯的插接口，发现剪制中遇到的问题。

（2）师生互动，探讨花灯插接口的深度。

（3）探讨花灯实物，结合所学内容，发现花灯的纹样主要是以中国民间纹样进行装饰，学生进一步丰富装饰。

（4）观察教师示范过程。

2. 了解练习要求，独立学习完成花灯的制作

活动评价：即时点评。

1. 对折彩纸

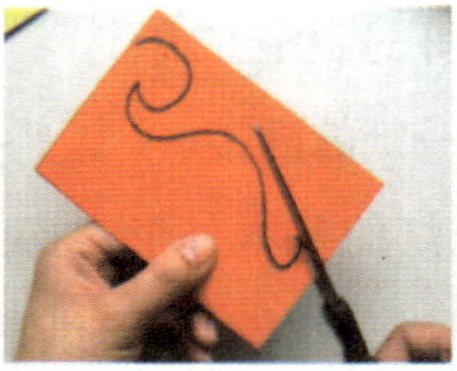

2. 剪出外形

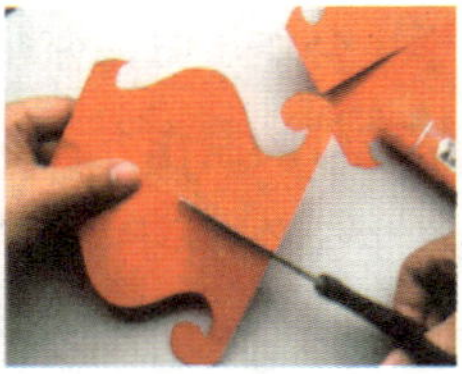

3. 剪开插口

4. 接插灯片

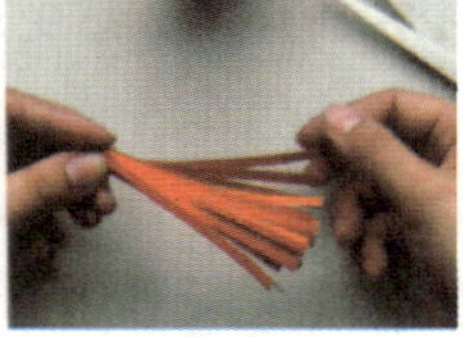

5. 折剪灯穗

学法指导意图：

在观察教师示范、互动探究、欣赏作品等学习过程中，明确练习内

容和练习要求；用对比观察的方式引导学生思考、归纳花灯的制作技巧，逐步掌握纸插接花灯的制作方法和如何美化花灯的方法。

学法提炼：合作学习独立学习　自主观察　互动探究　讨论交流　练习表现

四、尝试与练习

1. 练习内容：

选择自己喜欢的花灯样式，用纸插接的方式制作一个节日花灯。

2. 练习要求：

（1）能够用纸插接的方式制作一个节日花灯；

（2）花灯的造型和纹样美观。

五、展示与评述（欣赏性活动 4）

1. 在教室内挂上设计的花灯并进行展示，体验成功的乐趣

2. 运用纸插接方式制作花灯的知识进行欣赏、分析、相互评价交流作品

（1）展示欣赏：学生根据教师提供的评价要求，欣赏同伴的花灯作品。

（2）聆听教师评述作品示范。

（3）学生大胆发言，积极参与评价与交流，从花灯的欣赏角度评议同伴的作品。

活动评价：即时点评、学生自评、师生互评。

学法指导意图：

本环节体现“教”“学”“评”三个教学环节的一致性，让学生感受成功的乐趣，提高学习自信。

学法提炼：合作学习独立学习结合　讨论交流　欣赏评述

六、欣赏与拓展（欣赏性活动 5）

1. 本课内容学习总结，欣赏不同类型花灯的材料以及制作方式

2. 回顾并总结“感受民间艺术”单元中三课的学习内容，下节课交流

活动评价：即时点评。

学法指导意图：

本节课是“感受民间艺术”单元教学设计 3 课时的最后一课，更侧重对单元知识的总结和梳理。拓展环节让学生知道花灯的种类、材料和制作方式有很多，回顾和总结本单元内容就显得尤为重要，培养学生知识的总结能力和梳理能力。

学法提炼：独立学习　倾听欣赏　教材阅读

七、归纳与总结

赏元宵灯,享中国节。今天,我们通过欣赏多样的元宵花灯感受到中国传统节日的魅力所在，同学们细致入微地观察花灯样式和结构，初步学会了用纸插接的方法制作元宵花灯，老师为你们细致耐心的观察和尝试感到骄傲和自豪。

图形设计　美化人行道

【活动设计者】

上海市崇明区裕安小学　沈绒

【所对标的基本教学要求】

1. 学习内容：4.1 平面设计——4.1.1 图形设计

2. 具体内容：

4.1.1 图形设计

① 能发现自然与生活中的图形；

② 知道点、线、面是构成图形的基本元素，能用点、线、面设计图形。

【活动种类】

以体现下列哪类活动为主：

体验性活动（　）表现性活动（　）欣赏性活动（ ✓ ）

【设计意图】

《上海市小学美术学科基本教学要求（试验本）》将一、二年级图形设计的学习要求和水平界定为A，即初步学会。《美化人行道》是一年级第二学期的内容，本课从欣赏同伴作品出发，引导学生对同伴作品简单描述，简单分析图案构成及图案的安排与组织，通过欣赏、评论同伴作品发现图案的对称美。为此，我们将本次活动定位为以欣赏性活动为主。

【活动目标】

活动设计主要引导学生在观察的基础上发现地砖图案的特点，运用预先剪好的几何形状，通过大小、虚实以及不同图形的变化组合，拼贴出对称的地砖图案，在制作的过程中体会人行道地砖对城市环境的美化作用，激发学生建设家乡的情感。

【教学内容】

1. 教材版本：上海教育出版社九年制义务教育课本《美术》教材
2. 年级、单元：一年级第二学期第四单元“让城市更漂亮”
3. 教学内容：《美化人行道》

【活动流程】

一、形状来聚会

1. 复习剪过的图形
2. 新图形菱形 ◆ 和爱心型 ♥ 的剪法，学生叙述，教师演示
3. 让学生说说这样剪的原因
4. 剪出4个相同的基本形

> **学法指导意图：**
>
> 在导入环节，有3个递进的小活动，先让学生回忆各种形状以及它们的剪法，再通过学生叙述教师配合演示的方法学习新形状的剪法，鼓励孩子积极动脑剪出新图形。最后通过动手剪引导学生总结出图形是

对称的，用重叠剪的方式剪出 4 个相同的图形备用。为后面的地砖设计打下基础。

学法提炼：复习巩固　观察叙述

二、路面小秘密（欣赏性活动 1）

1. 对比激趣（出示照片）

（1）学生仔细观察学校的两条小路。

（2）说说自己喜欢哪一条小路，并且说出原因。

（3）得出结论：其中一条小路颜色不鲜艳、图案单调。

（4）我们要不要为我们学校的小路设计一个漂亮的图案？

（5）出示课题：美丽的小路。

2. 观察发现

（1）放大漂亮小路的路面。让学生仔细观察，然后交流各自的发现。

（2）学生交流得出结论：路面由一块块地砖铺成的。

（3）一块地砖的图案由什么组成？是怎么组成的？（地砖的图案由基本形组成，并且是对称的。）

（4）小结：我们设计地砖的时候也要用基本形，也要对称。

学法指导意图：

本活动设定了一个学习情境，通过观察校园里的小路，为校园设计小路等活动加强孩子与校园的亲近度，并产生一种“以我之能为校园出一份力”的责任感。通过对比发现学校的小路需要改进的地方，引发学生想为学校设计小路的兴趣，并在对比、观察中找出地砖图案的组成规律。

学法提炼：欣赏交流　比较观察　描述表达

三、创意大比拼

1. 用 1 个大正方形  和 4 个小  尝试拼贴一块“地砖”

（1）两个同学演示，其他同学用自己的图形进行拼贴。

（2）示范步骤：

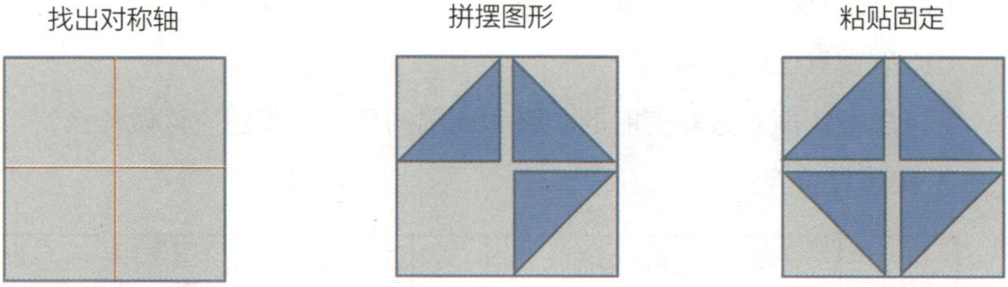

（3）学生自评互评。评价标准：拼贴是否对称。

（4）出示范作，小组讨论范作的组合方法。

2. 小组讨论发现组合的方法

小结：虚实组合、大小组合、两个图形组合。

3. 学生创意表现

我来试一试：用你喜欢的形状拼贴一块地砖，拼贴时注意图案的对称。

4. 学生欣赏教师播放各种漂亮的人行道图片

5. 学生设计校园小路地砖

学法指导意图：

在拼贴体验性活动中让学生明白，地砖图案的组成及组成法则——对称。通过观察，发现图形组合的方法，为创意提供思路。在欣赏中知道有些城市的人行道有漂亮的图案，拓宽学生视野。也让孩子们体会为学校设计小路是一件快乐的有意义的事。

学法提炼：欣赏观察　归纳总结　尝试表现

四、展示评价（欣赏性活动 2）

1. 学生铺设小路

（1）按组别在展示台上铺设小路。（提示：小路的造型）

（2）欣赏自己的作品。

（3）思考：面对这样美丽的小路和周围的环境，我们应该做什么？

2. 集体评价

<table>
<tr><td>评价项目</td><td colspan="6">评价指标
△ ♡ ○ □ ◇</td><td colspan="2">评价结果
☺</td><td rowspan="10">______同学用______形状和______形状通过______组合，来设计地砖图案的。图案总体感觉______。</td></tr>
<tr><td rowspan="2">我会剪</td><td></td><td></td><td></td><td></td><td></td><td></td><td rowspan="2">自评</td><td rowspan="2">互评</td></tr>
<tr><td></td><td></td><td></td><td></td><td></td><td></td></tr>
<tr><td rowspan="2">我知道</td><td colspan="6">上课专心听老师讲课，听同学发言。</td><td rowspan="2"></td><td rowspan="2"></td></tr>
<tr><td colspan="6">我知道什么是对称。</td></tr>
<tr><td rowspan="2">我能行</td><td colspan="6">我会用基本形状拼图案。</td><td rowspan="2"></td><td rowspan="2"></td></tr>
<tr><td colspan="6">我能创新图案。</td></tr>
<tr><td rowspan="2">我会评</td><td colspan="6">剪得光滑，贴得平整。</td><td rowspan="2"></td><td rowspan="2"></td></tr>
<tr><td colspan="6">图案对称、饱满。</td></tr>
</table>

最佳创意奖

最佳制作奖

最佳合作奖

学法指导意图：

鼓励学生勇于展示自己的作品，体验创作带来的乐趣。引导孩子用简短的语句描述同伴作品。

学法提炼： 评价描述　欣赏发现

五、拓展延伸（欣赏性活动 3）

1. 教师引导学生欣赏生活中有设计感的人行道和园林小路

2. 教师引导学生欣赏艺术家、同龄人用不同材料设计的地砖

学法指导意图：

本欣赏性活动环节，通过生活中和艺术家笔下的美丽小路的欣赏拓展，拓展学生审美视野，激励学生大胆想象。

学法提炼： 欣赏发现

六、归纳与总结

今天，我们用形状的组合拼贴为学校的小路设计了新的地砖，当我们的小路贴上我们设计的地砖时，我们的校园会更美丽，你们都是小小校园美化师。我们要好好学习，将来用学到的本领装扮我们的城市。

文字设计　象形的文字

【活动设计者】

上海市第一师范附属小学崇明区江帆小学　黄祎青

【所对标的教学基本要求】

1. 学习内容：4.1 平面设计——4.1.2 文字设计

2. 具体要求：

4.1.2 文字设计

① 知道汉字、字母、数字都能进行美化；

② 初步学会用笔画加粗、延长、填色的方法美化文字。

【活动种类】

以体现下列哪类活动为主：

体验性活动（　） 表现性活动（　） 欣赏性活动（ ✓ ）

【设计意图】

《上海市小学美术学科教学基本要求（试验本）》将造型表现学习水平界定为 A，知道和初步学会。《象形的文字》是一年级第二学期第一单元“奇思妙想”单元内容，学习内容要求学生通过欣赏与观察各种象形文字，知道古老文字的由来和汉字能进行美化；初步学会用象形的方法美化字体。针对低年级儿童，笔者将此学习活动定位为以欣赏性活动为主的学习活动。

【活动目标】

活动设计主要引导学生欣赏不同的象形文字，了解象形文字的特点，同时运用视觉媒介欣赏、教学语言以及直观示范相结合的方式促进学生抓住象形文字的特点，根据字意联想创造，进一步学会用平涂、接色等方法装饰象形文字，为文字配上合适的背景，形成画面。

【教学内容】

1. 教材版本：上海教育出版社九年义务教育课本《美术》教材

2. 年级、单元：一年级第二学期第一单元“奇思妙想”

3. 教学内容：《象形的文字》

【活动流程】

一、欣赏与导入（欣赏性活动 1）

1. 欣赏象形文字作品，引出课题

3. 出示课题：象形的文字

学法指导意图：

欣赏观察象形文字，了解本节课的教学内容。请同学们猜一猜、认一认这些象形文字的含义，激起兴趣。

学法提炼：欣赏感受　认识了解

二、观察与发现（欣赏性活动 2）

1. 学生观察汉字的演变过程，说说象形文字的特点

想一想：象形文字和现代汉字有什么区别？

2. PPT 出示图片，引导学生寻找图中的象形文字

找一找：图中有哪些象形文字？

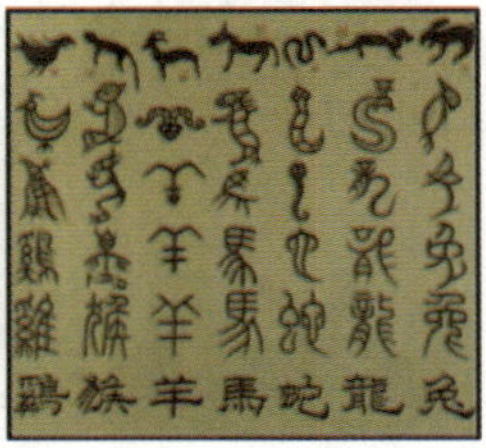

学法指导意图：

此环节，学生进一步整体观察欣赏，发现象形文字的基本特点，找出象形文字与现代汉字的区别：象形文字像画，圆笔多；现代汉字不像画，方笔多。引导学生有目的地进行观察和分析，解决教学重点。

学法提炼：欣赏比较　观察思考　讨论交流

三、示范与指导（欣赏类活动 3）

1. 欣赏 PPT 图片：欣赏艺术家彭查理的象形文字画，感受其艺术特点

（1）提问：艺术大师是如何将象形文字变成画的？

师生互动归纳：为文字配上色彩鲜艳丰富的背景，适当美化文字。

（2）讨论背景的表现方法。

师生互动小结：可以用色块、彩点、条纹、接色等形式表现背景。

2. 教师示范绘制步骤

步骤 1
先写象形文字

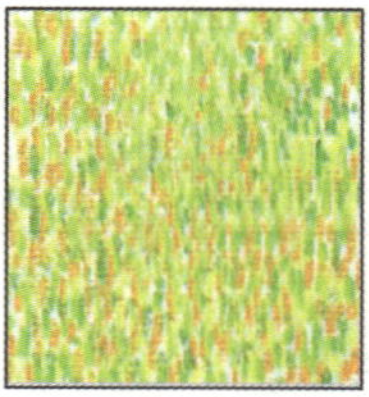

步骤 2
画上背景色

步骤 3
将两者组合

3. 同龄伙伴作品交流

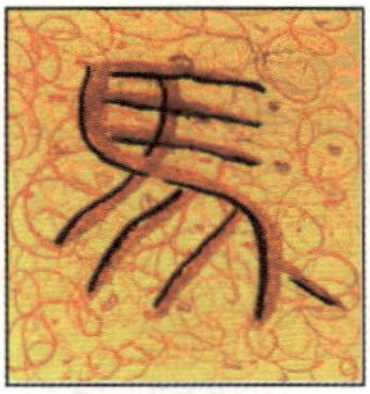

学法指导意图：

学生对名家名作进一步欣赏，理解象形文字的含义，并运用平涂或接色的方法对背景进行装饰。

学法提炼：随堂欣赏　讨论交流　观察示范

四、尝试与练习

1. 练习内容

学习书写象形文字，并将平涂、接色方法与文字协调组成画面。

2. 练习要求

（1）书写出象形文字；

（2）用平涂、接色的方法创作背景；

（3）选择自己感兴趣的文字，配上能表现字意的背景。

3. 学生练习，教师巡回指导

五、展示与评价（欣赏性活动 4）

1. 教师找到学生作品，做范例点评

2. 模仿老师，鼓励学生给自己的作品或同伴的作品做评价

学法指导意图：

在本欣赏性活动中，教师提供欣赏范例引导学生学会评价，尽量鼓励学生通过自己的体验与观察，能从象形文字作品中的形象、色彩等角度描述作品；能从使用的工具、材料、功能以及作品主要形象的位置和大小的角度分析作品；能发现作品的表现形式、材料与作品内容、色彩、造型之间的关联。

学法提炼：随堂欣赏　创意表达　描述分析

六、欣赏与拓展（欣赏性活动 5）

尝试认识更多的象形文字，并用象形文字表述简单的故事，感受古文字的运用。

七、归纳与总结

欣赏大师作品，向大师一样来表现人物。今天，我们为古文字——象形文字再次创作，让古老的文化诞生崭新的生命，老师为你们细致欣赏，学会观察，努力尝试喝彩。

版式设计　入场券设计

【活动设计者】

上海市崇明区长兴小学　沈帅

【所对标的教学基本要求】

1. 学习内容：4.1 平面设计——4.1.3 版式设计

2. 具体要求：

4.1.3 版式设计

① 知道版式设计是根据主题和需求，将图形、文字、色彩有组织有目的地排列组合；

② 初步学会根据主题，组合图形、文字、色彩等设计要素，用分割、围绕等方法进行设计；

③ 初步学会用草图进行设计构思；

④ 能选用适当工具材料及表现方法，或用信息技术完成排版，并运用于生活。

【活动种类】

以体现下列哪类活动为主：

体验性活动（　）　表现性活动（　）　欣赏性活动（ ✓ ）

【设计意图】

《上海市小学美术学科教学基本要求（试验本）》将设计应用学习要求和水平都界定为A，知道和初步学会。《入场券设计》是五年级第一学期第六单元“走近名作”单元内容。学生通过入场券设计作品欣赏，知道入场券的作用和组成要素，初步学会用分割、围绕等方法进行版式设计，体会美术在生活中的作用。因此将本课学习活动确定为欣赏性活动为主。

【活动目标】

活动设计主要引导学生欣赏入场券设计的作品，了解入场券的作用和演变；运用视觉媒介、纸膜教具拼版游戏以及直观示范结合的方式，使学生知道入场券的组成要素；学会根据主题进行构思、设计，学会用分割、围绕等方法进行入场券设计；感受入场券丰富的文化内涵，体验入场券设计的乐趣。

【教学内容】

1. 教材版本：上海教育出版社九年义务教育课本《美术》教材

2. 年级、单元：五年级第一学期第六单元“走近名作”

3. 教学内容：《入场券设计》

【活动流程】

一、导入与了解（欣赏性活动1）

1. 教师设立校园文化艺术节活动主题，引导学生在情境中知道入场券的演变历史与作用

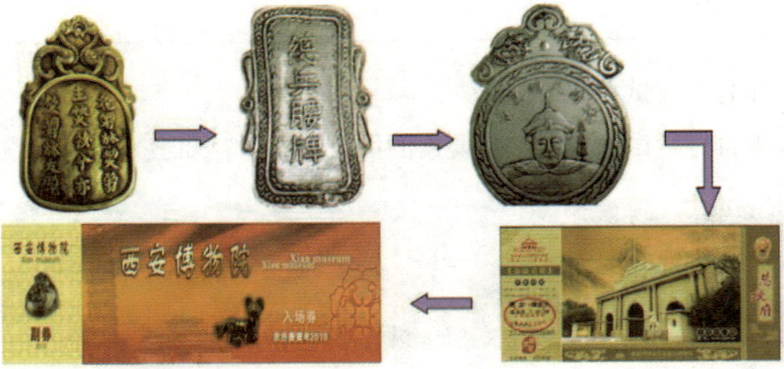

2. 引导学生发现入场券设计包含的组成元素

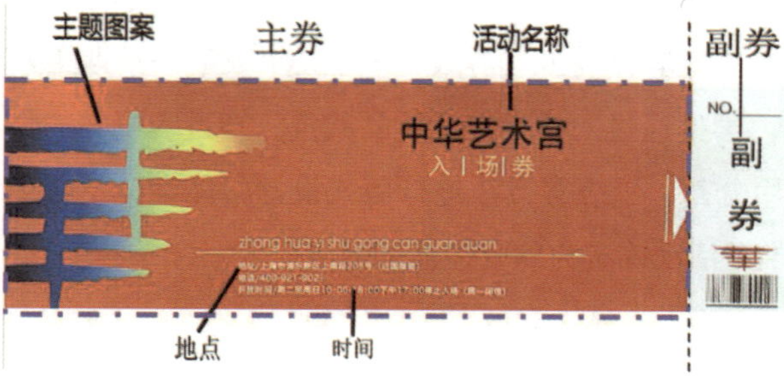

3. 鼓励学生为校园艺术节活动营设计入场券，造充满活力、和谐的校园氛围

4. 揭示课题

> **学法指导意图：**
>
> 欣赏入场券设计作品，了解入场券的常识。通过情境导入，结合学校艺术节活动，明确本课学习的主题。培养学生大胆交流的能力，激发学生对本课的学习兴趣。
>
> **学法提炼：**欣赏交流　探究发现

二、探究与尝试（欣赏性活动 2）

1. 学生自行尝试入场券基本要素的摆放与排版，知道入场券的设计要领

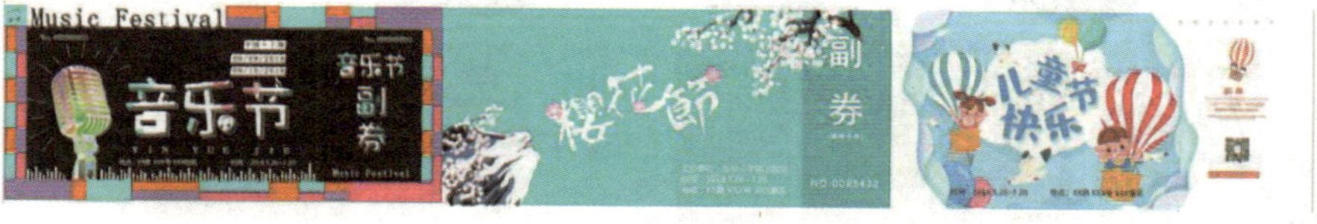

2. 看小组讨论汇报研究成果，观察不同的入场券排版设计，并积极交流排版设计感受

左右分割式

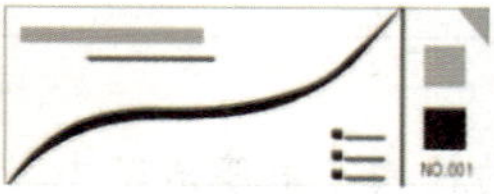

对角分割式

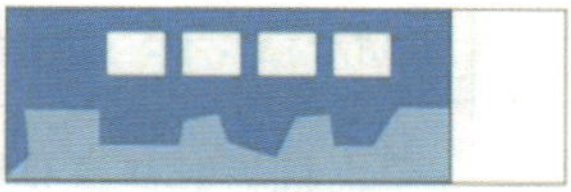

上下分割式

3. 师生互动设计入场券上主题图案与主题文字之间的排版，引导学生深入构思与设计

三、设计与指导

1. 学生根据校园艺术节活动内容，挑选主题并构思入场券主题设计

绘画图案素材

科技图案素材

声乐图案素材

书法图案素材

舞蹈图案素材

2. 学生观察教师的示范过程，并且学会巧妙组织图形与文字，运用色彩来表现主题，传达信息

步骤 1

步骤 2

步骤 3

3. 学生合理布局与色彩搭配进行创作，教师巡回指导。（以绘画沙龙、科技天地、书法沙龙、声乐沙龙、舞蹈沙龙为主题设计入场券）

学法指导意图：

学生根据教师提供的校园艺术节活动内容挑选主题，设计主题图案，有利于发现各自的设计亮点，避免学生思维的局限性，培养学生创新意识。同时提供两种制作顺序进行设计，是为了使学生操作有选择性，作品更多样化。结合真实的物品，让学生有直观的接触，体现设计以人为本的理念，使学生了解到好的设计应落实于学习与生活。

学法提炼：观看示范　创意设计　讨论交流

四、展示与评价（欣赏性活动 3）

1. 运用小型入场券展览会形式，让学生通过自评互评，感受到优秀作品会有收藏价值

> **学法指导意图：**
>
> 作业的展台设计，使全班学生都能观看到所有的作品，有利于学生对比分析与描述；通过教师的示范点评，引导学生学会自评与互评的表达方式，体验分享美术创意成果的乐趣。
>
> **学法提炼：**实物欣赏　讨论交流　创意表达

五、欣赏与拓展（欣赏性活动 4）

1. 知识拓展，欣赏不同形式的入场券版式设计，激发学生继续感受图案的美感和设计的魅力

2. 了解综合版式设计的多种方法，在拓展设计其他便利卡的过程中，寻找设计的乐趣

3. 欣赏《收藏家：老人集旅游门票三万余种　见证时代变迁》视频，学生完成自我评价表

六、归纳与总结

在以后的发展中，老师相信会有更多、更新、更多创意的入场券出现！今天我们知道了入场券的组成要素，学习设计入场券的制作方法，老师对你们的认真欣赏、勇于探究、创意设计而点赞！

【板书设计】

根据结构设计立体物造型　学做建筑模型

【活动设计者】

上海市崇明区平安小学　侯良

【所对标的教学基本要求】

1. 学习内容：4.2 立体设计——4.2.1 初步学会根据结构设计立体物造型

2. 具体要求：

4.2.1 初步学会根据结构设计立体物造型

① 知道立体物的结构、造型特征及其空间感；

② 能根据构思，利用弯、折、切、挖等方法设计制作具有空间效果的立体物；

③ 能设计色彩合适，大小、高低、疏密有变化的立体物。

【活动种类】

以体现下列哪类活动为主：

体验性活动（　）　表现性活动（　）　欣赏性活动（ ✓ ）

【设计意图】

《上海市小学美术学科教学基本要求（试验本）》将造型表现学习要求和水

平都界定为 A，知道和初步学会。《学做建筑模型》属于“纸艺模型”单元第二课。在学生三年级学习时，学习过六面体的变现方法，但是以六面体为主要造型的建筑，相对结构复杂一些，变化也较大。用制作模型的方法来帮助学生建立立体的概念，理解立体感的呈现对表达物体会比较容易。因此，在本课中教师设计了以欣赏性活动为主的学习活动。

【活动目标】

活动设计主要引导学生欣赏各种现代建筑，了解建筑物的不同造型特点，初步学会用纸工技法制作建筑模型，感受立体建筑物的空间感和独特的造型设计美。

【教学内容】

1. 教材版本：上海教育出版社九年义务教育课本《美术》教材

2. 年级、单元：五年级第一学期第三单元“纸艺模型”

3. 教学内容：《学做建筑模型》

【活动流程】

一、欣赏与导入（欣赏性活动 1）

1. 欣赏现代建筑图片，引出课题

2. 出示课题：学做建筑模型

学法指导意图：

欣赏标志性现代建筑物图片，了解建筑功能，感受建筑造型的简洁、新颖、美观。

学法提炼：细心观赏　分析归纳

二、感受与探究（欣赏性活动 2）

1. 欣赏、分析建筑模型结构，归纳其组成部分主要有门、窗、屋顶

2. 感知这些优美的建筑是由哪些基本形状组成的

3. 探究建筑造型变化的方法：切挖、添加

4. 都是小结通过切挖、弯折、组合等方式能让建筑物的造型显得新颖独特

学法指导意图：

此欣赏性活动环节，学生进一步整体观察，感知由几个基本形体组合就可以完成一个简单的现代建筑模型，加深对现代建筑理解的同时感受立体建筑物的空间感和独特的造型设计美。

学法提炼：欣赏交流　分析归纳

三、示范与尝试（体验性活动）

1. 教师示范用纸制作一个长方体，进行剪刻、切挖、推拉使其产生变化

2. 学生尝试运用不同的技法，表现自己的几何形体，并调整美化

3. 教师运用折叠、刻拉、粘贴等方式装饰几何体

4. 观察教师的制作方法后，在原有造型上进行尝试，并交流制作感受

学法指导意图：

学生初步学会利用纸工技法制作立体建筑物，由交流讨论活动扩散思维，创作属于自己独一无二的立体物模型，感受立体建筑物的空间感美感同时增强自信心。

学法提炼：欣赏交流　模仿尝试

四、合作与组合（欣赏性活动 3）

1. 欣赏新颖的现代建筑图片，发散思维

2. 练习内容：同桌两人合作，综合运用纸工技法，制作一个现代建筑模型

3. 练习要求

（1）建筑模型特征明显，能凸显地域特色；

（2）适当的切挖和添加，以表现建筑的空间感；

（3）建筑模型稳定，边线整齐。

4. 学生练习，教师巡回指导

五、展示与评价（欣赏性活动 4）

1. 将各组作品组合，以建筑群的方式呈现

2. 评价内容

（1）建筑模型稳定，折痕光挺，作品整洁。

（2）建筑物有创意，有良好的视觉效果。

（3）作品组合有序，高低有变化，错落有致。

3. 模仿老师，鼓励学生给自己的作品或同伴的作品做评价

学法指导意图：

本欣赏性活动环节，学生通过作品欣赏，描述建筑内容，分析作品主题；观察模型，描述呈现效果，分析模型表现形式和手法特点；交流讨论，探究表现手法与现代建筑主题和意图的关系。

学法提炼：作品欣赏　讨论交流　描述评价

六、欣赏与拓展（欣赏性活动 5）

除了纸工建筑模型以外，还可以运用一些其他材料进行尝试，例如陶泥、

橡皮泥等。

七、归纳与总结

今天，我们每个人都成为一个小小建筑设计师，初步学会了制作建筑模型的技巧。相信不久的将来，有的同学可能会成为真正的建筑设计师，为我们的城市建设发挥出一份力量！

根据功能选择材料设计立体物　京剧盔头

【活动设计者】

上海市实验学校附属东滩学校　秦小倩

【所对标的教学基本要求】

1. 学习内容：4.2 设计——4.2.2 根据功能选择材料设计立体物

2. 具体要求：

4.2.2 根据功能选择材料设计立体物

① 了解京剧盔头的常见样式和造型特点；

② 学会运用绘画和纸工的造型方式设计、制作立体盔头造型。

【活动种类】

以体现下列哪类活动为主：

体验性活动（　）　表现性活动（　）　欣赏性活动（ ✓ ）

【设计意图】

《上海市小学美术学科教学基本要求（试验本）》将三至五年级的根据功能选择材料设计立体物的学习要求和水平设定为 A，可知本课为五年级第二学期第四单元“感受民间艺术”的内容。学生通过本课对京剧盔头造型的设计与表现内容的学习，了解京剧盔头的常见样式和造型特点，因此我们将此学习活动定位为以欣赏性活动为主的学习活动。

【活动目标】

了解京剧盔头的种类和造型对称特点，学习运用绘画和纸工的基本造型方式，尝试设计表现华丽的盔头造型。在欣赏与制作过程中，学习京剧盔头的基本分类、造型特点和一般简易的制作方法。体验中国京剧盔头的内涵和传统工艺文化的博大精深，感受盔头的造型美，激发对京剧盔头的学习兴趣。

【教学内容】

1. 教材版本：上海教育出版社九年义务教育课本《美术》教材

2. 年级、单元：五年级第二学期第四单元“感受民间艺术”

3. 教学内容：《京剧盔头》

【活动流程】

一、欣赏与导入（欣赏性活动 1）

1. 教师引导学生观看京剧视频：欣赏并观察京剧人物关羽的亮相造型动作

提问思考：这是文臣还是武将？你通过什么判断出来的？（引导学生注意对京剧人物盔头的欣赏并进行欣赏后的描述）

关羽的亮相造型

绿缎串珠带绒球夫子盔

2. 欣赏不同的盔头造型，了解盔头的种类：京剧服装里帽子分为盔、冠、帽、巾四类，总称为盔头

3. 了解盔头的发展历史：盔头制作工艺是清初以后，随着京剧的产生、发展逐步形成的

4. 揭示课题

活动评价：即时点评。

学法指导意图：

通过欣赏视频，有利于学生对京剧人物盔头的理解和掌握，欣赏并独立思考，引导学生注意对京剧人物盔头的欣赏。

学法提炼：独立学习　欣赏观察

二、分析与示范（欣赏性活动 2）

1. 欣赏盔头图片，教师引导学生讨论、交流盔头的特点

学生在教师引导下分析不同头盔表现不同的人物形象，装饰性较强。

（1）造型概括、夸张；

（2）基本造型是中间高两边低，一般左右对称；

（3）盔头、冠等有很多装饰物，以圆形的造型为主。

（教师在黑板展示瓦楞纸制作的盔头形状）

2. 教师示范讲解盔头的基本制作步骤

（1）设计，选择盔头样式，定出基本结构

（2）绘制底板；

（3）上色或剪贴；

（4）固定。

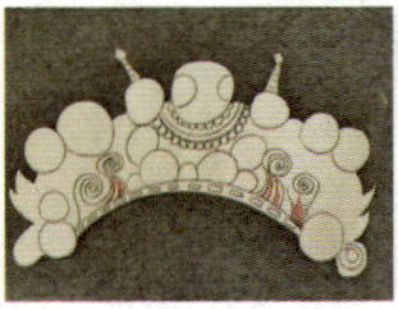

画基本形

上色裁剪

材料固定（或制作头套）

支架展示或头套展示

3. 情境学习：结合情境，让部分小朋友戴上老师之前制作好的盔头头饰表演，并提问：怎么让制作好的盔头能够佩戴在头上？

4. 教师揭示制作步骤：弯制成头饰佩戴。

> **学法指导意图：**
> 指导各小组学生通过合作、思考、学习、探究的方式参与多材料盔头设计制作，确保每位学生都能参与到思考盔头设计制作构思。同时，教师直接进行示范，让学生们明确设计与制作过程
> **学法提炼：**自主尝试　欣赏交流　表演展示

三、观察与体验（欣赏性活动 3）

1. 各小组欣赏不同的盔头样式及同龄人作品，教师引导学生讨论选择怎样的盔头造型，及明确各位组员承担的相应练习任务。

2. 步骤回顾：

3. 练习内容：小组合作，制作不同样式的盔头造型。

4. 练习要求：

（1）运用描绘、剪挖等技法，注意左右的对称；

（2）能合理利用身边的材料；

（3）制作细致、牢固。

5. 学生制作都是巡视帮助。

> **学法指导意图：**
>
> 通过对不同的盔头样式及同龄人作品的欣赏，明确制作步骤并创作。拓展学生的审美视野，进一步使欣赏过程的思考在练习的过程中加以实践。
>
> **学法提炼：**合作学习　自主观察　练习表现

四、展示与评价（欣赏性活动 4）

1. 根据教师提供的练习要求，学生完成作品后自评

2. 开展京剧盔头展览会

学生自评，将制作的京剧盔头分别放在三个区域进行展示，进行学生互评。

（1）A 展区：三颗星；　（2）B 展区：两颗星；　（3）C 展区：一颗星。

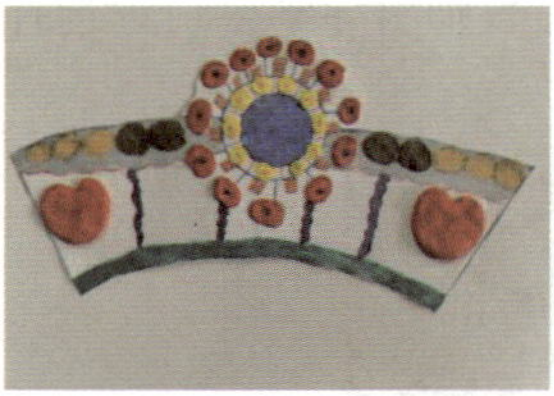

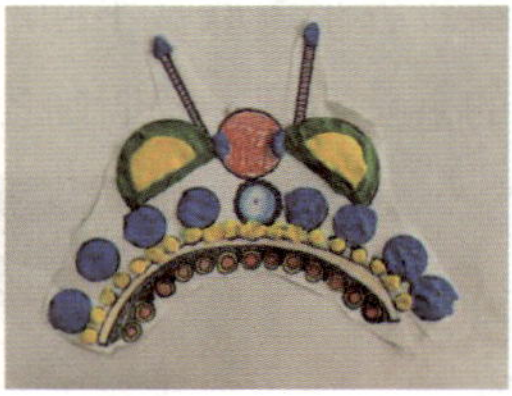

3. 全班学生欣赏京剧即兴表演

每组派一名组员带好盔头，根据教师准备好的京剧音乐进行即兴表演。

4. 教师评价总结

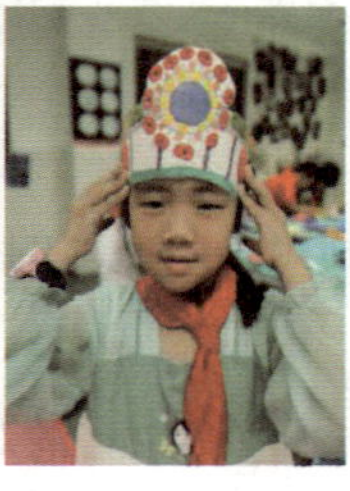

学法指导意图：

本环节体现“教”“学”“评”三个教学环节的一致性，让学生感受制作京剧盔头的乐趣，提高学习传统民间美术的自信。

学法提炼：合作学习　欣赏观察　评价描述

五、总结与拓展（欣赏性活动 5）

1. 本课内容学习总结

教师肯定学生对传统戏剧知识的学习热情，以及小组式制作练习时的投入与分工合作。

2. 拓展学生的中国传统戏剧文化知识，引导学生欣赏交流戏剧造型在现代生活中的传承与应用。（昆曲、黄梅戏、沪剧等人物造型）

学法指导意图：

本欣赏拓展环节体现教学内容与生活的融通，拓展学生对中国传统戏剧知识，以及了解戏剧造型在现代生活中的传承与应用。

学法提炼：独立学习　欣赏交流

中国美术作品　墨线的变化

【活动设计者】

上海市崇明区陈家镇小学　张敏

【所对标的教学基本要求】

1. 学习内容：5.1 欣赏的内容——5.1.1 中国美术作品

2. 具体要求：

5.1.1 中国美术作品

① 知道教材中三至五位重要的中国画家及其代表作品；

② 知道年画、蜡染、皮影等中国民间美术种类的特点。

【活动种类】

以体现下列哪类活动为主：

体验性活动（ ） 表现性活动（ ） 欣赏性活动（ ✓ ）

【设计意图】

《上海市小学美术学科教学基本要求（试验本）》将欣赏评述模块中三至五年级“欣赏的内容”之“中国美术作品”的学习水平界定为A，知道和初步学会。《墨线的变化》是三年级第一学期第三单元“走近名作”单元的内容。通过学习知道画中国画的工具与材料的特性，学习水墨画的基本用笔、用墨方法；感受水墨画的笔墨趣味，体会中国传统艺术的神奇，对学习中国画产生兴趣。同时具体要求学生在学习活动中要学会从作品内容的角度，描述作品呈现的信息以及作品的表现形式和题材，从作品的表现形式及手法的角度，描述作品的呈现效果。因此我们根据《上海市小学美术学科教学基本要求（试验本）》建议设计随堂欣赏活动形式，将这一学习活动确定为以欣赏性活动为主的学习活动。

【活动目标】

活动设计主要引导学生在欣赏理解的基础上认识中国画，知道教材中的艺术家吴冠中及其代表作品。运用学过的基本知识学会描述国画作品中墨线的运用方法。在学习活动中，体会作品呈现出的美感，认识并理解作品中的人文内涵，形成审美经历，提高审美判断与艺术欣赏能力。

【教学内容】

1. 教材版本：上海教育出版社九年义务教育课本《美术》教材

2. 年级、单元：三年级第一学期第三单元“走近名作”

3. 教学内容：墨线的变化

【活动流程】

一、交流与导入（欣赏性活动1）

1. 学生带着问题欣赏《梯田》图片，思考并描述这幅作品采用了什么绘画

方式？（国画）用点、线、面哪种基本元素表现梯田？（线）

2. 学生观看更多吴冠中的线条国画作品，了解本课学习任务

3. 领取学习任务单，进行欣赏探究准备。

活动评价：即时点评。

学法指导意图：

通过直观的图片欣赏，激发学生兴趣，引入本课项目化学习内容。

学法提炼： 独立学习　观察欣赏　描述表达

二、欣赏与探究（欣赏性活动 2）

1. 学生欣赏更多吴冠中作品，讨论线条的变化，并用勾线笔画出三种不同的线条

2. 学生欣赏国画作品《梯田》

小组讨论说出国画中线条还可以有哪些变化。发现线条粗细，墨色深浅等变化。

中锋——细线　　　　侧锋——粗线

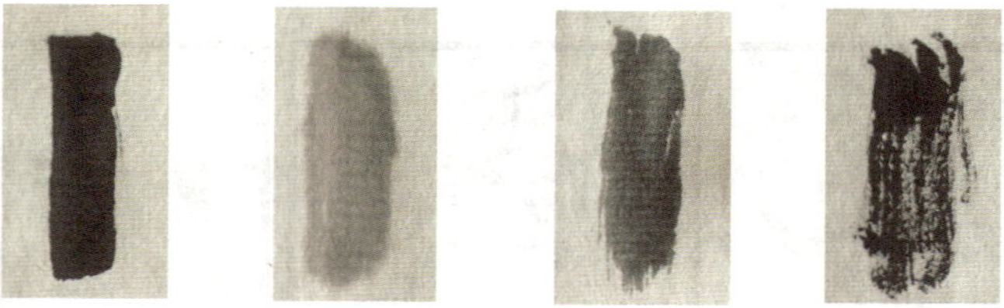

浓　　淡　　干　　湿

学法指导意图：

在本活动中，教师积极鼓励学生通过自己全方位、多角度的欣赏、观察，去发现国画中线条的运用特点。从中国传统艺术中感受线条的艺术魅力。

在老师的引导下，通过小组讨论，学生细致观察，能够运用语言和画笔描绘出墨线的变化。

学法提炼：观察探究　对比欣赏　讨论交流　书写记录

三、观察与体验（欣赏性活动 3）

1. 观察教师示范墨线的画法

不同粗细，不同墨色，不同笔法

2. 练习要求：小组合作，以线条为主，画出抽象或具象的作品

3. 练习内容：学生尝试画出有变化的线条

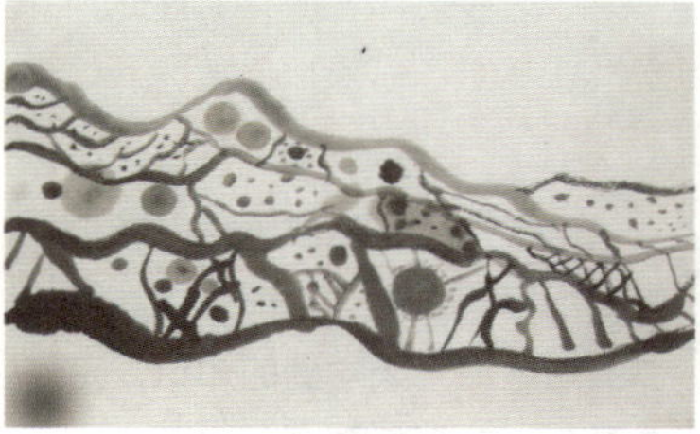

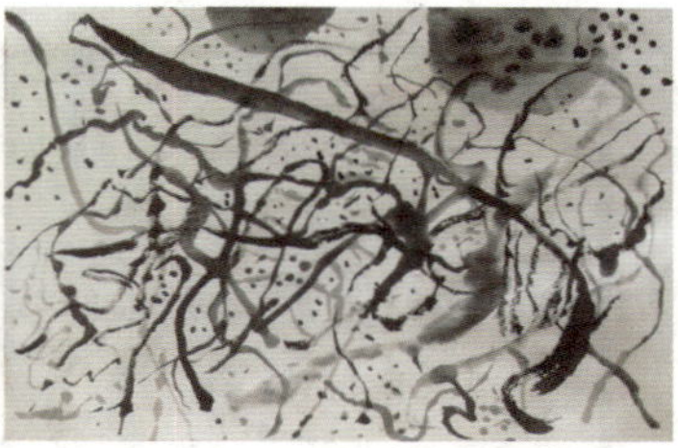

学法指导意图：

在本活动中，通过观看教师的示范，了解国画中墨线的绘画方法，以及不同笔法出现的不同线条。学生尝试运用新方法表现不同的墨线和墨色。学生在尝试中，感受水墨的乐趣。

学法提炼：对比观察　尝试绘画

四、展示与评述（欣赏性活动 4）

1. 合作学习

各小组学生在相互评价交流作品的基础上推荐作品展示。

2.. 独立学习

教师示范点评方法，学生尝试模仿。学会从作品的表现形式及手法的角度，描述自己和同伴作品的呈现效果。

这幅作品墨色丰富，中锋和侧锋用笔，线条有粗细变化。能够灵活运用今天学到的知识，完成画面。神似吴冠中大师作品。

活动评价：即时点评、学习任务单评价。

学法指导意图：

在本活动中，在尝试评述同伴的作品中，通过教师引导和鼓励，学生在描述国画线条的变化同时，体会画面呈现的整体效果。了解国画中用笔的丰富变化。

学法提炼：对比欣赏　局部观察　讨论交流

五、欣赏与拓展（欣赏性活动 5）

1. 吴冠中大师的其他作品，了解线条的更多表现方法。

活动评价：即时点评。

学法指导意图：

在本活动中，通过教师引导，学生可以通过网上浏览、书籍阅览等形式对国画水墨艺术作品的相关内容进行了解。以独立学习与合作学习结合的形式，用多样的方式，进行传统艺术欣赏。

学法提炼：观察欣赏　了解倾听　查阅记录

附 1：

《墨线的变化》学习评价表

班级：________________ 姓名：________________

评价维度	观察点	观察内容	评价建议	评价结果
学习兴趣	关注	在教师的引导下，对国画艺术感兴趣的情况。	☆☆☆☆对国画艺术感兴趣，经过学习认识的皮影艺术知识有所增加。 ☆☆☆在教师的引导下，对国画艺术中的线条运用知识有所增加。 ☆☆在教师的引导下，对国画艺术感兴趣，能够分辨国画作品。 ☆对国画艺术不感兴趣，不能辨认国画作品。	
	探究	在教师的引导下有寻找国画作品中线的特点。	☆☆☆☆能够主动寻找国画作品中线的特点。 ☆☆☆能够在教师的引导下寻找国画作品中线的特点。 ☆☆能够在教师的引导下，学习国画作品中线的特点。 ☆不愿意学习国画作品中线的特点。	
学习习惯	观察	在教师的引导下发现国画作品中线条的特点。在教师的引导下用比较的方法进行观察的情况。	☆☆☆☆能够主动运用比较的方法，发现国画作品中线条的特点。 ☆☆☆能够在教师的引导下，运用比较的方法，发现国画作品中线条的特点。 ☆☆能够在教师的引导下，发现国画作品中线条的特点。 ☆不能发现国画作品中线条的特点。	
	操作	按要求进行欣赏与评述情况。	☆☆☆☆能够按照学习任务单要求主动完成各项作业。 ☆☆☆在教师的部分提示下完成学习任务单。 ☆☆在教师的全程指导下完成学习任务单。 ☆经教师多次指导也不能完成学习任务单。	
	参与	参与欣赏与评述活动并完成学习任务单的情况。	☆☆☆☆自始至终认真参与欣赏评述活动。 ☆☆☆在师生的提醒下完成欣赏评述活动。 ☆☆在师生的屡次提醒下完成欣赏评述活动。 ☆经多次提醒也不能参与到欣赏评述活动中。	

续表

评价维度	观察点	观察内容	评价建议	评价结果
学习成果	分析评述	用语言、绘画或文字等形式表达个人见解的情况。	☆☆☆☆能够运用积累的美术及综合知识表达对国画艺术的个人见解。 ☆☆☆能够在教师的启发下运用美育用于表达对国画艺术的个人见解。 ☆☆能够模仿教师或同学,表达对国画艺术的见解。 ☆不能表达对国画艺术的见解。	
评语				

附 2：

《墨线的变化》学习任务单

班级：________________ 姓名：____________________

【欣赏与探究】同学评价：☆☆☆☆

1. 吴冠中《梯田》作品，属于_______________（艺术形式），运用_________表现（基本元素）。

2. 请在属于线条造型表现的国画作品下方打“√”

（　　）	（　　）	（　　）	（　　）

3. 请画出三种不同的线条。

【观察与体验】同学评价：☆☆☆☆

4. 请画出不同墨色、不同笔法的两种线条。

5. 小组合作完成一幅抽象或具象的作品。

【展示与评述】同学评价：☆☆☆☆

6. 欣赏全班同学作品，并运用本节课所学知识，进行点评。

中国美术作品　拼贴人物——带着国旗去旅行

【活动设计者】

上海市第一师范附属小学崇明区江帆小学　叶牡丹

【所对标的教学基本要求】

1. 学习内容：5.1 欣赏的内容——5.1.1 中国美术作品

2. 具体要求：

5.1.1 中国美术作品

① 知道教材中的中国儿童美术作品。

【活动种类】

以体现下列哪类活动为主：

体验性活动（　）　表现性活动（　）　欣赏性活动（ ✓ ）

【设计意图】

《上海市小学美术学科教学基本要求（试验本）》将中国美术作品欣赏的学习水平界定为 A，知道、初步学会。同时具体要求学生在学习活动中要知道教材中的中国儿童美术作品。因此，笔者将这一学习活动确定为以欣赏性活动为主的学习活动。

【活动目标】

活动设计主要引导学生在欣赏观察的基础上，运用学过的对称剪纸知识、绘画人物的基本知识学会用对撕贴的方法制作拼贴人物。通过欣赏有创意的拼贴人物的作品，初步运用撕形以及拼贴的技法，组合有动态的人物。创造性地使用材料，进一步激发对拼贴艺术的学习兴趣，提高动手能力。

【教学内容】

1. 教材版本：上海教育出版社九年义务教育课本《美术》教材

2. 年级、单元：四年级第一学期第一单元“贴出来的画”

3. 教学内容：《拼贴人物——带着国旗去旅行》

【活动流程】

一、欣赏与导入（欣赏性活动）

1. 课前欣赏第一课《献给祖国的花》

2. 学生自主学习一分钟，明确本课的学习内容。思考人物拼贴画的所用材料和表现形式是什么？（材料有包装纸和彩纸。采用撕、剪、折等方法制作人物拼贴画）

3. 教师引导学生欣赏《老鼠嫁女》

（1）小组讨论并描述拼贴画表现的是什么故事？

（2）作品运用什么形式？

（3）表现了怎样的有趣场面？

学生欣赏《足球赛》，感受球赛激烈的气氛和独特的撕贴人物画形式，了解本课学习任务。

3. 引出课题：《拼贴人物——带着国旗去旅行》

活动评价：即时点评。

> **学法指导意图：**
>
> 本欣赏性活动中，引导学生在学习活动中知道教材中的中国儿童美术作品《老鼠嫁女》的基础上，欣赏运用不同材料制作的人物拼贴画作品， 交流对作品的感受。发现拼贴动物、人物的整体造型和动态美。
>
> **学法提炼：**欣赏交流　观察分析　内容描述

二、讨论与发现（欣赏性活动、体验性活动）

1. 学生欣赏撕贴人物，合作探究撕贴人物特点及方法

了解人物撕贴的特点——动态夸张、造型简洁。

2. 学生小组比赛撕法：谁先撕个头？谁先撕出眼睛？谁能撕条弯弯的大长腿？

（1）观察撕不同形状的时候，手指之间的配合。

（2）特别注意：撕手臂和大长腿即表现人物的动态，要符合人物运动的规律！动动脑，怎样撕更能表现人物旅行时的兴奋快乐状态？

3. 教师小结

正如同学们尝试的那样，撕——看起来很简单，但形状不同，大小不同，撕的方法就不同，因而会产生不同的美感。如：头——对称撕、旋转撕。眼——指甲撕。手臂和腿——夸张撕。（借助头部余下来的碎纸撕）发型、衣服——对折重叠撕，连续纹样也越丰富。

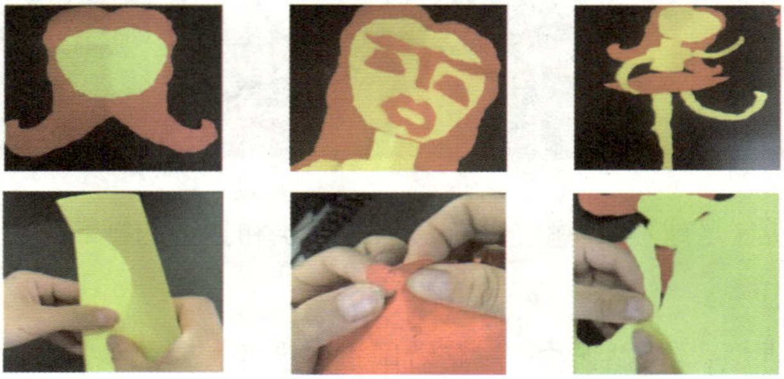

头部——对折撕和旋转撕　眼——指甲直接撕　手臂、腿——夸张撕

活动评价：即时点评。

> **学法指导意图：**
>
> 通过局部欣赏与观察，教师引导各小组学生通过合作对人物撕纸进行探究，每位学生都参与到撕的方法活动中去。同时，可选择动手能力较强的三位学生示范各种形状撕的方法，让学生更好地掌握人物的动态

夸张、造型简洁的特征。
学法提炼：示范演示　欣赏观察　尝试表现　合作交流

三、创作与指导

1. 学生观看教师示范视频，自主探究撕贴人物的完整过程

（1）观看视频，说说完整的制作过程，提出可能遇到的问题。例如：探讨人物服饰上的纹样，发现纹样中的点、线、面纹样组织。

（2）探究人物色彩的搭配。

（3）师生互动，探讨不同的摆放对人物造型的影响。

2. 了解练习要求，独立学习完成撕纸人物的制作

活动评价：即时点评。

教师小结：变化发型、服饰和造型，撕贴的人物更有趣。

1. 变发型　2. 变服装　3. 变造型　4. 变动态

学法指导意图：

在观察教师示范、互动探究、欣赏作品等学习过程中，明确练习内容和练习要求；用对比观察的方式引导学生思考、归纳撕贴人物作品的制作技巧，逐步掌握各种形状撕的方法和如何夸张人物动态的方法。
学法提炼：合作学习独立学习　自主观察　互动探究　讨论交流　练习表现

四、展示与评述

1. 展示区域进行作品展示《带着国旗去旅行》，感受撕纸成功的喜悦

2. 运用撕纸知识进行欣赏、分析、相互评价交流作品

（1）欣赏：学生根据教师提供的评价要求，去欣赏同伴的撕贴人物作品。

（2）倾听教师评述作品示范。

（3）学生大胆发言，积极参与环节的评价与交流感受，从撕贴人物的欣赏角度评议同伴的作品。

（4）生生、师生互动完成课堂评价单。

活动评价：即时点评、学生自评、师生互评。

学法指导意图：

通过对撕贴人物作品的情境性展示、欣赏与评价，引导学生了解撕贴的表现手法及产生的画面效果，知道用描述的方法表达出表现手法与作品的主题和意图的关系，在欣赏评述中肯定自己和同伴的同时提出改进的建议。

学法提炼：讨论交流　欣赏评述

五、欣赏与拓展（欣赏性活动）

1. 本课内容学习总结，欣赏撕贴装饰画在生活中应用的作品。

2. 了解教师引导的“描绘身边的景色”单元一、三课的预习内容，下节课交流。

活动评价：即时点评。

学法指导意图：

本环节围绕本课教学重难点进行欣赏拓展，拓宽学生审美视野，养成良好的课前了解内容的好习惯。

学法提炼：欣赏交流　教材阅读

外国美术作品　日出的感受

【活动设计者】

上海市崇明区平安小学　程露露

【所对标的教学基本要求】

1. 学习内容：5.1.2 外国美术作品、1.1.2 色彩表现

2. 具体要求：

5.1.2 外国美术作品

① 知道教材中三至五位重要的外国艺术家及其代表作品；

② 知道一些国外民间美术作品。

1.1.2 色彩表现

① 知道光源色对物体固有色产生的影响；

② 学会调配类似的颜色、统一画面色调；

③ 能用水粉画厚薄技法表现有色调的风景画。

【活动种类】

以体现下列哪类活动为主：

体验性活动（　）　表现性活动（　）　欣赏性活动（ ✓ ）

【设计意图】

《上海市小学美术学科教学基本要求（试验本）》将欣赏评述模块中三年级至五年级的“欣赏的内容”之“外国美术作品”的学习水平界定为A，知道、初步学会。《日出的感受》是五年级第二学期第二单元“走近名作”单元内容，

要求学生知道教材中的艺术家莫奈及其代表作品；欣赏不同光源下的自然景色，感受上海的现代城市美和自然界的色彩美；通过对外国美术作品的欣赏，体验色彩表现的多样性，乐于接受不同的美术表现形式。因此笔者根据《上海市小学美术学科教学基本要求（试验本）》的建议将本课学习活动界定为以欣赏性活动为主，设计了随堂欣赏的活动形式。

【活动目标】

活动设计主要引导学生欣赏名作《日出印象》；运用视觉媒介技术、游戏以及直观示范教学相结合的方式，引导学生交流上海自然、现代城市风景的优美和不同光源下自然风景的色彩之美；体会印象派大师莫奈用类似色表现画面的特点，体会色彩表现的多样性。

【教学内容】

1. 教材版本：上海教育出版社 九年义务教育课本《美术》教材

2. 年级、单元：五年级第二学期第二单元“走近名作”

3. 教学内容：《日出的感受》

【活动流程】

一、创设情境，感受色彩（欣赏性活动 1）

1. 大自然景象：崇明的自然风景和上海外滩

观察感受：你们从这些照片中感受到了什么？美在哪里？（白天的景象）

2. PPT 呈现定格图片，引导学生初步感受冷、暖色光源下日出景象

（1）说说：画面的色彩发生了变化吗？是什么改变了它们？

（2）引导学生感受暖色光源下日出景象。

说说：你发现光源发生了怎样的变化？看到最多的色彩是什么？

学法指导意图：

让学生直接投入到身边熟悉的景物中，引导学生用一双会发现的眼睛去感受自然美和现代城市美，感受光源对色彩的影响，为本课色彩知识教学做好铺垫。

学法提炼：讨论交流

二、走近名作，体会经典（欣赏性活动 2）

1. 出示莫奈的《日出印象》

通过课前学习单，初步认识画家莫奈，各小组带着问题对这幅作品进行赏析。

《日出的感受》学习单

<table>
<tr><th>【一】认识画家</th><th colspan="2">【二】作品欣赏</th></tr>
<tr><td rowspan="3"></td><td rowspan="5">日出 · 印象
</td><td>探究问题</td></tr>
<tr><td>1. 小组探究：我们欣赏后发现画面画的是什么？</td></tr>
<tr><td rowspan="2">2. 小组探究：我们欣赏后发现作品形式、色彩、笔触如何？</td></tr>
<tr><td rowspan="2">克劳德 · 莫奈（1840—1926），法国最重要的画家之一，印象派代表人物和创始人之一，擅长光和影的实验和表现技法。代表作有《日出 · 印象》《干草垛》《睡莲》等。</td></tr>
<tr><td>3. 小组探究我们欣赏后发现作者表达的思想是什么？</td></tr>
</table>

2. 游戏拓展，巩固知识

色彩游戏：拼一拼，感知不同光源对色调的影响。

每组桌下有一块色板，根据光源下色板的颜色，试着将彩色的建筑卡片在色板上摆一摆，拼摆成一幅暖色调或冷色调的画面。

学法指导意图：

借助课前《日出印象》学习单，培养孩子搜集资料的能力及分析大师绘画色彩能力。

通过游戏巩固冷暖色的知识，并在游戏中感知色调中类似色和对比色的绘画效果、感受美术学习的愉悦性。在小组合作展示活动任务的过程中，学习与人沟通、尊重差异、理解差异、同伴互助和分工负责。
学法提炼：合作学习与独立学习结合　讨论交流　互动探究

三、互动示范，激发兴趣

1. 教师边示范边互动

教师油画棒速写起稿，师生运用水粉，共同完成冷色调《日出·上海》主题作品。

2. 教师范画出示：拓展冷暖光源下的色彩作品

学法指导意图：

本活动环节运用互动示范增强学生绘画的信心，感受大胆作画带来的愉悦感，提高学生对知识的运用能力和学习主动性。运用油画棒工具起稿，简化此课造型上的要求，突出色彩训练。教师提供欣赏描述范例，打开学生创作思维。

学法提炼：学生独立学习为主　认真观看　勇于尝试

四、尝试与练习

1. 练习内容

根据日出的照片或者创作心中最美的“日出印象”作品。

2. 练习要求

（1）用暖色调或冷色调来表现具有光感的画面；

（2）用笔、用色大胆；

（3）综合运用水粉的厚薄画法。

3. 学生练习，教师巡回指导

> **学法指导意图：**
>
> 在教师提供的日出上海城市风景照片的基础上，创作心中最美的“日出印象”作品，目的为简化此课造型上的要求，突出基于生活实际的观察情景下的色彩训练。
>
> **学法提炼：**学生独立练习为主 大胆表现

五、展示与评价（欣赏性活动 3）

1. 教师找到学生作品，做范例点评

范例欣赏

（照片写生）

这幅学生作品，大胆地综合运用水粉的厚薄画法，画出了日出时近中远景的空间感，表现出了一幅具有光感效果的作品。

2. 模仿老师，鼓励学生给自己的作品或同伴的作品做评价

学法指导意图：

在观赏和评议同学练习作品的过程中，感受色彩给人带来的不同情感，感受美术作品中光源色彩的美，学会描述画面内容，分析作品主题；学会描述画面呈现效果，分析画面表现形式和手法特点。

学法提炼：欣赏交流　评议　分析描述

六、欣赏与拓展（欣赏性活动4）

1. PPT出示莫奈《干草垛》：体会冷暖色调作品内涵，渗透单元下一课的学习内容

教师归纳：同样是草垛，因季节、位置的不同，这些颜色使画面色彩丰富而富有变化。

学法指导意图：

通过艺术家作品归类式的欣赏性活动的拓展，引导学生用心感悟作品中那些丰富而有变化的色彩，使画面效果呈现统一的美感，提高学生对色彩知识的感受、理解能力，培养学生审美判断能力。

学法提炼：细心观察　欣赏　倾听

七、归纳与总结

今天我们欣赏大师作品，像大师一样来画日出，老师为你们用心感受、勇于尝试感到骄傲。

外国美术作品　剪出来的画

【活动设计者】

上海市崇明区平安小学　侯冰莹

【所对标的教学基本要求】

1. 学习内容：5.1 欣赏的内容——5.1.2 外国美术作品

5.2 欣赏的方法——5.2.2 分析的方法

2. 具体要求：

5.1.2 外国美术作品

① 知道教材中的外国儿童美术作品；

② 知道教材中的经典外国美术作品。

5.2.2 分析的方法

① 初步学会从作品内容的角度，根据描述，分辨作品的题材；

② 初步学会从作品表现形式的角度，根据描述，简单分析形象在画面中的安排和组织；

③ 初步学会从作品表现手法的角度，分辨作品所使用的工具、材料。

【活动种类】

以体现下列哪类活动为主：

体验性活动（　）　表现性活动（　）　欣赏性活动（ ✓ ）

【设计意图】

《上海市小学美术学科教学基本要求（试验本）》将欣赏评述模块中一、二年级的"欣赏的方法"之"分析的方法"的学习水平界定为A知道和学会。同时具体要求学会从作品内容的角度，根据描述，分辨作品的题材。学会从作品表现形式的角度，根据描述，简单分析形象在画面中的安排和组织。因此我们根据《上海市小学美术学科教学基本要求（试验本）》的建议设计随堂欣赏活动形式，将这一学习活动界定为欣赏类活动。

活动设计主要引导学生在欣赏的基础上，归纳概括马蒂斯人物剪纸的造型与色彩运用的特点。在学习活动中，感受简洁、夸张、概括的剪纸方法，感受剪纸人物的动态美，形成审美经历，提高审美判断与艺术欣赏能力。

【活动目标】

活动设计引导学生欣赏马蒂斯名作，通过欣赏与比较，探究马蒂斯人物剪纸造型的艺术特点，学习剪出简洁、夸张的人物动态，并运用对比强烈的色彩拼贴成一幅完整的作品，感受剪纸人物的动态美感。

【教学内容】

1. 教材版本：上海教育出版社九年义务教育课本《美术》教材

2. 年级、单元：二年级第二学期第四单元“走近名作”

3. 教学内容：《剪出来的画》

【活动流程】

一、欣赏与比较（欣赏性活动 1）

1. 复习上节课的内容，马蒂斯绘画作品色彩的特点：鲜艳、对比强烈

2. 认识晚年时的马蒂斯，并欣赏大师的人物剪纸作品

3. 完成单元学习单上第九课的内容：中国民间的剪纸作品，与大师马蒂斯的剪纸作品的区别，小组讨论

师生互动归纳：马蒂斯作品的艺术特点：① 人物动态夸张，形态概括、简洁，② 色彩鲜艳明亮，对比强烈。

学法指导意图：

通过教师讲解晚年马蒂斯的艺术创作情况、马蒂斯剪纸作品和民间剪纸作品欣赏，激发学生兴趣，引入本课学习内容。

学法提炼：独立思考小组讨论　欣赏观察　描述表达

二、观察与尝试（欣赏性活动 2）

1. 学生欣赏人物剪影，仔细观察人物的外轮廓，讨论马蒂斯画人物的方法

2. 教师示范：用马蒂斯的方法画出人物轮廓

3. 试着用马蒂斯的方法在 30 秒钟内画出一个人物轮廓，挑选学生作品进行现场修改

4. 讨论如何使人物形象表现得更加夸张？

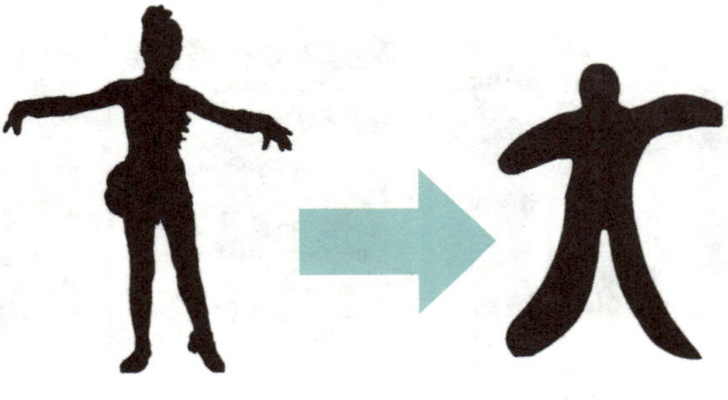

学法指导意图：

在本活动中，教师积极鼓励学生通过自己全方位、多角度的欣赏，初步创作。再借助纠错法，在老师的帮助下更进一步地引导学生体会大师的人物剪纸特点

学法提炼：对比欣赏　观察探究　尝试表现

三、观察与练习（欣赏性活动3）

1. 寻找马蒂斯作品中背景里的元素

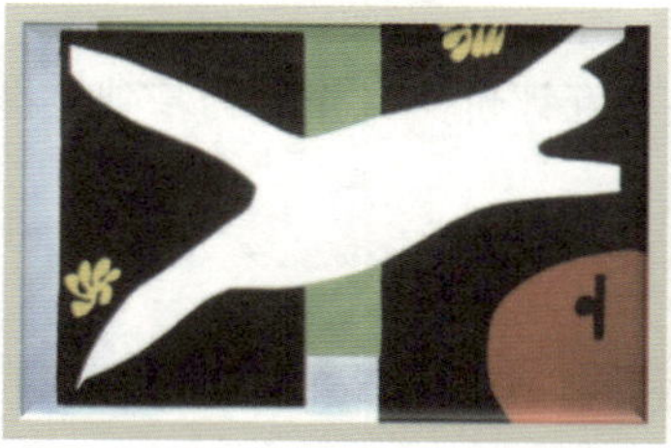

2. 观察教师剪出一个概括、夸张的人物形象，并完成整幅作品

学法指导意图：

在本学习活动中，通过直观的演示，加深学生对作品创作方法的理解。

学法提炼：思考观察　练习表现

四、尝试与练习

1. 练习内容

学习马蒂斯的艺术风格，剪出一幅人物剪纸作品，并添加背景完成整幅画面。

2. 练习要求

（1）剪出概括、简洁、夸张的人物形象；

（2）色彩对比强烈。

五、展示与评述（欣赏性活动 4）

1. 合作学习

我与大师比高低作品展览，各小组学生在相互评价交流作品的基础上推荐作品展示。

2. 独立学习

学会从作品的内容角度，描述和分析自己和同伴作品表达的情感和意图。

学法指导意图：

在尝试评价同伴的作品中，通过教师引导和鼓励，培养学生的欣赏能力以及表达能力，锻炼学生用美术的语言去评价作品

学法提炼：对比欣赏　观察发现　交流讨论

六、拓展与延伸（欣赏性活动 5）

1. 欣赏人物剪纸的其他形式

2. 课件展示《彩纸片的组合》，渗透下一节课的学习内容

学法指导意图：

学习像马蒂斯一样从艺术、生活中吸取美感，发挥想象力、创造力创作出形式不一样的人物剪纸作品。

学法提炼：欣赏观察　了解倾听

七、归纳与总结

走近大师，向大师学习创作方法。今天我们学习了马蒂斯人物剪纸的造型方法，剪出了简洁又夸张的人物动态，你们的作品很生动，深深地感染了老师，为你们点赞。

自然、生活中的景和物　报纸变花衣

【活动设计者】

上海市崇明区实验小学　曹晨

【所对标的教学基本要求】

1. 学习内容：5.1 欣赏的内容——5.1.3 自然、生活中的景和物

2. 具体要求：

5.1.3 自然、生活中的景和物

② 知道生活环境及相关物品。

【活动种类】

以体现下列哪类活动为主：

体验性活动（　）　表现性活动（　）　欣赏性活动（ ✓ ）

【设计意图】

《上海市小学美术学科教学基本要求（试验本）》将欣赏的内容和方法都界定为 A，知道和初步学会。《报纸变花衣》在二年级教材中归在“多彩的生活”单元，让学生通过利用废旧材料装饰设计与制作，启发学生善于发现各种材

料的美，学会利用适合的材料装饰和美化生活。针对低年级儿童，我们将此学习活动定位为以欣赏性活动为主。

【活动目标】

活动设计主要引导学生在欣赏、讨论与交流过程中，知道衣服的结构特征，初步学会利用报纸并根据人物的形体量度剪裁，用围、拧、折等技法制作“衣服”。归纳常见衣服的结构特征，小组合作学习，利用报纸剪裁、粘合制作“衣服”的方法。感受服饰的多样性的造型美，体验制作纸衣服的乐趣。

【教学内容】

1. 教材版本：上海教育出版社九年义务教育课本《美术》教材

2. 年级、单元：二年级第二学期第五单元“多彩的生活”

3. 教学内容：《报纸变花衣》

【活动流程】

一、交流与联想（欣赏性活动 1）

1. 出示大量废旧报纸的图片，引导学生观察联想

（1）思考：这么多的废旧报纸该如何处理？

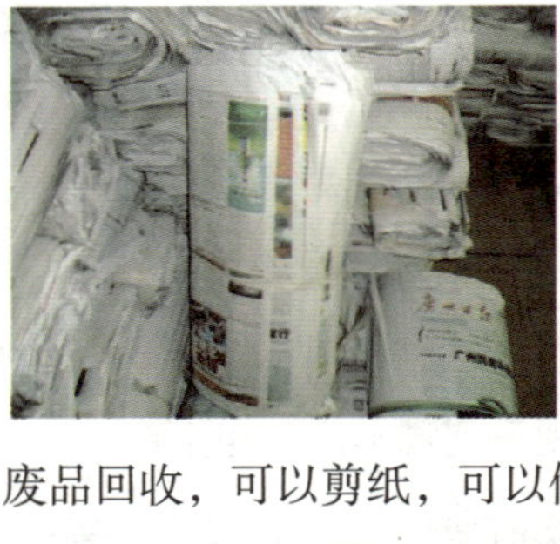

2. 积极讨论报纸的利用价值，可以废品回收，可以剪纸，可以做装饰

3. 出示课题:《报纸变花衣》

学法指导意图: 观察后思考，生活中的废旧报纸除了送进回收站以外还有什么其他用途? **学法提炼:** 欣赏交流　讨论发现

二、启发与讨论(欣赏性活动 2)

1. 欣赏模特身上报纸制作的衣服并思考：如何让一张平面的报纸变成立体的衣服，你有什么好方法?

(1)学生讨论交流;

(2)教师总结概括(折、帖、围等方法)。

2. 欣赏模特身上的报纸服装，感受报纸服饰具有的美感

(1)找一找，这些衣服的款式差异怎样表现的呢?

(2)找一找，哪些独特的技法呈现出有创意的效果?

学法指导意图：

此环节学生进一步整体观察欣赏，发现在教师的引导下，能认真观察，发现细节。并对多种服饰的造型美有浓厚的兴趣，用报纸利用综合技法探究制作装饰衣服。

学法提炼：欣赏观察　分析发现

三、示范与指导（欣赏性活动 3）

1. 观看教师示范制作的视频，了解在制作与设计衣服时的具体步骤和方法

步骤 1
制作各种造型的纸制品

步骤 2
选择大小适当的报纸制作上衣

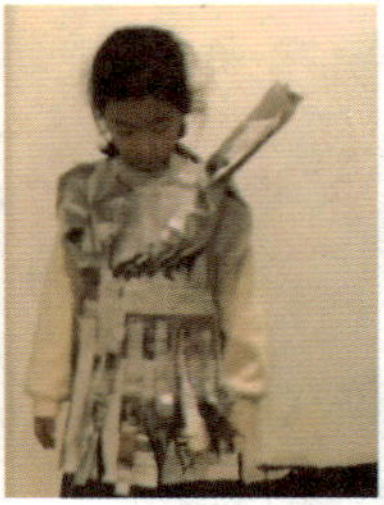

步骤 3
运用纸工技法一步装饰

步骤 4
丰富细节完成作品

学法指导意图：

学生能看清楚制作的步骤和方法，能多角度地观察制作对象。进一步观察教师示范，能在老师的引导下，认识报纸制衣的造型美感。

学法提炼：示范观察　讨论交流

四、尝试与练习

1. 练习内容：小组合作的形式，为一位同学设计制作一套有创意的花衣服

2. 练习要求

（1）用剪、围、粘等方法制作衣服的基本造型；

（2）式样美观，简单装饰；

（3）用拧、剪、折等方法进行局部的装饰制作；

（4）粘贴牢固，活动自由。

3. 学生练习，教师巡回指导

五、展示与评价（欣赏性活动 4）

1. 学生模特展示表演，学生欣赏并交流感受

2. 评一评

（1）最佳设计；（2）最佳表演。

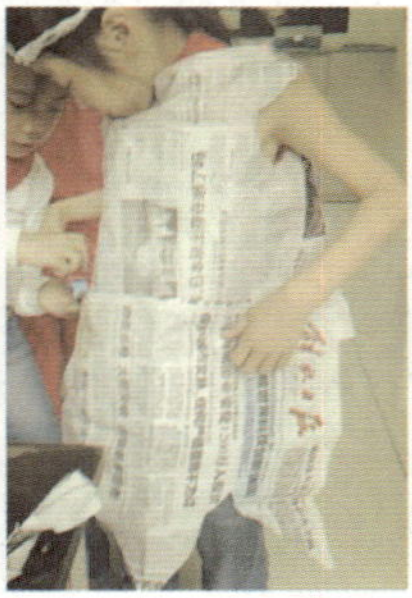

学法指导意图：

进一步引导二年级学生在点评其他学生作品的时候围绕今天所学的纸工技法，学会用美术语言评价作品。

学法提炼： 欣赏交流　描述评价

六、欣赏与拓展（欣赏性活动 5）

1. 除了废旧报纸，还有其他废旧材料也可以用来进行制作

2. PPT 出示：更多废旧材料制作的作品

七、归纳与总结

原来，我们的生活中各种材料都有其独特的美。今天，因为你们的认真观察与欣赏，积极的思考与发现，我们初步学会了使用纸工技法变废为宝，将我们的报纸制作成了一件件有创意的花衣服。

自然、生活中的景和物　我们做花灯

【活动设计者】

上海市崇明区平安小学　王夏夏

【所对标的教学基本要求】

1. 学习内容：5.1.3 自然、生活中的景和物

2. 具体要求：

5.1.3

① 知道生活环境及相关物品。

5.2.1

① 知道元宵看花灯的中国传统民间习俗。

5.2.2

① 能说出自己所看过的花灯造型

② 能说出花灯制作的基本方法。

5.2.3

① 知道民间做花灯、挂花灯和看花灯的美好寓意。

5.2.4

① 能用自己的话说出欣赏的感受与体会。

【活动种类】

以体现下列哪类活动为主：

体验性活动（　）　表现性活动（　）　欣赏性活动（ ✓ ）

【设计意图】

《上海市小学美术学科教学基本要求（试验本）》将欣赏评述学习要求和水平都界定为A，知道和初步学会。《我们做花灯》是二年级教材中“感受民间艺术”单元中的第三课，让学生初步了解民间花灯的基本造型与特点，知道赏花灯是我国的民族特色之一，能用插入式的方法设计、制作花灯。针对低年级儿童，我们将此学习活动定位为以欣赏性活动为主。

【活动目标】

活动设计主要引导学生欣赏民间花灯，观察其基本造型特征、颜色的改变，使学生初步了解花灯的造型、颜色和纹样装饰的特点，学习用民间花灯的纸插接表现方法来制作具有装饰性的花灯造型。使学生在了解我国过年的风俗习惯的同时感受花灯造型的美感，增强对民间文化的了解和热爱。

【教学内容】

1. 教材版本：上海教育出版社九年义务教育课本《美术》教材

2. 年级、单元：二年级第一学期第七单元“感受民间艺术”

3. 教学内容：《我们做花灯》

【活动流程】

一、观察与构思（欣赏性活动1）

1. 欣赏摄影《大红灯笼高高挂》，以及其他具有中国民间特色的花灯图片，发现生活中的美

2. 仔细观察花灯，说说花灯所体现的民间喜庆元素

（1）说一说：为了烘托节日的氛围，人们会在花灯上用到哪些色彩？

师生互动归纳：人们用浓重、鲜艳、喜庆的颜色装饰花灯，例如红色、绿色、金色等。

（2）说一说：常见花灯主要有哪些基本形状？

讨论常见花灯的基本形状：圆形、菱形、三角形、动物形等。

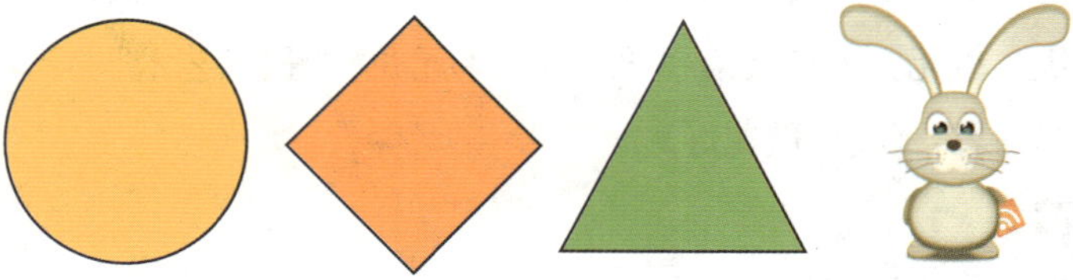

3. 揭示课题：我们做花灯

学法指导意图：

欣赏民间的花灯，使学生发现生活中的美。欣赏花灯中体现的民间喜庆元素，培养学生对民间文化的热爱。了解花灯的不同特征，激发学习兴趣。

学法提炼：有意观赏　讨论归纳

二、讨论与尝试（欣赏性活动 2）

1. 欣赏各种花灯，了解其功能

（1）说一说：花灯的基本形状有哪些？

师生互动归纳：花灯的形状多为对称图形。花灯，是放灯的器物。“灯”是主角，“花”是装饰的纹样。

（2）小组讨论：花灯的外形设计需要注意什么？

小组交流，小结：外形设计要能体现花灯的功能。

2. 欣赏不同造型的花灯，感受其造型的特点和变化

学法指导意图：

此环节学生进一步整体观察欣赏，了解民间艺术中花灯的造型特点，感受花灯造型的美感。通过对不同形状花灯外形的观察与比较，发现花灯的外形设计要体现花灯的功能。

学法提炼：有意观察　讨论探究

三、想象与创作（欣赏性活动3）

1. 出示纸制花灯，讨论纹样的设计

在基本形状的基础上添加动物、植物的纹样。（提醒学生注意图案的简洁概括，鼓励其创意表现）

2. 教师示范花灯的制作步骤

1. 对折彩纸

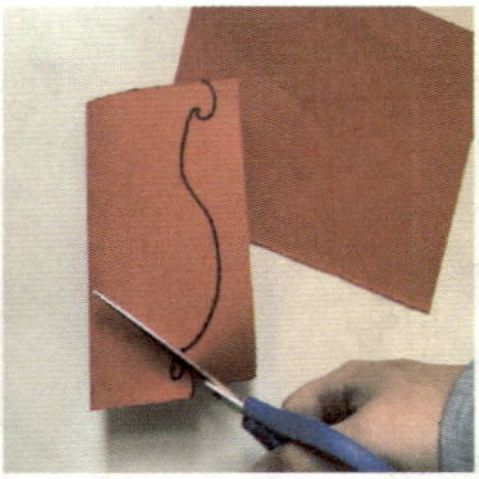

2. 剪出外形

3. 图案装饰

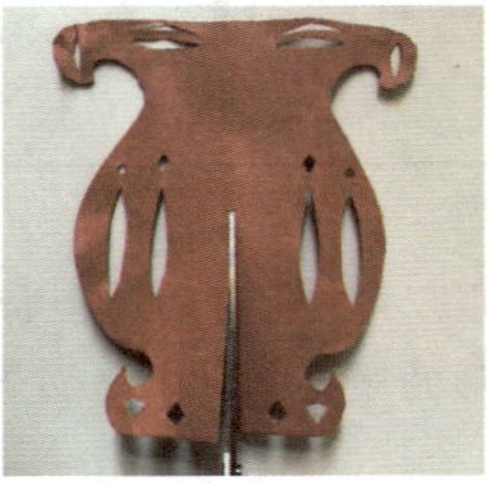

4. 剪开插口

5. 接插灯片

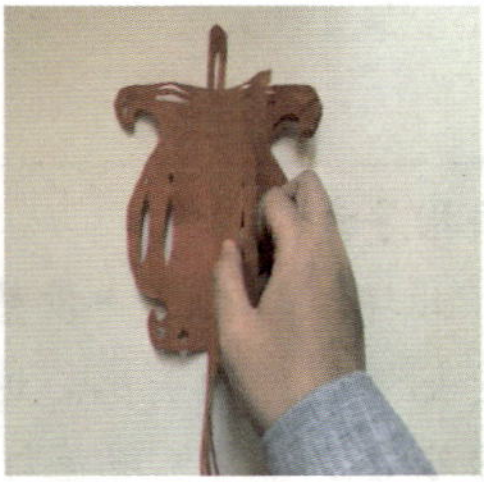

6. 粘接挂环、灯穗

3. 同龄伙伴作品交流

学法指导意图：

学生对纸制花灯进行欣赏，通过引导观察，使学生理解花灯的外形是左右对称的，从而理解纸制立体花灯的插接方法。通过对纹样设计的讨论，发现纹样装饰的对称特征，并且要遵循花灯的图案，按照花灯的外形来设计这一规律。

学法提炼：比较欣赏　讨论归纳

四、练习与指导

1. 练习内容

用插接的方法制作出立体的花灯。

2. 练习要求

（1）色彩鲜艳、浓重，烘托喜庆的气氛；

（2）剪刻工整，基本对称；

（3）花灯的图案符合花灯的外形。

3. 学生练习，教师巡回指导

五、展示与评价（欣赏性活动 4）

1. 创设情景，展示全班作品

“花灯展”，看花灯，猜灯谜。教师选出其中一件学生作品，做范例点评。

这幅学生作品，色彩喜庆、艳丽，插接牢固，蝴蝶的造型生动，做工精致，翅膀的部分基本对称，装饰纹样与外形搭配协调。

2. 出示评价内容

（1）制作细致，剪贴整齐；

（2）插接牢固；

（3）造型匀称，纹样协调。

鼓励学生根据评价内容，模仿老师的点评范列给自己的作品或同伴的作品做评价。

学法指导意图：

二年级学生在点评其他学生作品的时候容易关注自己喜欢的细节，点评语言简单，以“漂亮”“很好看”等较宽泛的语言为主，缺少对教学内容的把握。这里，教师提供欣赏范例引导学生学会评价，不仅是学习指导，也是很好的欣赏性活动。

学法提炼：欣赏范例　倾听模仿

六、欣赏与拓展（欣赏性活动 5）

1. 欣赏同龄人关于赏花灯的创意作品

2. 以《正月十五闹花灯》为主题，创作一幅创意作品

七、归纳与总结

在唐朝时期，元宵灯会已盛况空前。至宋代，花灯工艺发展到高峰。直至今日，全球的中国人过年时，仍然保留了这一民间传统的艺术活动形式。希望大家通过今天的欣赏和学习，更加了解我国的过年风俗习惯，也更加热爱我们的民间传统艺术。

描述的方法　城市雕塑

【活动设计者】

上海市崇明区上海实验学校附属东滩学校　陈玉洁

【所对标的教学基本要求】

1. 学习内容：5.2 欣赏的方法——5.2.1 描述的方法

2. 具体要求：

5.2.1 描述的方法

① 能根据主题，确定创作对象的表现形式和表现重点；

② 能根据对比、重复、渐变等形式原理，制作具有对称、均衡、变化等形式美感的立体造型。

5.2.1

① 学会从作品内容的角度，描述作品呈现的信息以及作品的表现形式和题材；

② 能说出作品的主要内容与形象特征以及所运用的色彩；

③ 学会从作品的表现形式及手法的角度，描述作品的呈现效果。

【活动种类】

以体现下列哪类活动为主：

体验性活动（　）　表现性活动（　）　欣赏性活动（ ✓ ）

【设计意图】

《上海市小学美术学科教学基本要求（试验本）》将欣赏评述模块中三至五年级的“欣赏的方法”之“描述的方法”的学习水平界定为B，理解和学会。同时具体要求学生在学习活动中要学会从作品内容的角度，描述作品呈现的信息以及作品的表现形式和题材，从作品的表现形式及手法的角度，描述作品的呈现效果。在造型表现模块中三至五年级的“雕塑技法”的学习水平界定为B，要求学生学会运用常用的美术工具、材料和基本的美术表现方法、评议方法；“构思表现”的学习水平界定为A，要求学生能够通过识别和记忆的方式复述所学过的美术概念、规律和方法。因此，我们根据《上海市小学美术学科教学基本要求（试验本）》建议设计了随堂欣赏性活动为主的学习活动形式。

【活动目标】

活动设计主要引导学生在理解的基础上，运用学过的基本知识，能从作品内容的角度，描述雕塑作品中的信息、表现形式和题材；能从城市雕塑作品的表现形式及手法的角度，描述城市雕塑作品的呈现效果；能说出雕塑作品表现对象所运用的材质和呈现的肌理。

【教学内容】

1. 教材版本：上海教育出版社九年义务教育课本《美术》教材

2. 年级、单元：三年级第二学期第四单元“都市印象”

3. 教学内容：《城市雕塑》

【活动流程】

一、学习与导入

1. 创设“东滩步行街”模型场景，以南京路步行街视频中的雕塑为线索，展开本节课的学习内容

2. 出示课题城市雕塑

> **学法指导意图：**
> 通过情境创设及视频欣赏激发学生的学习兴趣并了解本单元的项目学习内容，导入本课课题。
> **学法提炼：** 独立学习　仔细倾听

二、欣赏与交流

1. 欣赏《三口之家满载而归》的雕塑作品，思考其表现的内容，感受其情感表达

2. 欣赏上海的雕塑作品，知道城市雕塑的功能

（1）通过欣赏静安雕塑公园的《同 ZHOU 共济》雕塑作品，了解其所表达的对一线抗疫工作者的敬意的内涵。

（2）通过欣赏世纪大道路旁的《东方之光》，了解其纪念 21 世纪到来的作用。

（3）通过欣赏陈毅广场《陈毅雕塑》，了解其纪念第一任上海市市长的特殊意义。

艺术共和《同 ZHOU 共济》

仲松《东方之光》

《陈毅雕塑》

（4）总结城市雕塑的功能，不仅美化环境，而且有独特的意义，是城市文明精神的艺术再现。

3. 欣赏观察，知道城市雕塑的造型表达及非具象雕塑的造型特点

（1）通过对比与观察，知道具象雕塑与非具象雕塑的造型表达。

（2）观察思考，非具象城市雕塑是运用形体组合的造型特点。

马特·霍普《空气》

梁绍基《月亮湾》

胡安·盖瑞扎博《永恒之门》

谭勋《彩虹》

学法指导意图：

在本活动中，学生通过欣赏去发现和思考城市雕塑的功能，深入地感受城市雕塑的艺术魅力，激发学生的学习兴趣并了解什么是城市雕塑以及它的功能。在老师的帮助下，学生通过进一步的观察、交流，描述城市雕塑的造型表达和非具象城市雕塑的造型特点。

学法提炼：独立学习　对比欣赏　观察探究　分析描述

三、体验与探究

1. 欣赏教师制作的纸艺“立体构成城市雕塑”作品，讨论这些非具象城市雕塑模型作品运用了什么组合形式，原理是什么？

2. 大胆猜测并交流组内这件雕塑作品想表达的含义

学生通过交流，得出同一个非具象城市雕塑作品，不同的人会有不同的理解，从而感受非具象城市雕塑的魅力所在。

3. 教师示范创作步骤和方法

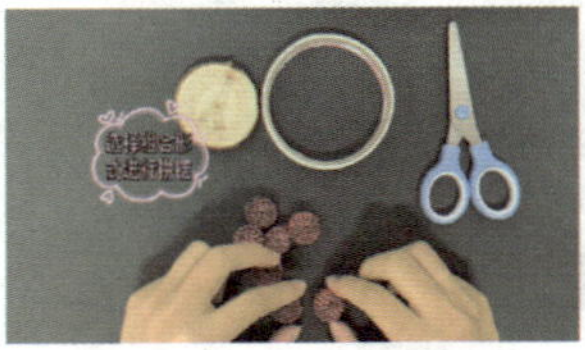

步骤 1
选择工具和几何素材

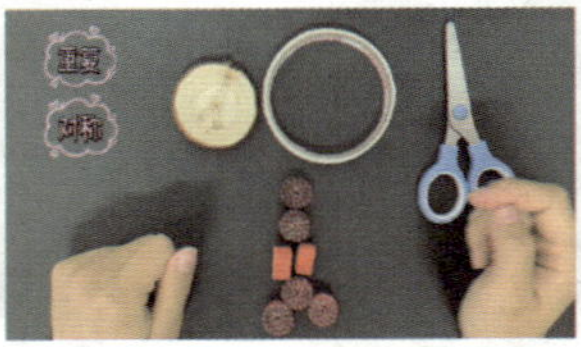

步骤 2
构思组合形式

步骤 3
粘贴固定

4. 优秀作品欣赏

学法指导意图：

在本活动中，学生通过小组观察与交流，得出非具象城市雕塑作品的组合形式原理；在小组进一步的交流过程中，感受同一个雕塑不同的人会有不同的理解，体会非具象城市雕塑的魅力所在；在老师进一步的示范引导下，学生尝试进行独立的创意设计练习。

学法提炼：小组讨论　独立学习　观察探究　分析描述

四、观察与表现

1. 练习内容：设计制作一个非具象城市雕塑

2. 练习要求

（1）组合形式新颖；

（2）作品稳定牢固；

（3）为作品取一个名字。

五、评价与拓展

1. 呈现评价要求

（1）形体美观；

（2）组合新颖；

（3）稳定牢固；

（4）桌面整洁。

2. 结合评价要求，为自己喜欢的作品投票，并将“小观众”人偶模型放在雕塑周围

3. 从组合形式原理和表达的含义描述自己设计的雕塑作品

如：我的作品名字叫什么，运用了怎样的组合形式原理，想呈现出怎样的效果，表达了什么含义。

4. 拓展不同材质的城市雕塑

通过教师介绍绿色雕塑、冰雕、沙滩雕塑和木雕，学生了解城市雕塑的丰富材质，同时引导学生善于观察，善于发现大自然中的美。

5. 拓展练习

用本节课所学的城市雕塑知识向家人介绍身边的雕塑作品。

学法指导意图：

本环节为项目学习活动的评价环节，引导学生在欣赏、交流作品的过程中，知道、运用所学的描述方法去欣赏、评述自己和他人的作品，在单元活动整体评价情景过程中感受成功的快乐；同时进一步引导学生发现大自然中的美，感受大自然的魅力；拓展练习部分既能够让学生将所学的知识落于实处，同时与家人共处，感受美好的亲子时光。

学法提炼：独立学习　合作学习　讨论交流　欣赏描述

描述的方法　好看的农民画

【活动设计者】

上海市崇明区长兴小学　翟盼

【所对标的教学基本要求】

1. 学习内容：5.2 欣赏的方法——5.2.1 描述的方法

2. 具体要求：

5.2.1

① 学会从作品内容的角度，描述作品呈现的信息以及作品的表现形式和题材；

② 能说出作品的主要内容与形象特征以及所运用的线条、形状、色彩和肌理；

③ 学会从作品的表现形式及手法角度，描述作品的呈现效果。

【活动种类】

以体现下列哪类活动为主：

体验性活动（　）　表现性活动（　）　欣赏性活动（ ✓ ）

【设计意图】

《上海市小学美术学科教学基本要求（试验本）》将欣赏评述学习要求和水平都界定为B，理解和学会。理解描述的方法。《好看的农民画》是三年级第一学期第六单元“感受民间艺术”单元内容。学生通过欣赏经典的农民画作品，了解农民画不同的表现手法及产生的画面效果，知道表现手法与作品的主题和意图的关系。根据教学基本要求，笔者将此学习活动定位为以欣赏性活动为主。

【活动目标】

活动设计主要引导学生欣赏农民画，运用学过的基本知识，观察、描述农民画的构图、色彩和内容等特点。在学习活动中，体会农民画呈现出的真实、淳朴和稚拙的艺术风格，感受农民画作品中的人文内涵，学会从作品的表现形式及手法的角度，描述作品的呈现效果。

【教学内容】

1. 教材版本：上海教育出版社九年义务教育课本《美术》教材

2. 年级、单元：三年级第一学期第六单元“感受民间艺术”

3. 教学内容：《好看的农民画》

【活动流程】

一、欣赏与交流（欣赏性活动1）

1. 微视频导入：欣赏由金山农民画制作成的微视频

2. 学生交流感受：欣赏和发现农民画的特点，感受农民画的艺术魅力，了解本课的学习任务

3. 出示课题：好看的农民画

学法指导意图：

通过农民画和一般美术作品的直观欣赏、比较，激发学生兴趣，引入本课项目化学习内容。

学法提炼：观察欣赏　描述表达

二、观察与理解（欣赏性活动2）

1. 出示农民画作品和现实图片，请学生欣赏与观察农民画中的形象和生活中的形象，说说不同点

2. 借助贴纸，完成农民画的拼贴，感受农民画的艺术特征

（1）出示多张农民画贴纸，根据主题选出合适的图案，说说：为什么这么选？

（2）小组活动，根据主题内容拼贴农民画。

学法指导意图：

在本活动中，教师引导学生通过拼贴、组合农民画，全方位、多角度的感受农民画的艺术特征，全面深入地体验农民画作品的艺术魅力。在老师的帮助下，通过细节去寻找和发现其的表现手法，用语言描述出来。在描述时，教师鼓励学生积极参与作品的评述，发表不同的观点，在讨论中创设分享与交流的情景和氛围。

学法提炼：欣赏观察　讨论交流　对比分析　瓶贴体验

三、示范与指导（欣赏性活动3）

1. 欣赏多幅农民画作品，发现农民画的艺术魅力

（1）提问：为什么每幅农民画作品呈现出的画面效果会不一样？

师生互动归纳：构图、色彩、表现手法不同，画面呈现的效果也会随之变化。

（3）提供多幅农民画作品，找一找最吸引你的一幅作品，说说理由？

2. 教师示范创作步骤

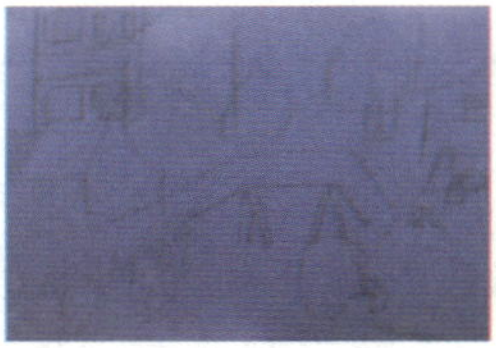

步骤 1

轻轻铅笔来定位

步骤 2

以鲜艳的色块铺满画面

步骤 3

最后用线条装饰画面

3. 同龄伙伴作品交流

学法指导意图：

学生对多幅农民画作品进一步欣赏，理解不同构图、色彩、表现手法的农民画作品呈现出的艺术效果都不一样。通过欣赏，同时感受农民画独特的构图方式、夸张的形象、鲜艳的色彩都会丰富农民画的特征。进一步感受教师示范，找到画好农民画的方法。

学法提炼：欣赏交流　示范观察　讨论分析

四、尝试与练习

1. 练习内容

选择一幅生活场景，仔细观察，根据内容进行添画，完成一幅农民画作品。

2. 练习要求

（1）作品构图饱满，绘画造型夸张变形；

（2）绘画色彩搭配鲜艳，对比强烈，画面装饰感强；

（3）题材表现了浓厚的生活气息。

五、展示与评价（欣赏性活动 4）

1. 教师找到学生作品，做范例点评

这幅学生作品，抓住牛的正面特征，构图饱满、色彩对比强烈，运用纹样对牛进行装饰，画面装饰感强，表现很精彩。

2. 模仿老师，鼓励学生给自己的作品或同伴的作品做评价

学法指导意图：

三年级学生在点评其他学生作品的时候容易关注自己喜欢的细节，点评语言简单，以“漂亮”“很好看”等较宽泛的语言为主，缺少对教学内容的把握。这里，教师提供欣赏范例引导学生学会评价，不仅是学习指导，也是很好的欣赏性活动。

学法提炼：范例模仿　描述评价

六、欣赏与拓展（欣赏性活动 5）

1. 欣赏陕西、新疆等地的农民画作品，了解其农民画的艺术特征

陕西农民画

陕西农民画

新疆农民画

2. 渗透下一课的学习内容：身边的方形物体

七、归纳与总结

今天，我们学习了解了金山农民画的艺术特点，感受金山农民画的艺术魅力。初步学会了观察金山农民画，并合作表现了农民画作品，作品装饰感强，充满生活气息，老师为你们的细致观察和团结合作鼓掌。

分析的方法　多视角的脸

【活动设计者】

上海市崇明区长兴小学　胡静

【所对标的教学基本要求】

1. 学习内容：5.2 欣赏的方法——5.2.2 分析的方法

2. 具体要求：

5.2.2 分析的方法

① 初步学会从作品内容的角度，根据描述，分辨作品的题材；

② 初步学会从作品表现形式的角度，根据描述，简单分析形象在画面中的安排与组织；

③ 初步学会从作品表现手法的角度，分辨作品所使用的工具、材料。

【活动种类】

以体现下列哪类活动为主：

体验性活动（　）　表现性活动（　）　欣赏性活动（ ✓ ）

【设计意图】

《上海市小学美术学科教学基本要求（试验本）》将欣赏评述模中一、二年级的“欣赏的方法”之“分析的方法”的学习水平界定为A，知道和学会。同时具体要求学生在学习活动中可以从作品的角度，根据他人的描述，分辨出作品的题材。学会从作品表现形式的角度，根据描述，简单分析形象在画面中的安排与组织。初步学会从作品表现手法的角度，分辨作品所使用的工具、材料。因此我们根据《上海市小学美术学科教学基本要求（试验本）》建议设计随堂欣赏活动形式，将这一学习活动确定为以欣赏性活动为主。

【活动目标】

活动设计主要在引导学生初步了解毕加索立体主义人物画的表现风格的基础上，巧妙借用大师的表现手法，创作出多视角的人物作品，在学习活动中通过对立体主义作品的赏析，感受毕加索作品的艺术情趣，形成审美经历，提高审美判断与艺术欣赏能力。

【教学内容】

1. 教材版本：上海教育出版社九年义务教育课本《美术》教材

2. 年级、单元：二年级第一学期第六单元“走近名作”

3. 教学内容：《多视角的脸》

【活动流程】

一、游戏与导入（欣赏性活动 1）

1. 游戏导入：比较作品风格，找出毕加索风格的作品

2. 学生小组合作：依次寻找肖像画上多角度的脸型与五官。感受立体主义画派作品特点，了解本课学习任务

3. 出示课题：多视角的脸

学法指导意图：

通过找找哪些是立体画派作品的小游戏导入，激发学生对立体主义画派的兴趣，小组合作寻找肖像画中不同视角的脸型与五官，感受立体主义画派肖像画的作品特点。

学法提炼： 比较欣赏　观察探究

二、探究与理解（欣赏性活动 2）

1. 小视频自主学习，了解正面脸型和五官与侧面脸型和五官重新组合在一起就可以变成一个多视角的脸

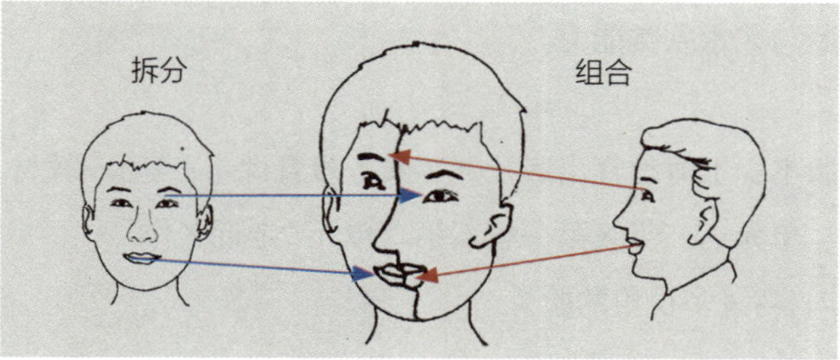

2. 探究立体主义风格产生的原因

（1）照相机对传统绘画的冲击；

（2）多视角看到的美更丰富，故事更多。

学法指导意图：

此环节通过对小视频的学习，教师带领学生总结多视角的脸是脸型与五官的拆分与再组合。教师讲解交代立体主义画派产生的历史背景，帮助学生更好地去理解立体主义画派。

学法提炼： 自主学习　总结提炼　描述表达

三、尝试与分析（欣赏性活动 3）

1. 音频赏析《手里捧着书的女子》

教师与学生共同赏析《手里捧着书的女子》：根据所呈现出的脸型与五官进行想象，并串联成一个小故事。

2. 小组讨论赏析作品：借助大师的方法进行联想，说出主人公的故事与判断依据

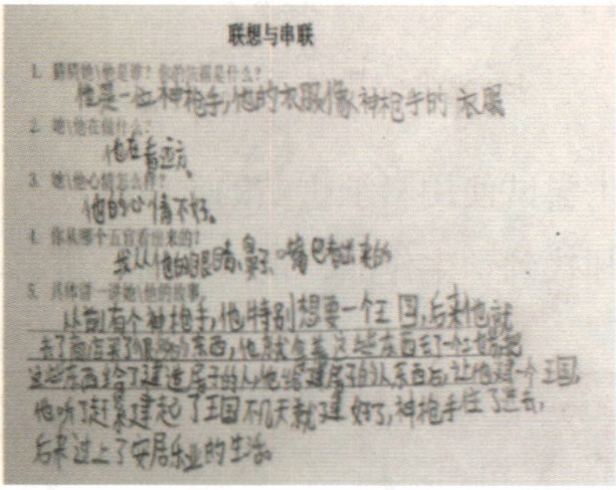

学法指导意图：

此环节学生对立体主义肖像作品进一步欣赏。通过一小段视频赏析，帮助学生理解毕加索多视角的脸是有故事的。用一个典型作品《手里捧书的女子》和学生一起使用大师的方法去欣赏理解这幅立体主义肖像画。学生在自主赏析的过程中，教师积极鼓励学生通过自己的观察，展开天马

行空的想象，去解析、构想肖像画主人公的故事。在描述时教师鼓励学生积极参与作品的评述，发表不同的观点，在讨论中创设分享与交流的情景和氛围。

学法提炼：欣赏交流　示范观察　探究分析　联想发散

四、示范与尝试（欣赏性活动 4）

1. 教师示范《多视角的脸》纸艺拼贴制作过程

步骤 1 构思故事

步骤 2 组合脸型与五官

步骤 3 添加细节

步骤 4 丰富画面

2. 学生尝试使用彩纸拼贴的方法完成一幅立体主义肖像画

3. 教师找到学生作品，请学生讲一讲自己作品的故事，教师做范例点评

学生讲述这幅作品的主人公是一位地质探险家，他将正在说话的正面嘴巴、勘察地形向上看的一只侧面的眼睛，注视前方的正面的眼睛等组合拼贴成一张多视角的脸，添加的道具等表现精彩。还可以用勾线笔适当添画，丰富画面。

4. 模仿老师，鼓励学生去讲述自己的作品，尝试着去欣赏同伴的作品并评价

学法指导意图：

二年级学生在点评其他学生作品的时候，容易只关注自己喜欢的细节，点评语言简单，以“漂亮”“很好看”等较宽泛的语言为主，缺少对教学内容的把握。教师可以示范点评一件学生作品，引导学生学会去评价。

学法提炼：点评模仿　描述评价

六、欣赏与拓展（欣赏性活动 5）

1. 欣赏毕加索早期的作品

2. 感受毕加索扎实的艺术功底，学习毕加索不断探索、不断钻研创新的精神

学法指导意图：

学生已经了解了毕加索的立体主义人物肖像风格，还需要知道毕加索在年轻时候的绘画功底极为深厚，这里出示几张毕加索早年的作品，引导学生了解艺术家扎实的艺术功底来源于他们的不断探索与创新。

学法提炼：欣赏交流　对比观察

分析的方法　夸张的面具

【活动设计者】

上海市崇明区堡镇小学（北堡校区）　徐瑗聪

【所对标的教学基本要求】

1. 学习内容：5.2 欣赏的方法——5.2.2 分析的方法

2. 具体要求：

5.2.2 分析的方

① 初步学会从作品内容的角度，根据描述分辨作品的题材；

② 初步学会从作品表现形式的角度，根据描述简单分析形象在画面中的安排与组织；

③ 初步学会从作品表现手法的角度，分辨作品所使用的工具材料；

④ 知道教材中工艺品的制作流程。

【活动种类】

以体现下列哪类活动为主：

体验性活动（　）　表现性活动（　）　欣赏性活动（ ✓ ）

【设计意图】

《上海市小学美术学科教学基本要求（试验本）》将捏塑造型学习要求和水平都界定为 A，知道和初步学会。《夸张的面具》在二年级教材中归在“彩泥变变变”单元，让学生通过欣赏中外面具作品，在感受面具特点的基础上尝试夸张面具的泥塑学习。针对低年级儿童，我们将此学习活动定位为以欣赏性活动为主的学习活动。

【活动目标】

活动设计主要引导学生在对比中发现面具的造型特点，在欣赏与讨论中学会运用泥工技能对形象进行夸张变形的表现方法，运用点、线、面及综合材料进行创意装饰。通过体验自制面具的乐趣，体会夸张变形的艺术美，增强对本土艺术的热爱，感受美术活动给生活带来的喜悦之情。

【教学内容】

1. 教材版本：上海教育出版社九年义务教育课本《美术》教材

2. 年级、单元：二年级第一学期第五单元“彩泥变变变”

3. 教学内容：《夸张的面具》

【活动流程】

一、了解与欣赏（欣赏性活动 1）

1. 出示材料——彩泥，简述本单元学习主题和内容

2. 视频欣赏，导入学习内容

教师提问：在视频里你看到人们戴着什么在跳舞？（面具）（集体回答）

3. 揭示部分课题——面具

学法指导意图：

出示材料——彩泥，让学生明白接下来学习的单元主题和内容。视频欣赏，明确本课学习的主题，激发学生对本课的学习兴趣。

学法提炼：独立学习为主　欣赏交流

二、探讨与发现（欣赏性活动 2）

1. 欣赏不同时期、不同国家的面具，了解面具的作用

西藏面具　藏戏面具　傩戏面具　云南少数民族面具

教师提问：你觉得面具有哪些作用？（祭祀、辟邪、表演……）（个体回答）

俄罗斯面具　法国面具　舞会面具　非洲面具

2. 探讨、对比面具与真人头像

（1）小组长上台试戴面具。

（2）出示真人头像局部与实物面具局部对比图片。

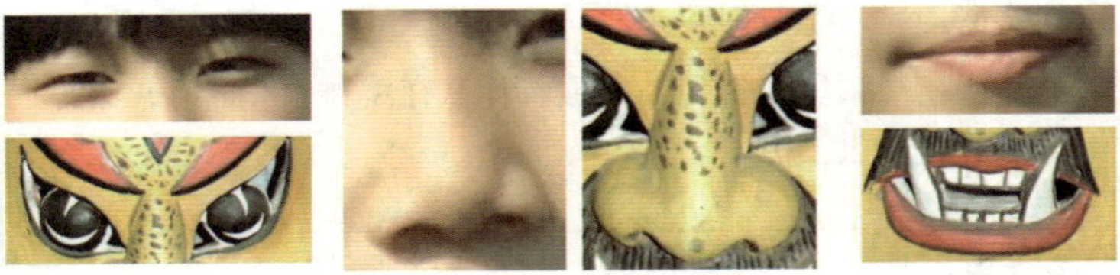

眼睛　鼻子　嘴巴

（3）其他组员探讨面具与真人头像的不同。

教师提问：面具与真人头像有什么不同？（小组代表回答）

（4）小组交流已探讨出的不同之处。

（5）教师小结面具的造型特点。

造型夸张、色彩鲜艳、装饰巧妙。

3. 完善课题——夸张的面具

学法指导意图：

通过不同时期、不同国家的面具赏析，发现面具的作用，锻炼学生的思考能力；让学生戴上面具、感受面具，并且探讨面具与真人头像的不同之处，从而能分析面具的造型特点，在探究中既解决了本课的学习重点，又激发了学生的创作欲望。

学法提炼：欣赏交流　比较观察

三、示范与练习（欣赏性活动 3）

1. 作品欣赏，探讨面具的制作步骤

学生作品

（1）个别学生交流制作步骤。

（2）教师根据学生说的步骤边示范。

步骤 1
做脸型（教师提供）

步骤 2
贴五官

步骤 3
巧装饰

（3）示范时边渗透色彩方面的知识边讲解泥工技能。

对比色；团、搓、捏……

2. 作品欣赏，美化面具

（1）作品欣赏，拓宽美化面具的思路。

泥点（点）、泥条（线）、泥片（面）

(2)练习内容与要求

练习内容：独立完成一张夸张的面具。

练习要求：①面具造型要夸张；

②色彩对比要强烈；

③面具完整巧装饰。

3. 学生练习，教师巡视

学法指导意图：

通过欣赏同龄学生作品，探讨、掌握面具的制作步骤，同时在探究中让学生能说出面具的造型特点和材料，解决本课的学习难点；通过欣赏不同侧重点表现形式的学生作品，打开学生创意表现的思路。

学法提炼： 自主探究　示范观察　练习表现

四、展示与评价（欣赏性活动4）

1. 设计情境——《创意面具秀》，自己展示自己的作品

创意面具秀

评一评：你最欣赏哪幅作品？为什么？（个体回答）

评价要求：（1）面具的造型是否夸张？

（2）色彩是否鲜艳、对比强烈？

（3）面具装饰有什么特别的地方？

2. 教师示范评议作品

这幅学生作品比较夸张，五官的造型有椭圆形、三角形等；色彩鲜艳、对比强烈；主要运用泥条和泥片来进行装饰。

3. 学生互动点评

模仿老师按照练习要求给自己的作品或同伴的作品做评价。

4. 教师小结

学法指导意图：

作品的展台设计，使全班学生都能观看到所有的作品；通过教师的示范点评，引导学生学会自评与互评的表达方式，体验分享美术创意成果的乐趣。

学法提炼： 示范模仿　讨论交流　分析描述

五、拓展与实践（欣赏性活动 5）

1. 知识拓展，了解崇明乡土美术资源

（1）出示崇明“扁担戏”图片。

（2）感受“扁担戏”人偶制作中面具的应用。

2. 实践“化装舞会”

（1）学生戴上自制面具。

（2）伴着音乐，随意舞动，结束本课。

今天，通过大家的努力，我们抓住面具的造型特点，学会了用团、压、印、搓、刻等泥工技能，塑造出了造型夸张、色彩强烈的面具。

> **学法指导意图：**
> 通过知识的拓展，让学生简单了解崇明的乡土美术，增强对本土艺术的热爱；以“化装舞会”的形式来结束本课，让学生感受美术活动给生活带来的喜悦之情。
> **学法提炼：**倾听欣赏　感受体验

解释的方法　飞向太空

【活动设计者】

上海市崇明区庙镇学校三乐校区　张丹

【所对标的教学基本要求】

1. 学习内容：5.2 欣赏的方法——5.2.3 解释的方法

2. 具体要求：

5.2.3 解释的方法

① 初步学会从作品内容、形式及手法的角度，根据描述的和分析，推测作品所表达的情感或意图，阐述感受及理由；

② 能推测教材中设计作品的构思；

③ 能说出生活中常见工艺品的寓意。

【活动种类】

以体现下列哪类活动为主：

体验性活动（ ） 表现性活动（ ） 欣赏性活动（ ✓ ）

【设计意图】

《上海市小学美术学科教学基本要求（试验本）》将欣赏评述模中三至五年级的"欣赏的方法"之"解释的方法"的学习水平界定为A，知道、初步学会。《飞入太空》是五年级第一学期第三单元"纸艺模型"单元的内容，学生通过欣赏，了解飞船相关知识，在描述、分析中推测作品所表达的情感或意图，阐述感受及理由，获取制作方法并大胆想象飞船的造型与功能，并进行飞船创意制作。因此，笔者根据《上海市小学美术学科教学基本要求（试验本）》的建议，将此学习活动界定位为以欣赏性活动为主的学习活动。

【活动目标】

活动设计主要引导学生在欣赏、理解的基础上，交流中国在航天事业上的成就以及感受中国科技与经济的发展给生活带来的变化；大胆想象飞船的造型与功能，从飞船作品内容、形式及手法的角度，根据描述和分析，推测作品所表达的情感或意图，阐述感受及理由，并进行飞船创意制作。

【教学内容】

1. 教材版本：上海教育出版社九年义务教育课本《美术》教材

2. 年级、单元：五年级第一学期第三单元"纸艺模型"

3. 教学内容：《飞向太空》

【活动流程】

一、交流与导入（欣赏性活动 1）

1. 学生带着问题观看我国飞船飞入太空的视频，思考并描述这段视频呈现的信息，给你带来怎样的感受？

2. 学生观看视频，感受人类最新科学技术带来的震撼成果，了解本课学习任务

3. 各小组领取探究资源，进行欣赏探究准备

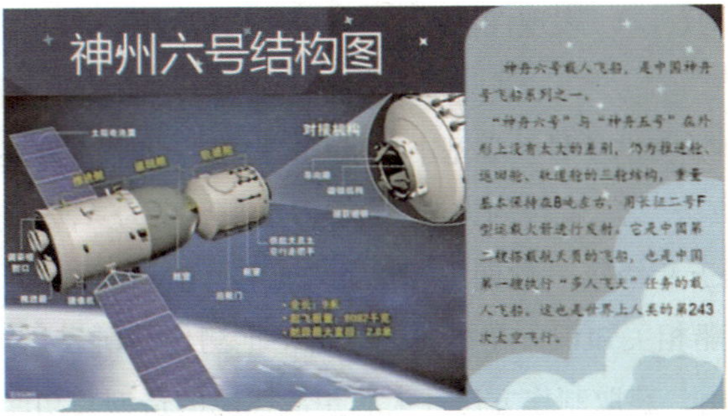

学法指导意图：

通过直观的视频欣赏和视频内容描述，学生知道我国已成功把飞船送入太空，激发学生的爱国主义情感以及对飞船的探究兴趣，从而培养热爱科学、积极生活的情感态度，引入本课项目化学习内容。

学法提炼： 独立学习　观察欣赏　描述表达

二、欣赏与探究（欣赏性活动 2）

1. 学生欣赏阅读神舟六号结构图，探究、描述、分析飞船的组成部分以及功能

2. 学生欣赏形态各异的飞船造型，各小组在桌上找出和飞船各部分造型相符的纸艺基本形状并说一说（圆柱体、长方体、三棱柱、圆锥体等）

3. 学生欣赏飞船纸艺作品，说出其艺术特点

学生交流：请同学们一起来找一找飞船纸艺作品的艺术特点是什么？

多样的纸制作材料、新颖独特的造型、绚丽的色彩。

4. 学生欣赏飞船纸艺造型，讨论分析制作技法

小组合作讨论：欣赏飞船纸艺造型，描述、分析“飞船”作品主要运用的纸工技能有哪些？

剪、卷、折、插接、粘贴等。

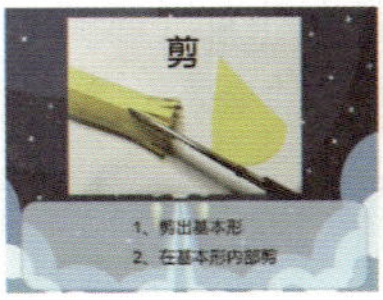

学法指导意图：

通过学生自主的阅读欣赏、观察探究，教师引导每一位学生都参与到了解飞船的结构特点和纸艺飞船制作方法的讨论中去。教师鼓励学生大胆地用语言描述自己推测飞船作品所表达的情感或意图，积极发表自己的观点和建议。

学法提炼：观察探究　讨论交流　描述分析

三、观察与体验

1. 学生独立尝试纸艺立体基本型的制作

初次尝试，发现立体基本型制作中遇到的问题。

2. 观察教师制作飞船的示范步骤

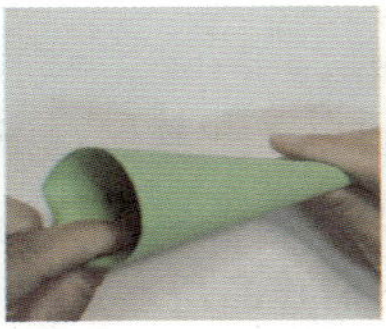

步骤 1
制作各种形体

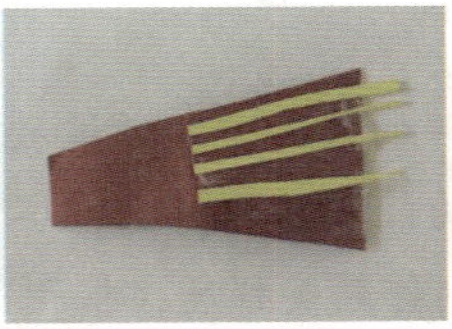

步骤 2
添加细节

步骤 3
组合各个部分

3. 同龄伙伴作品交流

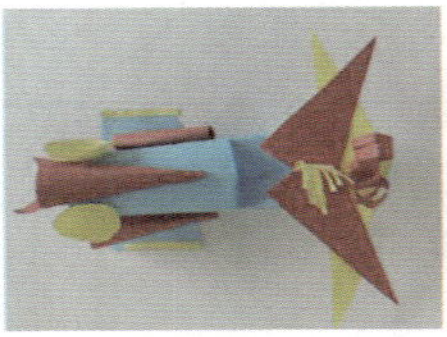

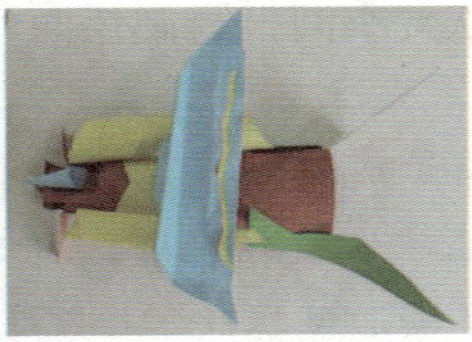

4. 练习内容

综合运用纸立体造型的方法，合作完成制作一艘造型新颖的飞船。

5. 练习要求

(1)小组分工，合作完成；

(2)创意新颖，功能齐全；

(3)粘贴牢固，制作美观。

学法指导意图：

通过同伴合作制作飞船，提高同学间根据练习要求解决困难、合理分配任务的能力，同时感受完成作品时的成就感和自豪感。

学法提炼： 示范观察　讨论交流　练习表现

四、展示与评述(欣赏性活动3)

1. 合作学习：各小组学生在相互评价交流作品的基础上推荐作品展示

2. 独立学习：学会从作品的表现形式及手法的角度，描述自己和同伴作品的呈现效果

学法指导意图：

在尝试评述同伴的作品中，通过教师引导和鼓励，学生在描述、分析纸艺飞船造型呈现的效果的基础上，尽量观察飞船制作细节，通过具体描述各个形体特点和制作精美程度，推测飞船作品所表达的情感或意图。

学法提炼： 对比欣赏　局部观察　讨论交流

五、欣赏与拓展(欣赏性活动4)

1. 说一说还可以用哪些材料来制作飞船?

2. 欣赏不同材料制作而成的飞船造型

学法指导意图：

让学生展开想象，通过欣赏拓宽学生的思维。

学法提炼： 观察欣赏　了解倾听

六、归纳与总结

今天，我们一起欣赏探究了纸艺飞船的制作方法，用自己的创意，动动手，创作出了一艘艘独特的飞船。我为大家的认真欣赏，细致观察，精彩作品的分析解释点赞。

解释的方法　恐龙时代

【活动设计者】

上海市崇明区海洪小学　王荣娣

【所对标的教学基本要求】

1. 学习内容：5.2 欣赏的方法——5.2.3 知道解释的方法

2. 具体要求：

5.2.3 知道解释的方法

① 初步学会从作品内容、形式及手法的角度，根据描述和分析，推测作品所表达的情感或意图，阐述感受及理由；

② 能推测教材中设计作品的构思；

③ 能说出生活中常见工艺品的寓意。

【活动种类】

以体现下列哪类活动为主：

体验性活动（　）　表现性活动（　）　欣赏性活动（ ✓ ）

【设计意图】

《上海市小学美术学科教学基本要求（试验本）》将欣赏评述模中三至五年级的“欣赏的方法”之“解释的方法”的学习水平界定为 A，知道、初步学会。《恐龙时代》是三年级第一学期第五单元“动物天地”单元的内容，让学生通过欣赏自然、生活中的景和物，说说不同动物的形态特点，感受大自然中动物的多样性，对动物产生喜爱之情。了解恐龙的相关知识，关注动物的形态美，意识到动物与生态环境的关系，形成保护动物和探究古生物的意识。针对三年级学生的教学基本要求，我们将此学习活动定位为以欣赏性活动为主的学习活动。

【活动目标】

活动设计主要引导学生通过观察知道不同动物的形态特点，感受大自然中动物的多样性，关注动物的形态美，用整体捏塑的方法制作立体动物造型。根据准确的描述和分析，推测泥塑作品所表达的情感，阐述感受及理由。形成保护动物和探究古生物的意识。

【教学内容】

1. 教材版本：上海教育出版社九年义务教育课本《美术》教材

2. 年级、单元：三年级第一学期第五单元“动物天地”

3. 教学内容：《恐龙时代》

【活动流程】

一、观察与欣赏（欣赏性活动 1）

1. 学生带着问题观赏视频，独立观赏，思考视频中的这种动物是什么？它们有哪些造型特点？

2. 学生欣赏恐龙照片，了解恐龙的时代特征和造型特点，了解本课学习任务（“动物天地”单元的第二课《恐龙时代》）

活动评价：即时点评。

> **学法指导意图：**
>
> 以直观的视频欣赏，激发学生学习兴趣。通过恐龙图片资料及恐龙时代的资料简介，有利于学生对本单元知识体系有进一步的了解与掌握。
>
> **学法提炼：**观察欣赏　描述表达

二、尝试与发现（欣赏性活动 2）

1. 学生探究恐龙身体特征及其他身体结构组成要素

学生以图解、速画辅助，加强认识恐龙身体特征的视觉印象。

2. 学生用彩泥尝试一体化塑动物身体的大形：捏塑身体大形，捏（拉）出脖颈（头部）、尾巴等大的部分

学生尝试用彩泥塑恐龙身体大形与脖颈（头部）、尾巴等部位，捏（拉）时注意衔接处圆润和稳固。

3. 学生构思表现：不同种类的恐龙身体特征、局部细节的添加

（1）学生依据恐龙图例欣赏后进行构思表现，反映不同种类恐龙的身体特征（翼龙：有一对翅膀；蛇颈龙：脖颈较细长等）

（2）粘连四肢，学生探究整体造型的稳固性

（3）思考交流，如何把恐龙造型变得生动形象？（探究：摆出各种动态；添加嘴部、背部细节。

学法指导意图：

学生构思表现旨在让学生对不同种类的恐龙造型做深入观察，通过个体演示表现，带动全体学生对恐龙造型的制作步骤有进一步了解，通过动态塑造、细节制作的雕塑技法探究，确保每位学生参与细节观察与制作流程分析。让学生更好地主动参与塑造恐龙的造型学习中。

学法提炼：学生探究学习　自主尝试　个体交流　提炼演示

三、创意与制作（欣赏性活动 3）

1. 欣赏优秀范作

独立学习：观察、描述。

2. 明确练习要求

（1）用整体捏塑成形的方法表现自己喜欢的恐龙造型；

（2）恐龙动态富有变化，并能进行细节刻画与装饰；

（3）小组合作，表现多彩的“恐龙时代”（合理选取、制作背景）。

3. 根据练习要求，在欣赏教师示范和同龄人作品后，独立学习恐龙的制作，合作完成“恐龙时代”

独立练习，小组合作。

学法指导意图：

在观察优秀范作的学习过程中，嵌入式引导小组练习表现要求。明示练习内容和练习要求，促使学生明确练习任务要求，融合课堂现学塑造表现方法完成恐龙的雕塑造型练习。

学法提炼：合作学习　自主观察　讨论交流　练习表现

四、展示与评述（欣赏性活动 4）

1. 分小组作品展示及学生从作品内容、形式和手法的角度阐述感受

（1）欣赏：学生根据教师提供的评价要求，去欣赏同伴的“恐龙时代”作品

（2）聆听：学生聆听伙伴的作品构思介绍

（3）点评：学生大胆发言，评议同伴的作品

2. 活动小结

教师点评，学生交流学习体会。

3. 学生评价表自评

学法指导意图：

本环节侧重学生审美能力与欣赏方式的培养，通过描述、分析让学生推测作品所表达的情感或意图，阐述感受及理由，逐步掌握艺术点评的方法。

学法提炼：合作学习　自评互评　欣赏评述　描述解释

五、欣赏与拓展（欣赏性活动 5）

欣赏用不同的艺术形式表现恐龙（绘画、纸盒制作恐龙等）

学法指导意图：

本节课侧重雕塑技法和构思表现学习能力的提升。通过拓展，开拓艺术欣赏视野，关注多种表现手法塑造动物的形态美。

学法提炼：欣赏交流

六、归纳与总结

观察恐龙造型，构思、捏塑远古时期的恐龙这一物种，同学们能进一步学习雕塑造型的本领。大家通过抓住恐龙的基本造型特点，根据它们独特的外形特点，塑造出多种形态的恐龙雕塑作品。通过自我介绍阐述自己作品的表现手法或作品内容，表达自己对恐龙的认识，以推荐点评阐述了同伴作品的设计构思，老师为你们的细致欣赏、精准分析而喝彩。

解释的方法　民间彩塑

【活动设计者】

上海市崇明区教育学院　宋玉燕

【所对标的教学基本要求】

1. 学习内容：5.2 欣赏的方法——5.2.3 知道解释的方法

2. 具体要求：

5.2.3 知道解释的方法

① 学会从作品内容、作品表现形式及手法的角度，根据描述和分析，推测作品所表达的情感或意图，阐述感受及理由；

② 能推测教材中设计作品的构思；

③ 能说出生活中常见工艺品的寓意。

【活动种类】

以体现下列哪类活动为主：

体验性活动（　）　表现性活动（　）　欣赏性活动（ ✓ ）

【设计意图】

《上海市小学美术学科教学基本要求（试验本）》将欣赏评述模块中三年级至五年级的“欣赏的方法”之“解释的方法”的学习水平界定为A，知道、初步学会。具体要求学生在学习活动中要学会从作品内容、作品表现形式及手法的角度，根据描述和分析，推测作品所表达的情感或意图，阐述感受及理由；能说出生活中常见工艺品的寓意。因此我们根据《上海市小学美术学科教学基本要求》的建议将本课学习活动定位为以欣赏性活动为主，设计了随堂欣赏的活动形式。

【活动目标】

活动设计主要引导学生在欣赏理解的基础上，运用学过的基本知识初步学会从民间彩塑的作品内容、作品表现形式及手法的角度阐述感受及理由。在学习活动中，体会作品呈现出的美感，能说出生活中彩塑的寓意，认识并理解作品中的人文内涵，形成审美经历，提高审美判断与艺术欣赏能力。

【教学内容】

1. 教材版本：上海教育出版社 九年义务教育课本《美术》教材

2. 年级、单元：五年级第一学期第二单元“感受民间艺术”

3. 教学内容：民间彩塑

【活动流程】

一、欣赏与导入（欣赏性活动1）

1. 各小组领取探究资源，进行欣赏探究准备。

2. 学生了解今天的学习内容：五年级美术第一学期“感受民间艺术”单元。

3. 教师提问：有一条河流是中国南北方

的地理分界线，你知道是哪条河流吗？（淮河）

为什么是淮河呢？从地图上我们可以看到“秦岭－淮河”这么个地方，山脉阻隔了极地的气候，把中国一分为二，从此就有了中国的北方和南方。

4. 淮河流域有一类很有名的艺术品，让我们带着问题看一段视频：

这是哪一种艺术形式？

它的名称是什么？

它是用什么材料制作的？

又是由谁来制作的？

教师总结：民间彩塑“泥泥狗”充分体现了我远古时代劳动人民就地取材的劳动智慧。

5. 了解“泥泥狗”的历史由来（太昊伏羲氏神话传说有关）。

（1）它为什么是“泥泥”狗呢？而不是其他的“布布”狗或“画画”狗呢？（学生回答并解释理由）

（2）它为什么是泥泥“狗”呢？而不是其他的 泥泥“虎”、泥泥“龙”等等呢？（学生回答并解释理由）

6. 小结：泥泥狗不仅制作材料来源于生活。它的表现题材也来源于生活和历史久远的民间传说，这种民间艺术品不仅仅可以带来美的享受，同时还具有祈福纳吉的内涵，承载着人们的希望、需求

学法指导意图：

通过直观的民间彩塑视频欣赏，激发学生兴趣，引入本课项目化学习内容并了解“泥泥狗”的历史由来。

学法提炼：独立学习　观察欣赏　描述表达

二、欣赏与探究（欣赏性活动 2）

1. 学生欣赏民间彩塑“泥泥狗”图片及实物：关于“泥泥狗”，你还想了解什么？

2. 通过实物狗与“泥泥狗”的造型对比，你发现“泥泥狗”的造型有什么特点？（奇特、夸张、简洁）

3. 请大家观察各小组的“泥泥狗”，你发现它用了哪些色彩？

4. 发现有大小、长短的变化的点、线符号是构成泥泥狗纹饰的基本造型元素。

5. 学生欣赏民间彩塑“泥泥狗”造型，说出“泥泥狗”制作的传统工艺流程。

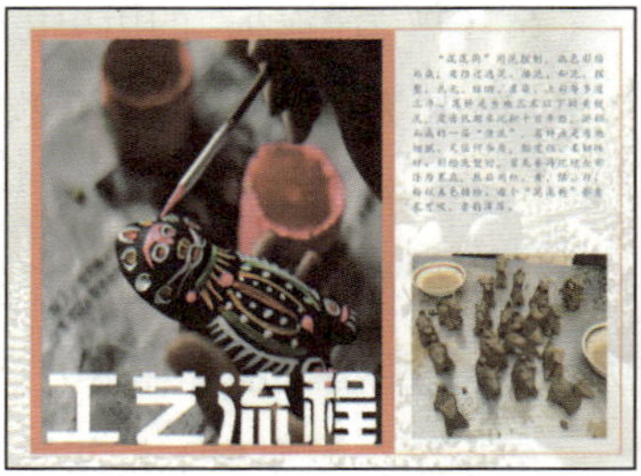

交流：欣赏民间彩塑“泥泥狗”作品，用语言来描述“泥泥狗”制作的传统工艺流程，阐述感受及理由。

活动评价：口头评价。

学法指导意图：

在本活动中，通过教师积极鼓励学生通过自己全方位、多角度的欣赏、观察、触摸，去发现和确定民间彩塑艺术品中的主要造型，全面深入地感受民间彩塑作品的艺术魅力。在老师的帮助下，通过细节去寻找和发现其的表现手法，用语言描述出来。在描述、解释时，教师鼓励学生积极参与作品的评述，发表不同的观点，在讨论中创设分享与交流的情景和氛围。

学法提炼：实物触摸　对比欣赏　观察分析　讨论交流。

三、观察与体验

1. 观察教师局部示范；

2. 练习内容：仿照民间艺人的方法为“泥泥狗”点画上色彩。

练习要求：色彩对比强烈；点线装饰图案；用笔生动整洁

四、展示与评述（欣赏性活动 3）

1. 合作学习：各小组学生在相互展示、交流作品的基础上推荐作品评价。

2. 独立学习：学会从作品内容、表现形式及手法的角度，描述、分析自己和同伴作品的呈现效果，阐述感受及理由。

活动评价：即时点评（语言）评价。

学法指导意图：

在尝试评述同伴的作品中，通过教师引导和鼓励，学生在描述、分析民间彩塑整体内容及造型呈现的效果的基础上，尽量观察民间彩塑中的细节，通过具体描述、分析造型特征以及其运用的色彩、装饰花纹推测、解释作品所表达的意图。

学法提炼：欣赏交流　观察分析　描述解释

五、欣赏与拓展（欣赏性活动 4）

教师引导学生欣赏“泥泥狗”主题的文创作品。

> **学法指导意图：**
> 在本活动中，通过教师鼓励，学生通过对民间彩塑元素进行文创的相关内容进行欣赏、了解。以独立学习与合作学习结合的形式，用多样的方式，进行民间彩塑欣赏。
> **学法提炼：**欣赏交流　了解倾听　查阅记录。

六、本课小结

艺术家们意识到乡土艺术也需要当代表达，家乡的民间艺术要传承延续，必须适应时代变化，发展旅游工艺品，“泥泥狗”艺术元素在生活中的帽子、服饰，水杯、手链中的应用，让我们看到了乡村老手艺点亮新生活的希望！

评价的方法　毕业友谊卡

【活动设计者】

上海市崇明区建设小学　甘慕怡

【所对标的教学基本要求】

1. 学习内容：5.2 欣赏的方法——5.2.4 评价的方法

2. 具体要求：

5.2.4 评价的方法

① 初步学会根据描述、分析和解释，形成个人态度和观点，用口头或书书面语言进行表达；

② 初步学会思考作品的意义。

【活动种类】

以体现下列哪类活动为主：

体验性活动（　）　表现性活动（　）　欣赏性活动（ ✓ ）

【设计意图】

《上海市小学美术学科教学基本要求（试验本）》将三年级至五年级“欣赏的方法”学习要求和水平界定为A，知道、初步学会。《毕业友谊卡》是二学期第八单元“我和电脑交朋友”单元内容。学生通过学习，了解欣赏卡片的多样性，学会用Photoshop软件中的套索工具处理图片，设计毕业友谊卡P表达美好祝福，感受毕业友谊卡的情感内涵和丰富的形式美，感悟友情的可贵和美好。因此，针对教学基本要求的建议，笔者设计了以欣赏性活动为主的学习活动。

【活动目标】

活动设计主要让学生了解欣赏卡片多种图文编排的构图样式，学会用Photoshop软件中的套索工具处理图片；能根据主题组合图形、文字，设计毕业友谊卡；通过欣赏、观察与交流，初步学会根据描述、分析和解释，形成个人态度和观点，用口头或书面语言进行表达；发现图形、文字与主题的关系、意义，感受毕业友谊卡的情感内涵和丰富的形式美，表达美好祝福和情谊的乐趣。

【教学内容】

1. 教材版本：上海教育出版社九年义务教育课本《美术》教材

2. 年级、单元：五年级第二学期第八单元“我和电脑交朋友”

3. 教学内容：《毕业友谊卡》

【活动流程】

一、导入（欣赏性活动1）

1. 视频导入，中国卡片的由来（唐太宗送贺卡给大臣拜年），现代卡片种类与材质的多样性，引出课题

2. 出示课题：毕业友谊卡

学法指导意图：

欣赏卡片的多样性，了解本节课的教学内容。欣赏各类卡片，了解卡片的多样性，激起兴趣。

学法提炼：欣赏交流

二、观察与尝试（欣赏性活动 2）

1. 学生观察并寻找，说说毕业友谊卡的构成元素

教师归纳总结构成元素：纹样图案与文字（主题、祝福语、署名和日期）。

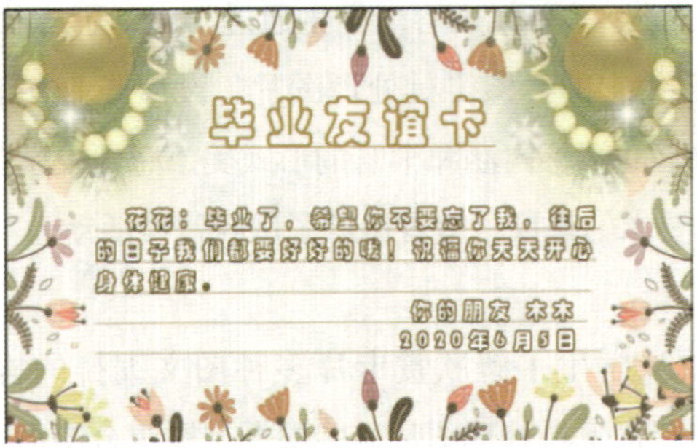

2. 运用毕业友谊卡的构成元素，尝试草图构思卡片版式草图样式

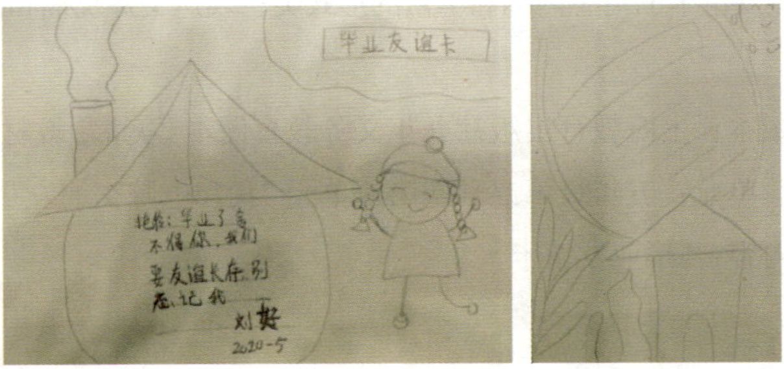

草图样式

3. 师生互动归纳构图版式：常见的毕业友谊卡版式

上下版式

包围版式

左右版式

半包围版式

倾斜版式

学法指导意图：

此环节学生进一步整体观察欣赏，发现毕业友谊卡的构成元素，尝试草图构思设计版式，了解多样的版式构图法，感受不同版式的设计美感。

学法提炼：欣赏了解　发现探究

三、新授与示范（欣赏性活动 3）

1. 教师示范 Photoshop 创作步骤

步骤 1

在软件中打开寻找素材

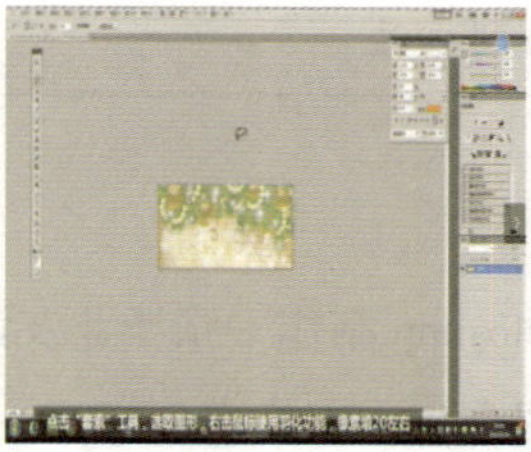

步骤 2

使用套索工具

步骤 3

拖拽图形到背景图

步骤 4

调整复制移动图形

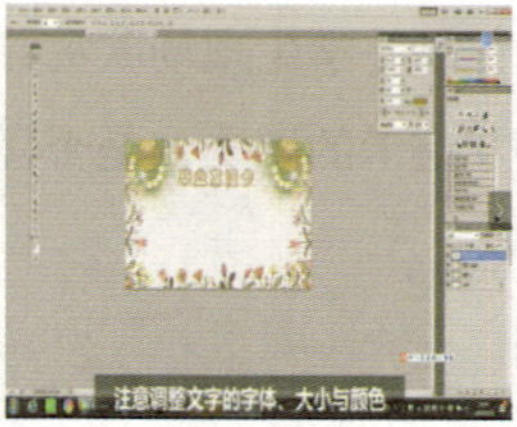

步骤 5

文字输入主题

步骤 6

添加排版文字

2. 同龄伙伴作品欣赏

学法指导意图：

让学生了解 Photoshop 制作毕业友谊卡的步骤，通过直观的教学演示，让学生清楚制作的方法，欣赏同龄人的作品，感受毕业友谊卡包含的情谊与魅力。

学法提炼： 观赏示范　找到方法

四、尝试与练习

1. 练习内容：运用 Photoshop 制作一张毕业友谊贺卡

2. 练习要求：作品构图合理，版式有创意

3. 学生练习，教师巡回指导

五、展示与评价（欣赏性活动 4）

1. 教师打印并呈现学生作品，学生现场欣赏并互送毕业友谊卡

2. 请学生说说收到毕业友谊卡的感受，是否喜欢它的版式设计

3. 评价标准

（1）作品构图是否合理；

（2）版式设计是否创意。

学法指导意图：

五年级学生已初步形成了自己的审美观，五年的美术课程学习，让学生基本懂得评价作品的要点（构图、色彩搭配、版式）。现场互动赠送友谊卡，让学生说说收到毕业友谊卡的感受，让学生深刻地理解友谊卡的珍贵之处，体验友谊卡的形式美，用友谊卡寄托美好的祝福与情谊。

学法提炼：欣赏交流　描述评价

六、归纳与总结

毕业了，友谊贺卡不仅仅寄托着同学之间的情谊，更多的是表达一份祝福，一份愿望。有创意的版式设计能为这份祝福与愿望增添美感，愿我们全班同学友谊长存，学习进步，老师为你们的表现感到自豪。

附件：

学生课后自评表

班级________________　**姓名**______________________

学习兴趣	对毕业友谊卡的学习感兴趣	☆☆☆
	对运用电脑创作毕业友谊卡感兴趣	☆☆☆
学习效果	我的毕业友谊卡构图合理	☆☆☆
	我的毕业友谊卡版式新颖	☆☆☆
学习感受	请简要描述创作感受或收到友谊卡的感受（50–100字）	

评价的方法　手形的联想

【活动设计者】

上海市崇明区实验小学　王鑫

【所对标的教学基本要求】

1. 学习内容：5.2 欣赏的方法——5.2.4 评价的方法

2. 具体要求：

5.2.4 评价的方法

① 初步学会根据描述、分析和解释，形成个人态度和观点，用自己的话进行表达。

【活动种类】

以体现下列哪类活动为主：

体验性活动（　）　表现性活动（　）　欣赏性活动（ ✓ ）

【设计意图】

《上海市小学美术学科教学基本要求（试验本）》将一年级至二年级“欣赏的方法”学习要求和水平界定为 A，知道、初步学会。《手形的联想》一课为二年级教材“联想与添加”单元的教学内容，让学生欣赏手形变化、手形组合展开不同的想象，并通过画家作品欣赏引导学生能用自己的话说出欣赏美术作品的感受与体会。针对低年级儿童，我们将此学习活动界定位为以欣赏性活动为主的学习活动。

【活动目标】

活动设计主要引导学生欣赏艺术家手影表演，观察手形变化带来的不同视觉形象。通过描画手形、欣赏比较手形组合、学习联想与添加的方法来引导学生掌握借形联想的技巧，对手形的不同变化展开联想，并添加、组合形成有趣的画面。在名作欣赏活动中感受灵巧双手的魅力，体会手形变化产生的富有想象力的形象美，激发想象与表现的乐趣。

【教学内容】

1. 教材版本：上海教育出版社九年义务教育课本《美术》教材

2. 年级、单元：二年级第一学期第三单元“联想与添加”

3. 教学内容：《手形的联想》

【活动流程】

一、欣赏与感悟（欣赏性活动 1）

1. 创设“梦幻王国”情境，欣赏手影表演《大森林》，艺术家们用灵巧的双手表现了什么？

2. 观看完小视频，交流探讨手影表现了哪些物体

3. 出示课题：手形的联想

> **学法指导意图：**
>
> 欣赏艺术家们的手影表演，激发学习兴趣。在观察交流中初步发现手形张开、合拢、弯曲和变换方向，让人联想出丰富多样的物体。了解本节课的主要教学内容。
>
> **学法提炼：**观赏视频　启发联想

二、尝试与发现（欣赏性活动 2）

1. 出示各种姿态的手形图，鼓励学生模仿体验，摆一摆手形并联想

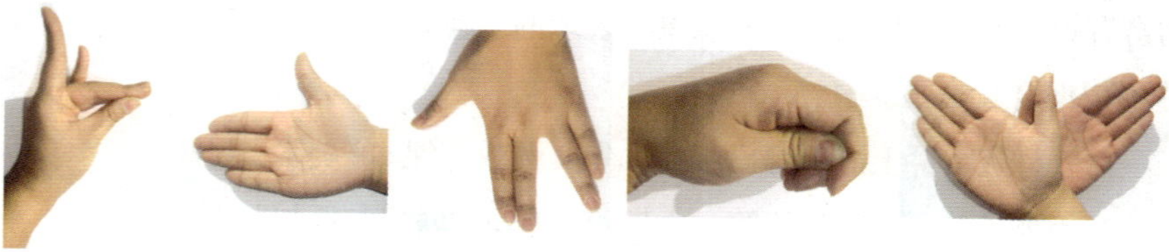

2. 引导学生根据摆的手形展开联想，找出手形中的有趣形象。

看看你的手形像什么？

3. 学习描画手形组合

（1）学一学，教师示范描画手形，提示注意事项。

（2）比一比：观察手形组合图片，比较不同的手形组合效果。

两个手形的组合有什么不同？

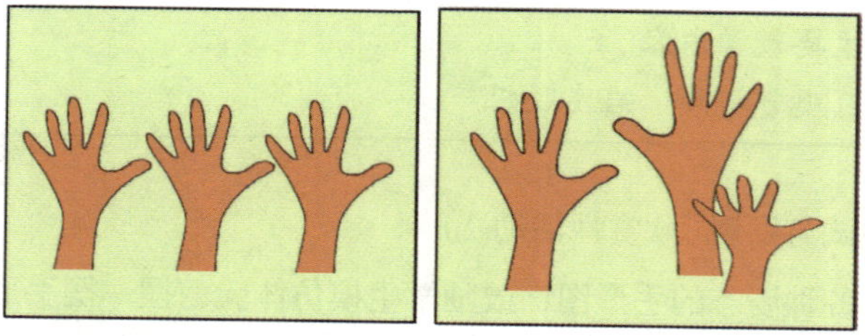

（3）描一描：学生尝试描画组合的手形。

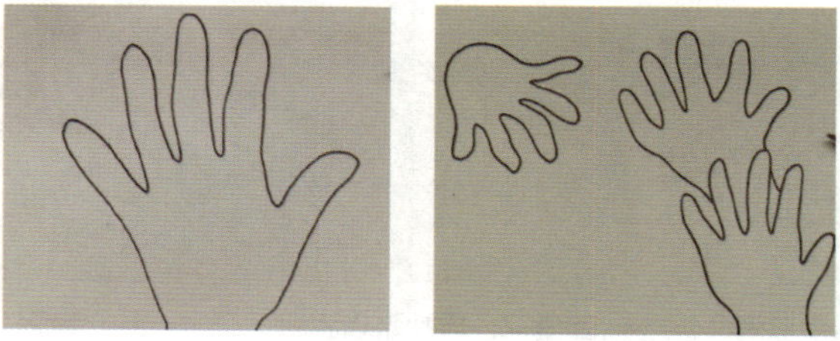

学法指导意图：

这一环节，学生在摆一摆、想一想中，观察手形的丰富变化，联想出有趣的形象。学习描画手形的组合，掌握线条流畅性的表现手法。通过欣赏比较不同的手形组合图片，引导学生发现排列组合所产生的不同效果。

学法提炼：欣赏模仿　观察比较

三、联想与创作（欣赏性活动 3）

1. 演示具体的联想与添加的构思方法，根据一个手形展开多种想象

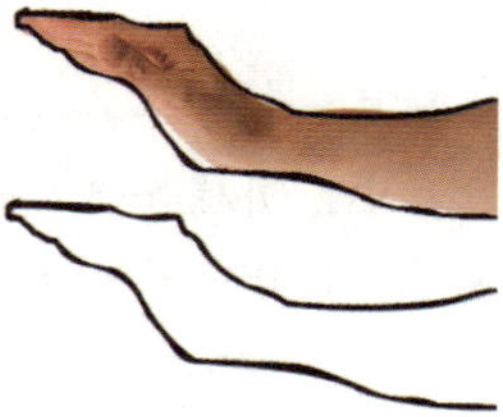

（1）内部添加

（2）外部添加

（3）手形内外进行添加

（4）转动角度

2. 教师示范步骤

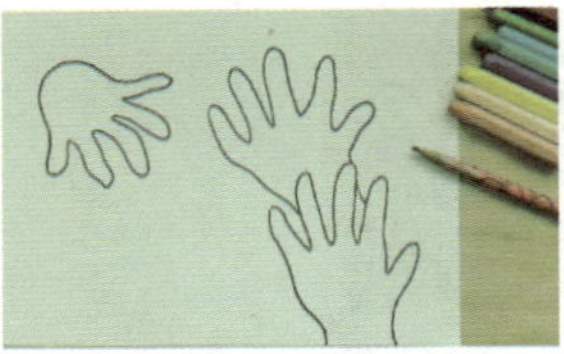

步骤 1：描画手形组合

步骤 2：巧妙联想添画

步骤 3：涂色

3. 同龄人作品欣赏

学法指导意图：

学习联想与添加的构思方法，主要掌握 4 种具体的方法并应用到自己的联想创作中。在观看教师示范步骤演示过程中，明确如何展开丰富联想，如何巧妙添加细节刻画，及涂色的要求等。创作前欣赏同龄人作品，从中得到启迪。

学法提炼： 构思想象　观赏示范　欣赏启迪

四、联想与创作

1. 练习内容

描画手形后进行联想添画，形成一幅想象画。

2. 练习要求

（1）手形联想巧妙；（2）添加内容与联想有关；（3）画面突出手形。

3. 学生练习，教师巡回指导

五、展示与评价（欣赏性活动 4）

1. 教师对学生作品做范例点评

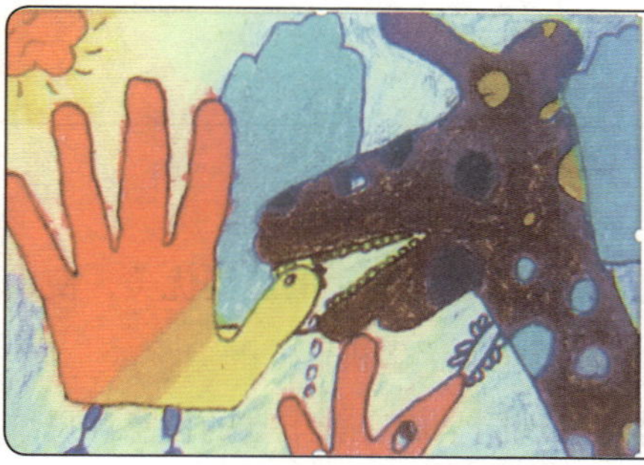

根据评价标准评价，说一说你的作品联想是否巧妙？添加内容是否和手形的联想有关？再看画面组织与涂色有没有突出手形呢？这位同学描画了不同形态的手形，巧妙联想到前面的手形像小花狗咬着母鸡，后面的像一座座山，还添加了和情境有关的太阳和其他小动物。母鸡和小狗的花纹颜色鲜艳，而背景相当简洁，很好地突出了小动物。

2. 鼓励学生参考老师的方式，给自己的作品或同伴的作品做评价

学法指导意图：

低年级学生点评语言简单，喜欢根据自己粗略的欣赏感受评价作品。为此，教师强调评价标准，并提供欣赏同龄人范例引导学生学会评价，不仅是学习指导，也是很好的欣赏性活动。

学法提炼： 欣赏交流　描述评议

六、欣赏与拓展（欣赏性活动 5）

1. 欣赏设计大师陈绍华的宣传画《绿，来自您的手》

2. 提问：作品中手形象征了什么？让你联想到了什么？

学法指导意图：

引导学生重点欣赏作品，初步学会根据描述、分析和解释，形成个人态度和观点，用自己的话进行表达。

学法提炼：欣赏交流　交流评议

七、归纳与总结

这张宣传画使观众在审美感受中受到启发和教育，手的造型优美，使人联想到树的形象和环保主题。立意深刻，画面充满了生机。

通过《手形的联想》一课的学习，老师发现同学们有着丰富的创意性思维和独特的表现力，也获得了联想和添加这两件美术学习的法宝，希望再接再厉，在下节课《树的联想》的学习中能够表现得更出色。

APPENDIX
附录

课题攻关之路掠影——基地课题研究活动通讯集

课题研讨解疑惑　专家指导促进步

——上海市第四期“双名工程”小学艺术攻关基地

浦东新区尚博实验小学站 课题集中研讨活动

2019 年 3 月 12 日，上海市第四期“双名工程”小学艺术攻关基地课题研讨活动，在浦东新区尚博实验小学举行。

参加此次课题研讨会的除了基地主持人曹晏平老师带领的基地全体学员之外，还有尚博实验小学美术团队教师和浦东新区部分美术青年骨干教师。同时研讨会还请来了上海市美术特级教师、上教版《美术》教材主编、《上海市小学美术学科教学基本要求（试验本）》编委程明太和浦东新区美术教研员、中学高级教师方文晶两位专家共同参与。

一、心路剖析：一线教师对艺术教育的一片赤诚

研讨会开始，由活动承办方基地学员张芸语老师做自我介绍和个人攻关计划简介，她向大家分享了自己的成长经历、教育教学经历和学术兴趣，她对美术教育深厚的感情赢得了现场众多老师的共鸣。随后，张芸语老师又做了尚博美术团队和浦东美术新锐教师团队介绍，展示了团队以往取得的成绩，向大家传递出一线美术教师脚踏实地的实干精神。

二、课题研讨：小学艺术学科基于教学基本要求的实践研究

在接下来的课题研讨会上，基地主持人曹晏平老师向大家介绍了小学艺

术攻关基地的课题背景和基本情况：随着课程改革的不断推进，各学科相继开展了《教学基本要求》《评价指南》《单元教学指南》等研究，对学科教学与评价提出了具体规范的指标性要求，明确了学科的学习活动类别。但目前广大教师更多关注的是一整节课的设计，对于指向学习要求和学习水平达成的三类学习活动缺乏系统的学习与思考。曹老师认为，本课题将对标《教学基本要求》具体的学习领域要求及学习水平，分类设计相对应的学习活动，并基于课堂教学实践，检验活动设计的有效性，通过一个活动设计文本配一个课堂教学微视频的方式直观呈现研究成果。既让研究成果成为音乐、美术《教学基本要求》的辅助资料，提示、引导教师在课堂教学中设计丰富、多样的学习活动，更精准地落实核心学习要求。同时为一线教师提供日常教学可参考、可复制的实践经验和有效范例，促进学科核心能力培养有效落地。最后曹老师还对课题中音乐部分进行了具体分工，对三类活动也进行了理论上的界定，规定了活动设计总量，以及对文本框架进行了设计并做了范例。曹老师深入而细致的讲解，同时也引发了部分教师的困惑和不解，现场展开了热烈的讨论。

三、互动讨论：专家学者现场答疑给予指导

美术学科专家程明太、方文晶对曹老师所做的课题方向和课题价值给予了充分的肯定，同时对现场教师们提出的疑惑和问题给予了建设性的意见。特别是程明太老师还向学员们传授秘诀，在平时学习思考研究遇到瓶颈时，要学会运用思维导图的方法，这可以帮助我们快速理清思路，提升研究能力，学员们受益匪浅。

此次课题研讨活动在众多一线教师的踊跃参与下取得了圆满成功。在此次研讨会上，学员们认真学习、积极讨论、踊跃发言，展现出了一线艺术教师勤思考、爱学习的优秀品质。

撰稿：严茵茵

把握基本要求 关注学法指导 培育核心素养

上海市第四期“双名工程”小学艺术攻关计划基地

崇明区教育学院站 主题研讨活动简讯

2019年6月4日，上海市第四期“双名工程”小学艺术攻关基地崇明教育学院站的研讨活动如约而至。本次研讨活动的主题为《把握基本要求 关注学法指导 培育核心素养》，由崇明区教育学院小学美术教研员宋玉燕老师主持。

出席本次研讨活动的专家有上海市中小学美术学科教研员徐敏，上海市音乐特级教师、基地主持人曹晏平，崇明区中学美术教研员陈洪超，崇明区中学音乐教研员朱峰，崇明区小学音乐教研员严春香。上海市第四期“双名工程”小学艺术攻关计划基地学员、强校工程结对学校代表、崇明区中小学各校美术学科负责人、学科骨干以及小学美术青年骨干教师工作坊教师等共计100多名中小学任课教师参与了本次主题研讨活动。

上午，上海市中小学美术教研员徐敏老师为大家进行了题为《建构以能力达成为导向的单元教学设计》的专题讲座，她强调：美术教师提高课堂教学质量是从教学设计开始的。“单元教学设计指南”旨在帮助教师理解“国家美术课程方案→美术教材→学校美术课程”的转化过程，帮助教师形成课程意识。 她从单元规划、单元教学任务（教材教法）分析、单元教学目标、单元教学重点、单元重点活动、单元学习评价、单元教学资源等方面通过理论结合实践的方式阐述了单元教学是落实能力的基础单位，单元教学设计需要美术教研组集体研究形成；更需要在教师个体实践中，针对学情，加以调整、改进与完善。

下午，上海市音乐特级教师、基地主持人曹晏平老师向大家介绍了小学艺术攻关基地项目，他指出本课题的研究主要是以小学音乐、美术学科核心素养培养为导向，以两门学科的教学基本要求为主要研究依据，以上海现行教材和全国教材为研究载体，设计三类活动，为两门学科的教学基本要求有效落实提供实践研究的经验与实例。随后，小学艺术攻关基地学员宋玉燕、张芸语老师分别向大家汇报交流了自己负责的项目研究模块内容、开展的工作以及项目实践案例。上海市中小学美术教研员徐敏老师在学员交流项目研究碰到的困惑后，及时地予以了答惑、解疑，让与会的基地学员和美术教师逐渐清晰了单元教学设计路径、规格，为后续的项目研究进一步理清了思路。

本次研讨活动，通过专家的指导和学员的思维碰撞，让我们认识到：在今天，社会发展要求学生在学校获得比以往的美术、音乐等学科知识更多的东西，他们需要学习解决问题，如何创造性地思考，如何在协作团队中工作。从新课程理念来看，我们要想实现更加高效的教学设计，就不得不从建构以学生能力达成为导向的单元教学设计方面进行反思与实践，把握基本要求，关注学法指导，培育核心素养。

撰稿：宋玉燕

美术课堂：努力发现美、创造美

上海市第四期“双名工程”小学艺术攻关计划基地

“浦东站”课题研讨活动

阳光明亮初冬暖，当银杏叶的黄色在校园里愈酿愈浓的时候，当习习的冬风在天地间诗韵渐丰的时候，我们以“美”之名相约在今朝。2019 年 12 月 11 日，上海市第四期“双名工程”小学艺术攻关计划基地的学员们来到浦东新区第二中心小学，开展小学美术学科基于《教学基本要求》三类活动设计的实践研究活动。本次课题研究的内容是由基地学员张芸语老师负责的“造型表现”模块。上海市第一、二、三期美术名师基地主持人、特级教师张家素，上海市第四期“双名工程”小学艺术攻关基地主持人、特级教师曹晏平，浦东新区课题组教师团队，浦东新区美术中心组部分成员以及各兄弟学校美术教师代表，共同参与了此次活动。活动由浦东新区课题组成员邱伊莉老师主持。

一、教学展示：悦学之美

基地学员、尚博实验小学张芸语老师经过充分准备和精心打磨，首先借班执教为大家呈现了一堂高质量的三年级美术研讨课《猪年画猪》。张老师的课堂温婉大气，思路清晰，气氛活跃。她主要引导学生把握素材——“猪”的基本外形特征和审美形象，结合生活经验展开充分的联想和想象；借助课堂上师生轻松的言语交流和生成示范的互动，让学生初步学习创作画的想象与构思、构图与表现的创作技法；同时，进一步引导学生体会生活中真善美的情感情趣，鼓励学生天马行空大胆想象，并综合已有知识，提高创作的表现能力。张老师扎实的教学基本功，幽默、亲切的教学语言，充沛、富有感染力的激情以及富有实效的教学形式，给与会老师留下了深刻的印象。

第二节课是由浦东新区第二中心小学季静老师执教的一年级的《点线的变化》，点线是“造型表现”的基本元素，季老师首先从学生熟悉的生活用品，以及蔬菜、植物、蝴蝶标本等入手，让学生通过摸一摸、看一看、想一想，自己去探索生活中的点线，把相对抽象的绘画理论用更易于学生学习和喜爱的方式进行教学。在季老师由浅入深、由易到难、循序渐进的引导下，学生们大胆画出了点的大小不同，线的变化组合，让我们感受到了一年级学生富有秩序感又充满智慧的课堂氛围，钦佩季老师的优雅沉着、扎实老练的专业理论及专业技能。

二、专家点评：集智之美

兼容并蓄，集智之美。上海市美术特级教师、上海市第一、二、三期名师基地主持人张家素老师从两节展示课的教学环节、方法策略、教师示范等方面充分肯定了两位教师课堂上的亮点。他认为，张芸语老师的课体现了传统美术教学和现代美术教学的结合，不管信息技术如何发展，直面学生的教师示范是永远无法被多媒体完全取代的。张老师的课堂教学示范就是个很好的范例，她边示范，边讲解，边启发，边引导，边讨论，教会学生如何画和怎样画，凸显了传统美术教学里特别优秀的地方。而且张老师还善于发掘教材中的育人元素，用猪所代表的吉祥寓意，激发了学生愿意画和喜欢画的情感。而季静老师的课则是充满了激情与理智的融合，整节课的设计充分体现了老师的教学智慧，首先通过生动的游戏方式，让学生理解了抽象的点和线的概念，然后通过投影透叠这样的方法，表现点线结合、组合之美，这样的创意令人大开眼界。说明季老师在备课过程当中是非常理智但又不失激情地去设计解决教学重点和难点的，她把一个比较抽象的点线体验课上成了可以触摸、可以感受的体验点线之美的过程，这点难能可贵。

课堂点评结束后，张家素老师又和大家一起探讨了“一节优秀的美术课应该具备哪些基本元素”。首先，他认为一节优秀的美术课要起到立德树人、以美育人的作用，老师要自觉主动地挖掘教材中的育人元素，不仅要把怎么画、怎么制作讲清楚，同时也要把为什么要这样画、这样制作在审美层面上多一点思考。第二点，一节优秀的美术课的教学方法应该要充分体现教师的教学智慧和个人鲜明的教学特点。第三点，一节优秀的美术课要有教学生成，生成是现代美术教学的一个重要特征，要留有足够的时间和空间让学生去创作，去生成。第四点，一节优秀的美术课还要充分展现教师的专业涵养，他希望我们艺术教师都能成为专家，因为这不仅有利于个人还有利于学生，不仅有利于学科也有利于整个社会的发展。

三、活动小结：挑战之美

最后，基地主持人曹晏平老师对本次活动作了三方面小结：第一，今天的活动既是基地的一次常规课题研讨，又是一次过程性的汇报。第二，今天的活动既是一次美术学科的专题展示，同时也是艺术领域相互学习的一次交流。第三，今天的活动既是三类活动的课例研究，同时也是课题解惑的学习过程。最后，曹老师还从整个课题研究推进的角度提出了今后的重点需要突破的方面：1. 活动类型定位和活动特征把握的准确性问题。2. 教学内容选择和教学要求落实的适切性问题。3. 学法指导的针对性和有效性问题。希望大家共同努力，突破难关。

美好的时光总是短暂的，这次的课题研讨活动每个人都收获颇丰，特别是和美术老师的交流中，我们更加了解了美术学科的《教学基本要求》，也对我们自身音乐学科课题研究内容带来很多启示。基地学员们激情满怀，信心百倍，一次活动一次提升，相信我们的课题研究会一步一个脚印踏踏实实向更美的未来迈进！

撰稿：严茵茵

把握基本要求 关注学法指导 培育核心素养

上海市第四期“双名工程”小学艺术攻关计划基地“崇明站”课题研讨活动

冬之暖阳如熏风，教研入境意正浓。当祖国大好河山多半都在雨雪霏霏中感受腊月的清冷时，上海申城却江天寥廓，在和煦的阳光中一路向暖。向暖而生的不止景致，还有上海市第四期“双名工程”小学艺术攻关计划基地的学员们。2020 年 1 月 7 日在上海实验学校附属东滩学校，上海市第四期“双名工程”小学艺术攻关计划基地开展了小学美术学科基于《教学基本要求》三类活动设计的实践研究活动。本次课题研究的内容是由基地学员、崇明区小学美术教研员宋玉燕老师负责的“设计应用”和“欣赏评述”模块。上海市中小学美术教研员徐敏，基地主持人、特级教师曹晏平，崇明区小学美术学科骨干、小学美术青年骨干教师工作坊教师以及浦东新区美术课题组成员代表，共同参与了此次活动。

一、课堂观察：咸以躬行实践为先，识见言论次之

上海实验学校附属东滩学校的陈玉洁老师展示了精彩的活动设计《城市雕塑》，对标《教学基本要求》中 5.2 欣赏的方法——5.2.1 理解描述的方法，活动种类侧重为欣赏类活动。

陈老师的设计主要引导学生先在理解的基础上，运用已学过的基本知识，从作品内容的角度去描述出雕塑作品中的信息、表现形式和题材，而后再从城市雕塑作品的表现形式及手法的角度，描述出城市雕塑作品的呈现效果以及雕塑作品表现对象所运用的材质和呈现的肌理。

整个课堂活动中，陈老师实施以“关键设问”为线索的欣赏，让学生“从

课堂中交流，从交流中评价，从评价中提升”的学法指导理念，最后作品呈现出的精彩效果获得了在场专家、同行老师的好评。

二、专家讲座：随风潜入夜，润物细无声

精彩课例过后，老师们移步会议厅，聆听上海市中小学美术学科教研员徐敏老师的讲座，徐老师围绕“教学方式变革、合理利用资源、利用场馆资源促动学习方式改进”等关键内容作了深度分析。她首先强调了教学方式特指为达到教学目的而采用的教师、学生、环境相互作用的方式方法。然后从教学方式的结构向老师们解析了变革的要素，同时她认为价值取向也决定了不同的教学方式，基于丰富的资源与适恰环境的支持，可以从人员、内容和资源的组织方式入手，在知识结构或技能训练为特征的美术教学基础上，努力建构以问题解决或创意表现为特征的美术教学，更好地落实课程改革的要求。最后的讲座总结，徐老师认为教学方式变革，将促进教师更好地树立美术课程意识，提升对美术教育价值与学科核心素养的理解能力，提高对美术教学的设计与实践能力，养成反思与改进的习惯。专家的讲座让我们在短暂的时间内，收获了很多的信息。

三、项目交流：纸上得来终觉浅，绝知此事要躬行

讲座过后，基地学员、崇明区小学美术教研员宋玉燕老师向大家汇报了她所承担的小学美术课题部分关于“设计应用”和“欣赏评述”模块的三类活动设计的一些实践与思考。宋老师谈到从项目的启动到推进，崇明区小学美术学科结合了市教委教研室相关文件的要求，根据基地课题项目的推进计划，非常踏实地进行着一系列的实践和研究。目前已有 31 位教师完成活动案例设计，并把案例中所呈现的单元学习活动与单元教学目标、教学重难点、活动类型设计三个方面的关联情况做了细致的分析。在单元教学设计中，单元学习活动在其体现活动类型多样性特点的基础上，还需要注重活动与活动之间的关联性，学生作为课堂的主体，需要的是自主学习的能力，与他人合作学习能力，以及在科学理论的指导下探究学习的能力。因此，教师应该重视多

样的单元学习活动设计与学生自主、合作和探究学习方式的有机结合。

四、活动小结：学而不思则罔，思而不学则殆

最后，基地主持人曹晏平老师从课题研究的角度谈了他在课题推进过程中的再认识与再思考。他说我们在做课题的过程中，也在不断地发现一些问题。而现在主要面临的问题有两个：第一,三类活动的界定并非泾渭分明，体现在一节完整的音乐课中三类活动必定是“你中有我，我中有你”的。而针对某一个教学基本要求落实的情况下，可以是有侧重的体现某种活动类型。第二，学法指导提炼必须站在学生的视角来思考“怎么学”。曹老师建议大家可以按四大类来提炼学法：模仿学习、自主学习、合作学习、探究学习，在课堂活动中根据实际情况把这四大类学法再具体细化提炼，并且只对重要环节提炼典型性学法。因此在接下来的课题研究中大家就要针对这两个方面的问题做进一步的改进。

课题研讨在掌声中落幕，但不落的是全体基地学员以及课题组成员不断探索和追求的热情。聚是一团火，散作满天星，今天满载而归，明日闪耀微光，润泽桃李！

撰稿：严茵茵

上海市第四期“双名工程”小学艺术攻关基地

美术学科课题研讨活动

2020年的春天，一场新冠疫情阻隔了我们小学艺术攻关基地成员的相互见面，随着6月2日，全市一、二、三年级学生全部复课，6月4日上午8：45，小学艺术攻关基地美术学科课题成果出版研讨活动紧随其后，在浦东新区尚博实验小学四楼会议室如火如荼地开展了。参加本次研讨的有上海市教委教研室美术教研员徐敏；基地主持人、特级教师曹晏平；浦东新区美术教研员方文晶以及两位基地学员尚博实验小学张芸语和崇明区美术教研员宋玉燕。

首先，基地主持人曹晏平老师向大家介绍了目前小学艺术攻关基地美术学科课题研究推进的基本情况，同时向大家演示了基地拟推出的关于小学美术学科落实《教学基本要求》三类活动设计教学示例的研究成果总体框架与构想。详尽的构思、缜密的思考，让大家对本课题的研究和深入推进充满了信心。

接着，两位学员张芸语和宋玉燕分别向与会专家介绍了本课题的近阶段推进情况。分享了疫情期间，浦东课题团队成员和崇明课题团队成员虽然相互不见面，但交流不阻隔，研究不停滞，充分利用云端在线进行课题的研究和文案的撰写。

两位学员还分别提供了三类活动设计教学示例的样本案例，从文本架构、活动设计以及活动环节学法指导意图的撰写，甚至文本格式上还需要注意的细节和规范都一一进行了交流，详细阐述了各自的理解和精益求精思考的过程。

作为本课题的专家顾问，上海市美术教研员徐敏老师在听取了主持人介绍、两位学员汇报后，充分肯定了目前阶段研究的成效，认可基地美术学科基于《教学基本要求》的三类活动设计的课题创意。在文本撰写上，十分详尽地给出了独到的建设性建议。同时鼓励课题组成员，深入研究小学美术三类活动的特点，挖掘体验性活动、表现性活动、欣赏性活动特有的内涵和不同。鼓励大家在相应的活动设计中凸显活动的特性，使我们的课题研究能够让更多的美术同行认可并能从中感受到可以借鉴的价值和意义。浦东新区美术教研员方文晶老师对浦东课题团队和崇明课题团队递交上来的五大模块活动设计教学示例提出了针对性很强的改建建议。

最后，在专家们的指导和商量后确定了60个学习领域的“活动设计”内容，细细推敲商议了需要拍摄课例的后续推进工作。本次小学攻关基地美术课题研讨活动取得了圆满的成效，两位基地学员心怀感恩，将带领各自的团队利用暑假继续脚踏实地，推进基地课题的各项工作。

撰稿：张芸语